U0822418

山东大学新法科系列教材

周长军　主编

# 监察法学

赵　恒　编著

法律出版社
LAW PRESS · CHINA
北京

图书在版编目(CIP)数据

监察法学 / 赵恒编著. -- 北京 : 法律出版社, 2023
山东大学新法科系列教材
ISBN 978-7-5197-8149-1

Ⅰ. ①监… Ⅱ. ①赵… Ⅲ. ①行政监察法-法的理论-中国-高等学校-教材 Ⅳ. ①D922.114.1

中国国家版本馆 CIP 数据核字(2023)第 136822 号

监察法学
JIANCHAFAXUE

赵 恒 编著

策划编辑 朱 峰
责任编辑 苗 婕 金 姗
装帧设计 鲍龙卉

出版发行 法律出版社
编辑统筹 辞书·融出版编辑部
责任校对 晁明慧
责任印制 吕亚莉
经 销 新华书店

开本 787 毫米×1092 毫米 1/16
印张 17.75 字数 276 千
版本 2023 年 8 月第 1 版
印次 2023 年 8 月第 1 次印刷
印刷 北京建宏印刷有限公司

地址:北京市丰台区莲花池西里 7 号(100073)
网址:www.lawpress.com.cn
投稿邮箱:info@lawpress.com.cn
举报盗版邮箱:jbwq@lawpress.com.cn
销售电话:010-83938349
客服电话:010-83938350
咨询电话:010-63939796
版权所有·侵权必究

书号:ISBN 978-7-5197-8149-1
定价:68.00 元
凡购买本社图书,如有印装错误,我社负责退换。电话:010-83938349

# 山东大学新法科系列教材编委会

**主　编**

周长军

**成　员**

（按姓氏拼音排序）

崔立红　戴宗翰　冯俊伟　黄士元
李本灿　王德志　谢鹏程　张平华
郑智航　周长军　周啸天

# 总　序

为回应新时代高等教育发展的时代需求，引领文科教育的未来发展，2019年教育部、中央政法委、科技部、财政部等多个部门在天津联合召开了“六卓越一拔尖”计划2.0启动大会，我国新文科建设由此正式开启。2020年，由教育部新文科建设工作组主办的新文科建设工作会议在山东大学（威海）召开，会议发布了《新文科建设宣言》，对新文科建设作出全面部署，并依托山东大学成立了“全国新文科教育研究中心”。新文科建设已经成为我国高等教育发展的新目标、新要求和新方向。在新文科建设的推进过程中，新法学建设无疑是重要领域和基本面向。换言之，法学学科建设应当积极回应社会需求、实践需求和时代需求，努力探索完善具有中国自主知识体系的法学学科体系、学术体系和话语体系，培养更多德法兼修的高素质法治人才。具体到人才培养，正如中国法学会副会长、教育部高等学校法学类专业教学指导委员会主任委员徐显明教授所指出的，新法学建设要实现“五个更新”，即更新生源构成、更新培养目标、更新人才培养体系、更新师资队伍和更新人才培养模式。

山东大学法学院以“厚植齐鲁，服务国家，面向世界，建设一所受人尊重的法学院”为办院理念，致力于培养胸怀天下、志存高远、知识结构合理、专业基础扎实、实践能力突出、职业伦理素养良好、具有国际视野和家国情怀的高素质法治人才。学院拥有法学一级学科博士学位授予权、一级学科硕士学位授予权和法律硕士专业学位点，设有法学博士后科研流动站，并建有山东大学人权研究中心/国家人权教育与培训基地、山东大学检察理论研究中心/最高人民检察院检察基础理论研究基地、中国法学会中日韩法律研究中心暨中日韩高端法律人才培养基地、山东大学教育法治研究中心（教育部政策法规司与山东大学共建）等重要科研基地和人才培养平台。2012年，山东大学获批教育部应用型、复合型卓越法律人才教育培养基地和涉外型卓越法律人才教育培养基地；

2019 年，山东大学法学专业首批入选国家级一流本科专业建设点；2020 年，山东大学法学学科首批入选山东省“高峰学科”建设名单；2022 年，山东大学法学学科在教育部第五轮学科评估中取得佳绩。

根据学校工作部署，山东大学法学院出台了新法学学科教材编写的相关支持和配套文件，鼓励教师结合教学科研工作，积极撰写面向理论前沿、回应实践需要、多学科交叉融合的新法学学科教材。这套教材既是新时代法治人才培养方面的教学用书，也是面向新法学建设的研究探索。当然，囿于认识和编写能力的限制，其中可能存在诸多不足之处，请各位读者不吝批评指正。

2023 年 7 月 20 日

# 目　　录

# 第一章　监察法学概述

随着党的纪律检查体制改革和国家监察体制改革的深化推进，纪检监察学备受关注。党的十八大以来，以习近平同志为核心的党中央不断深化纪检监察体制改革，推动党内监督和国家监察有机统一，形成了极具中国特色的纪检监察体制。纪检监察体制改革向纵深发展，以纪检监察理论、制度与实践为研究对象的新兴学科纪检监察学应运而生。2022 年 9 月 13 日，国务院学位委员会、教育部印发的《研究生教育学科专业目录（2022 年）》在“03　法学”学科门类之下增设“0308　纪检监察学”一级学科。纪检监察学是贯通政党理论和法学理论并推动党内监督与国家监察有机统一的理论与实践知识体系。其中，以研究国家监察权运行规律及其活动为主要内容的监察法学，属于纪检监察学和法学的重要组成部分。

## 第一节　监察法学的基本内涵

### 一、监察法学的概念

监察法有广义和狭义之分。狭义的监察法，是指中华人民共和国全国人民代表大会（以下简称全国人大）于 2018 年 3 月通过的《中华人民共和国监察法》（以下简称 2018 年《监察法》）。作为一部体现党和国家自我监督，并对国家监察工作和反腐败斗争起统领性作用和基础性作用的法律，2018 年《监察法》分为 9 章，包括总则、监察机关及其职责、监察范围和管辖、监察权限、监察程序、反腐败国际合作、对监察机关和监察人员的监督、法律责任和附则，共 69 条。制定监察法是贯彻落实党中央关于深化国家监察体制改革决策部署的重大举措，也是坚持和加强党对反腐败工作的领导，构建集中统一、权威高效的国家监察体系的必然要求。广义的监察法，是明确国家监察权力运行及其程序机制、调整监察法律关系的法律、法规和其他规范性文件的统称。例如，2018 年《监察法》第 35 条规定：“监察机关对于报案或者举报，应当接受并按照有关规定处理。对于不属于本机关管辖的，应当移送主管机关处理。”同时，在国家监察委员会同中央纪律检查委员会合署办公的制度安排下，监察法与党内法规紧密联系。当下，包括组织法、实体法、程序法、责任法等方面在内的监察法律体系业已成型并趋于完善。

监察法学，是指涵盖党内监督与国家监察的学理与实践，以监察法律规范、监察法律关系、监察法律实践、监察法与党内法规的贯通衔接、监察法与其他法律的衔接适用等方面为主要研究对象，具有学科交叉性质的一类新兴法学学科。监察法学不仅是法学的二级学科，而且是纪检监察学的核心组成部分之一，旨在为我国的党风廉政建设和反腐败工作提供坚实有力的理论支撑、智力支持和人才保障，促进新时代纪检监察工作的高质量发展。

## 二、监察法学的研究对象

设立监察法学科是健全党统一领导、全面覆盖、权威高效的监督体系的必然要求。对此，党内法规和监察法律均作出明确规定。例如，2021 年《中国共产党纪律检查委员会工作条例》（以下简称 2021 年《纪委工作条例》）第 47 条强调要加强理论研究和学科建设。又如，2022 年 1 月 1 日开始施行的《中华人民共和国监察官法》（以下简称 2022 年《监察官法》）第 32 条指出，国家加强监察学科建设。监察法学作为一门独立的学科，有其专门的研究对象，监察法学兼具政治属性和法律属性，其研究对象并不局限于监察法律规范。总体而言，监察法学的研究对象主要包括以下若干方面。

1. 监察法学理论。监察法学理论是支撑监察法学成为一门独立学科的基础。换言之，推进监察学科的发展，应当首先辨明监察法学的基本理论体系，体现监察法学知识体系的独立性、专门性和完整性，只有这样才能真正为深化国家监察体制改革、加强反腐败斗争、建立健全国家监察权运行机制和自我约束机制提供充足的理论支撑。可见，监察法学理论具有鲜明的中国特色。同时，完善监察法学理论亦需要注意与国际接轨，增强我国监察法学理论的国际话语权。

2. 监察法律规范。监察法律规范是涉及国家监察权以及监察活动运行的所有法律规范的总称，其规定国家监察权的宪法定位、国家监察体制的基本原则和主要规则、监察机关的法律地位及其组织和职责、监察范围、监察管辖、监察权限与监察程序、对监察机关及其工作人员的监督、法律责任等各个方面。

3. 监察法律关系。监察法律关系的形成基础是监察法律规范，即监察法律关系是以监察法律规范为基础形成的特定的社会关系。在此领域，监察法律关系的主体主要包括：监察机关，其他国家机关、执法部门和有关单位或者组织，监察官，监察对象（公职人员），涉案人员，监察活动的其他参与人员（包括但不限于举报人、控告人等）。

4. 监察法律实践。监察法学是一门实践性很强的学科，可被归入部门法学范畴。监察法律实践体现监察活动的实务样态，反映监察法律规范在职务违法犯罪治理领域各方面的状况，为此，需要从实践中总结经验、提炼模式，也需要从实务中发现、解决问题，推动监察法学理论的成熟，监察法律规范的完善和监察法律工作的规范化、法治化、正规化，将监察实践中形成的可复制推广的成熟经验适时通过法定的程序上升为具有强制执行力的监察法律规范。

5. 监察法与党内法规的贯通衔接。在推进党内监督和国家监察全覆盖的时代背景下，党的纪律和国家法律必须实现更有效的贯通衔接，这是适应全面从严治党的形势任务的应有之义。全面从严治党是新时代党的自我革命的伟大实践，是新时代党的建设的鲜明主题和党治国理政的鲜明特征。无论是监察法学还是纪检监察学都是总结管党治党理论和实践创新成果的重要体现。因此，研究监察法，必然需要实现其与党内法规的贯通衔接，实现党纪与国法的有效衔接，切实增强制度合力，把制度优势转化为治理效能。

6. 监察法与刑法、刑事诉讼法等其他法律的衔接适用。我国《宪法》规定，监察机关办理职务违法和职务犯罪案件，应当与审判机关、检察机关、执法部门互相配合，互相制约；2018 年《监察法》规定，各级监察委员会是行使国家监察职能的专责机关，依法调查和处置职务违法犯罪案件。因此，推动监察法学科建设，还需关注监察法与刑法、刑事诉讼法等其他国家法律规范之间的衔接适用，建立健全法法衔接适用机制，不断提高一体推进“不敢腐、不能腐、不想腐”的能力和水平。

## 第二节　2016 年以来国家监察体制改革历程概览

国家监察体制改革有广义和狭义之分。广义的国家监察体制改革，是指新中国成立以来，国家监察体制经历的初建、恢复、发展、改革等方面的总体改革发展历程。狭义的国家监察体制改革，是指 2016 年 11 月中共中央办公厅印发《关于在北京市、山西省、浙江省开展国家监察体制改革试点方案》以来，国家监察权、国家监察组织以及监察体制机制的重要变革。本节主要围绕狭义的国家监察体制改革展开介绍。

国家监察体制改革作为一项重大政治体制改革，始终由党中央集中统一领导、谋划、部署和推动。2014 年 6 月，党中央审议通过《党的纪律检查体制改革实施方案》，对纪律检查体制改革的指导思想、目标要求、主要任务、方法措施和时间进度作出安排。党的纪律检查体制改革为国家监察体制改革奠定了坚实基础。2016 年 1 月，习近平总书记在第十八届中央纪律检查委员会第六次全体会议上强调，要形成全面覆盖国家机关及其公务员的国家监察体系。2016 年《关于在北京市、山西省、浙江省开展国家监察体制改革试点方案》的颁布标志着国家监察体制改革正式拉开序幕。具体而言，国家监察体制改革分为以下四个阶段开展。

## 一、第一阶段：北京市、山西省、浙江省的试点探索

2016 年 11 月，中共中央办公厅印发《关于在北京市、山西省、浙江省开展国家监察体制改革试点方案》，部署在北京市、山西省、浙江省 3 省市设立各级监察委员会，从体制机制、制度建设上先行先试、探索实践，为在全国推开积累经验。该方案强调，国家监察体制改革是事关全局的重大政治改革，是国家监察制度的顶层设计。深化国家监察体制改革的目标是建立党统一领导下的国家反腐败工作机构，实施组织和制度创新，整合反腐败资源力量，扩大监察范围，丰富监察手段，实现对行使公权力的公职人员监察全面覆盖，建立集中统一、权威高效的监察体系，履行反腐败职责，深入推进党风廉政建设和反腐败斗争，构建不敢腐、不能腐、不想腐的有效机制。

2016 年 12 月 25 日，第十二届全国人大常委会第二十五次会议通过了《全国人民代表大会常务委员会关于在北京市、山西省、浙江省开展国家监察体制改革试点工作的决定》。

2017 年 1 月 18 日，山西省成立全国第一个省级监察委员会。

2017 年 1 月 20 日，北京市监察委员会成立。同日，浙江省监察委员会成立。

## 二、第二阶段：全国各地推开国家监察体制改革试点工作

2017 年 10 月，中共中央办公厅印发《关于在全国各地推开国家监察体制改革试点方案》，部署在全国范围内深化国家监察体制改革的探索实践，完成省、市、

县三级监察委员会组建工作，实现对所有行使公权力的公职人员监察全覆盖。该方案指出，党中央决定，北京市、山西省、浙江省继续深化改革试点，其他28个省（自治区、直辖市）设立省、市、县三级监察委员会，整合反腐败资源力量，完成相关机构、职能、人员转隶，明确监察委员会职能职责，赋予惩治腐败、调查职务违法犯罪行为的权限手段，建立与执法机关、司法机关的协调衔接机制。

2017年11月4日，第十二届全国人大常委会第三十次会议表决通过了《全国人民代表大会常务委员会关于在全国各地推开国家监察体制改革试点工作的决定》。

2018年2月末，全国31个省、自治区、直辖市均已建立起完整的省、市、县三级监察委员会，共划转编制6.1万个，实际转隶干部4.5万人，为国家监察委员会组建打下坚实基础。

### 三、第三阶段：中国特色国家监察体制初步形成

2018年2月28日，党的十九届三中全会审议通过《中共中央关于深化党和国家机构改革的决定》和《深化党和国家机构改革方案》。《中共中央关于深化党和国家机构改革的决定》指出："健全党和国家监督体系，完善权力运行制约和监督机制，组建国家、省、市、县监察委员会，同党的纪律检查机关合署办公，实现党内监督和国家机关监督、党的纪律检查和国家监察有机统一，实现对所有行使公权力的公职人员监察全覆盖。"《深化党和国家机构改革方案》提出："将监察部、国家预防腐败局的职责，最高人民检察院查处贪污贿赂、失职渎职以及预防职务犯罪等反腐败相关职责整合，组建国家监察委员会，同中央纪律检查委员会合署办公，履行纪检、监察两项职责，实行一套工作机构、两个机关名称。"[1]

2018年3月11日，十三届全国人大一次会议表决通过《中华人民共和国宪法修正案》（以下简称2018年《宪法修正案》），在第3章"国家机构"中新增"监察委员会"一节。修改后的《中华人民共和国宪法》（以下简称《宪法》）第123条规定："中华人民共和国各级监察委员会是国家的监察机关。"由此确定了国家监察委员会的宪法地位，实现了国家机构、党和国家监督体系重大创制，标志着中国特色国家监察体制初步形成。

2018年3月17日，十三届全国人大一次会议表决通过关于国务院机构改革方

---

〔1〕 下文对中共中央纪律检查委员会和中华人民共和国国家监察委员会合署办公的工作机构简称为"中央纪委国家监委"。

案的决定。根据这个方案，改革后，监察部、国家预防腐败局并入国家监察委员会。

2018 年 3 月 18 日，十三届全国人大一次会议第六次全体会议选举杨晓渡为中华人民共和国国家监察委员会主任。

2018 年 3 月 20 日，十三届全国人大一次会议表决通过了《监察法》，国家主席习近平签署第三号主席令予以公布施行。

2018 年 3 月 28 日，中共中央总书记习近平主持召开中央全面深化改革委员会第一次会议并发表重要讲话。会议审议了《关于深化纪检监察体制改革和中央纪委国家监委机构改革情况的报告》。

2018 年 6 月 20 日，经党中央批准，根据党章党规和宪法、监察法的有关规定，中央纪委国家监委统一设立派驻机构，名称为中央纪律检查委员会国家监察委员会派驻纪检监察组。对驻在部门新设或更名的，派驻机构名称作相应变更。派驻纪检监察组对中央纪委国家监委负责，履行党的纪律检查和国家监察两项职责。

2018 年 8 月 24 日，中央纪委国家监委印发《国家监察委员会特约监察员工作办法》，决定建立特约监察员制度，并对特约监察员工作进行指导和规范。

### 四、第四阶段：国家监察体制改革持续深化

2018 年 12 月 13 日，习近平总书记在十九届中央政治局第十一次集体学习时，发表题为《在新的起点上深化国家监察体制改革》的重要讲话，全面总结了国家监察体制改革取得的阶段性成果，深刻阐述了深化国家监察体制改革的重大意义和重要原则，明确了持续深化国家监察体制改革的总体方向与重要部署。习近平总书记在这篇重要讲话中鲜明指出："深化国家监察体制改革是贯彻党的十九大精神、健全党和国家监督体系的重要部署，是推进国家治理体系和治理能力现代化的一项重要改革。"[1]

2019 年 1 月 1 日，中共中央办公厅印发的《中国共产党纪律检查机关监督执纪工作规则》（以下简称 2019 年《监督执纪工作规则》）开始施行，中共中央办公厅在下发的通知中强调，各级纪委监委（纪检监察组）要以党的政治建设为统领，全面推进党的政治建设、思想建设、组织建设、作风建设、纪律建设，把制度建设贯穿其中，深入推进反腐败斗争。

2019 年 7 月，经党中央批准，中央纪委国家监委印发《监察机关监督执法工作

---

〔1〕 习近平：《在新的起点上深化国家监察体制改革》，载《求是》2019 年第 5 期。

规定》。《监察机关监督执法工作规定》严格监督执法程序，对监察机关开展日常监督、谈话函询、初步核实、立案调查的审批程序作出具体规定。

2019年8月，中央纪律检查委员会办公厅、国家监察委员会办公厅印发《纪检监察机关办理反腐败追逃追赃等涉外案件规定（试行）》，要求依法开展调查取证、采取有关措施，明确规定需要派人赴境外开展劝返、调查取证等工作的，应当严格履行审批程序，由中央有关部门与外方有关机构进行沟通协调，以双方认可的方式实施。[1]

2020年1月21日，中共中央办公厅发布《纪检监察机关处理检举控告工作规则》（以下简称2020年《处理检举控告工作规则》），中共中央办公厅在下发的通知中指出，各级纪委监委（纪检监察组）要增强制度意识，依规依纪依法处理检举控告，对违规违纪违法处理检举控告行为“零容忍”，坚决防止“灯下黑”。

2020年2月1日，《军队监察工作条例（试行）》开始施行，该条例坚持以习近平新时代中国特色社会主义思想为指导，深入贯彻习近平强军思想，全面深入贯彻军委主席负责制，着力构建统一领导、权威高效、全面覆盖的军队监察体制。条例共10章62条，涵盖监察委员会设置、监察范围和管辖、监督、调查、处置、监察工作协作配合、对监察委员会和监察人员的监督等各个方面。

2020年4月，中央纪委国家监委印发的《关于做好失实检举控告澄清工作的意见》对开展澄清工作的主要原则、适用情形、主要方式和工作要求作出规定，要求积极稳妥开展失实检举控告澄清工作，维护党员、干部合法权益，释放提倡如实检举控告、抵制歪风邪气的强烈信号，实事求是地为担当者担当、为负责者负责，切实保护党员、干部干事创业积极性。

2020年6月20日，第十三届全国人大常委会第十九次会议表决通过《中华人民共和国公职人员政务处分法》（以下简称2020年《政务处分法》）。国家主席习近平签署第四十六号主席令予以公布。

2020年12月28日，国家监察委员会与最高人民法院、最高人民检察院、公安部联合印发了《关于加强和完善监察执法与刑事司法衔接机制的意见（试行）》。该意见共9部分69条，涉及管辖、证据、留置与刑事强制措施、移送起诉、审查起诉、审判、从宽处罚、涉案财物等方面问题。

---

〔1〕参见《依法依规追逃追赃》，载中央纪委国家监委网2020年11月11日，https://www.ccdi.gov.cn/toutiaon/202011/t20201111_98388.html。

2021 年 2 月，中央纪律检查委员会印发《纪检监察机关案件监督管理工作规则》。这是纪检监察机关加强自我监督、健全内控机制、强化监督执纪执法全过程监督管理的重要举措。

2021 年 7 月 20 日，国家监察委员会全体会议决定公布《中华人民共和国监察法实施条例》（以下简称 2021 年《监察法实施条例》）。该条例是国家监察委员会成立后制定的第一部监察法规，也是一部全面系统规范监察工作的基础性法规，自 2021 年 9 月 20 日起施行。

2022 年 2 月，国家监察委员会会同最高人民法院、最高人民检察院正式印发《关于办理国有企业管理人员渎职犯罪案件适用法律若干问题的意见》。这是国家监察委员会印发的第一个针对职务犯罪实体认定方面的监察执法指导性文件。

2023 年 3 月，中央纪委印发《关于进一步加强和规范案件质量评查工作的意见》，首次从制度层面构建起日常评查、全面评查、专项评查三位一体推进的案件质量评查工作机制，对于切实保障和提高纪检监察机关查办案件质量，推动新时代新征程纪检监察工作高质量发展具有重要作用。

2023 年 3 月 27 日，全国省一级纪检监察机构监察官等级首次确定工作全面完成。稳妥有序推进监察官等级确定工作，是党中央在改革大局中明确的一项政治任务，是构建具有中国特色的国家监察体系的重要举措。

全面从严治党永远在路上，党的自我革命永远在路上。在纪检监察体制改革持续深化的时代背景下，护航中国式现代化是纪检监察工作的时代命题。

# 第二章 监察法的基本原则

## 第一节 监察法的基本原则概述

### 一、监察法的基本原则的内涵

监察法的基本原则，是指贯穿于国家监察活动的全过程，为监察机关依法履行职责以及当事人参与监察活动所必须遵循的根本性、概括性的行为准则与基本要求。

根据2018年《监察法》第一章“总则”的规定，监察法的基本原则可归纳为七项，分别是：坚持党的领导原则，宽严相济原则，集中统一与权威高效原则，监察全面覆盖原则，监察权依法独立行使原则，当事人权利保障原则，互相配合、互相制约原则。

上述七项基本原则是监察法律体系建立与完善的基本原理，体现了我国新时代反腐败治理的总体思路与要求。

### 二、监察法的基本原则的特征

#### （一）政治性

党的二十大报告指出，10年来，我们全面加强党的领导，确保党中央权威和集中统一领导，确保党发挥总揽全局、协调各方的领导核心作用，全面从严治党永远在路上，党的自我革命永远在路上。全面从严治党首先要从政治上看。民心是最大的政治。旗帜鲜明讲政治，是纪检监察机关与生俱来的“政治基因”。政治性是监察法的灵魂，是监察法的第一属性、根本属性。监察法的基本原则的政治性集中体现在始终坚持和加强党对国家监察工作的全面领导，明确把讲政治放在首位，始终站在党和人民的立场上看问题。

2018年《监察法》第2条将马克思列宁主义、毛泽东思想、邓小平理论、“三个代表”重要思想、科学发展观、习近平新时代中国特色社会主义思想写入法律，确保纪检监察工作始终坚定政治方向。国家监察工作的核心是在党的全面领导下，对所有行使公权力的公职人员进行监督。同时，监察工作应当注意惩戒与教育相结合，宽严相济。监察机关既要加强日常监督，也要积极开展严肃的思想政治工作。这是党的“惩前毖后、治病救人”方针在监察工作中的贯彻，也是监察法基本原则政治性的具体体现。对此，2021 年《监察法实施条例》第 2 条进一步规定：“坚持中国共产党对监察工作的全面领导，增强政治意识、大局意识、核心意识、看齐意识，坚定中国特色社会主义道路自信、理论自信、制度自信、文化自信，坚决维护习近平总书记党中央的核心、全党的核心地位，坚决维护党中央权威和集中统一领导，把党的领导贯彻到监察工作各方面和全过程。”

（二）法律性

监察法的基本原则以法律的形式确定了具有中国特色的反腐败治理模式。根据 2018 年《监察法》第 5 条的规定，监察机关应当坚持“以事实为依据，以法律为准绳”，严格遵照宪法和法律履行监察职责。2021 年《监察法实施条例》第 3 条则明确：“监察机关与党的纪律检查机关合署办公，坚持法治思维和法治方式，促进执纪执法贯通、有效衔接司法，实现依纪监督和依法监察、适用纪律和适用法律有机融合。”2021 年《监察法实施条例》第 3 条首次将纪委监委合署办公的体制安排写入国家法律规范，为将合署办公制度优势转化为治理效能提供了法律规范层面的正当性、合法性依据。从这一角度来看，在法律实施层面，监察法的基本原则具有显著的规范作用和强拘束力，对监察活动和监察程序具有统摄作用。由此，从根本上确保了监察机关能够依法履行职能，实现政治效果、纪法效果、社会效果的有机统一。

（三）基础性

监察法的基本原则的基础性体现在，监察法的基本原则贯穿于监察法制定到实施的全过程，贯穿于监督、调查、处置等各项监察工作、各种监察活动的全过程。监察法的基本原则是监察法律规范的综合性、指导性的原理，是监察机关行使监察权的基本依据，为监察机关提供了根本的行动准则与方向遵循。同时，监察法的基本原则对监察法学理论的发展和监察法律制度的实践运行发挥着重要指引作用。

# 第二节　坚持党的领导原则

## 一、坚持党的领导原则的确立

党的二十大报告指出，中国式现代化，是中国共产党领导的社会主义现代化，我们要坚持和加强党中央集中统一领导，健全总揽全局、协调各方的党的领导制度体系，完善党中央重大决策部署落实机制，确保全党在政治立场、政治方向、政治原则、政治道路上同党中央保持高度一致，确保党的团结统一。中国共产党领导是中国特色社会主义最本质的特征，是中国特色社会主义制度的最大优势，中国共产党是最高政治领导力量。必须坚持"党政军民学，东西南北中，党是领导一切的"，坚决维护党中央权威，健全总揽全局、协调各方的党的领导制度体系，把党的领导落实到国家治理各领域各方面各环节。因此，坚持党中央集中统一领导，是深化国家监察体制改革的根本方向，也是必须遵循的重大政治原则。

党对国家监察工作的全面领导，贯穿于国家监察体制改革、监察法渊源的完善和监察法律规范实施的全过程。各级纪检监察机关在党的集中统一领导下，坚持执纪执法贯通融合，做到贯通规纪法、衔接纪法罪，把执纪审查和依法调查、党纪处分和政务处分、党内问责和监察问责等统一起来，对违纪违法的党员干部既要给予纪律处分，又要给予政务处分，对涉嫌犯罪问题的依法移送检察机关审查起诉。

2018 年《监察法》第 2 条规定："坚持中国共产党对国家监察工作的领导。"该条重申了坚持党的领导原则。随后，2021 年《监察法实施条例》进一步把坚持和加强党的领导作为根本政治原则和指导思想落实到监察工作领导体制、工作机制和管理监督等具体制度设计中，使党的领导在反腐败的具体实践中落实落细，推动实现党对监察工作的全面领导的具体化法治化。

## 二、坚持党的领导原则的主要内容

2013 年 11 月 12 日党的十八届三中全会通过的《中共中央关于全面深化改革若干重大问题的决定》提出，"加强党对党风廉政建设和反腐败工作统一领导"。2019 年 10 月 31 日党的十九届四中全会通过的《中共中央关于坚持和完善中国特色社会主义制度　推进国家治理体系和治理能力现代化若干重大问题的决定》指出，要健全党的全面领导制度，"完善党领导人大、政府、政协、监察机关、审判机关、检察机关、武装力量、人民团体、企事业单位、基层群众自治组织、社会组织等制度，健全各级党委（党组）工作制度，确保党在各种组织中发挥领导作用”。2021年《监察法实施条例》强调，监察机关和监察人员必须自觉坚持党的领导，在党组织的管理、监督下开展工作。

2022年10月，党的二十大报告强调，要健全党统一领导、全面覆盖、权威高效的监督体系。坚持和加强党的领导，是深化国家监察体制改革的根本目的，也是根本保证，贯穿于纪检监察法规制度体系建设的全过程和各方面。为此，必须把坚持和加强党的领导贯穿纪检监察体制改革各方面全过程，强化党对党风廉政建设和反腐败工作全覆盖、全方位、全过程领导。

党对国家监察工作的集中统一领导，应当确保监察机关在政治上、思想上、组织上与党的方针政策保持高度一致。

1. 政治领导

国家监察体制改革将党的主张上升为国家意志，充分发挥党的政治领导对国家监察的根本保证作用。深化国家监察体制改革的重要目标之一，就是以法治方式加强党对反腐败工作的领导，健全全面从严治党的制度和工作机制，运用法治思维巩固党的执政地位，将党的领导贯穿于监督执法的全过程，确保党和国家的长治久安。在党中央坚强领导下，中央纪委国家监委围绕构建党统一领导、全面覆盖、权威高效的监督体系，持续深化纪检监察体制改革，推动党和国家监督体系由前期的夯基垒台、立柱架梁，中期的全面推进、积厚成势，逐步进入系统集成、协同高效的新阶段。[1] 而且，各级纪委监委在党中央坚强领导下，推动建立健全党委定期研判反腐败斗争形势、听取重大案件汇报等制度，从组织形式、职能定位、决策程序上将党对反腐败工作的统一领导具体化。[2]

2. 思想领导

国家监察体制改革以马克思列宁主义、毛泽东思想、邓小平理论、“三个代表”重要思想、科学发展观、习近平新时代中国特色社会主义思想为指导。国家监察体制改革充分吸收了全面从严治党的治理经验与制度成果，延续了党的政治思想路线。正确实施、依法实施监察法，深入推进国家监察体制改革，在实质上就是对党的思

---

〔1〕 参见聂新鑫、刘廷飞等：《推动新时代纪检监察工作高质量发展》，载《中国纪检监察报》2022年10月7日，第2版。

〔2〕 参见陆丽环：《全面系统规范监察工作的基础性法规》，载《中国纪检监察报》2021年9月25日，第1版。

想领导的贯彻落实。

3. 组织领导

国家监察体制改革将党内监督与国家监察有机统一起来。从机构来看，监察委员会与党的纪律检查委员会合署办公，实行“一套工作机构，两个机关名称”制度。纪检监察机关开展的监督执纪问责、监督调查处置等各项具体工作，都在党的绝对领导之下。而且，纪检监察机关的领导体制是双重领导体制。党的中央纪律检查委员会（国家监察委员会）在党中央领导下进行工作，履行党的最高纪律检查机关（国家最高监察机关）职责。党的地方各级纪律检查委员会和基层纪律检查委员会在同级党的委员会和上级纪律检查委员会双重领导下进行工作。其中，党的地方各级纪律检查委员会书记兼任同级监察委员会主任，领导本级辖区内和下级监察工作。

4. 对监察机关的监督

坚持党的领导，必须贯彻党对纪检监察机关的监督。在我国，党对监察机关的监督是第一位的监督。在纪委监委合署办公的制度安排下，监察委员会在党的领导下履行各项监察职能，如此一来，党加强对纪检监察机关的管理和监督是应有之义。深化国家监察体制改革，就是要把坚持和加强党的全面领导贯穿到纪检监察立规立法全过程，落实到制度设计各方面。

## 第三节　宽严相济原则

### 一、宽严相济原则的确立

2018 年《监察法》第 5 条规定，惩戒与教育相结合，宽严相济，由此确立了宽严相济原则。

2022 年 10 月，党的二十大报告强调“全面从严治党是党永葆生机活力、走好新的赶考之路的必由之路”。宽严相济原则充分彰显了党坚持“惩前毖后、治病救人”的一贯方针。在监督执纪与监督执法工作中，纪检监察机关践行宽严相济原则，也是坚持纪严于法、执纪执法贯通，用好监督执纪“四种形态”的基本要求。其中，监督执纪“四种形态”，是指 2018 年《中国共产党纪律处分条例》（以下简称 2018 年《纪律处分条例》）第 5 条规定的，“经常开展批评和自我批评、约谈函询，让‘红红脸、出出汗’成为常态；党纪轻处分、组织调整成为违纪处理的大多数；党纪重处分、重大职务调整的成为少数；严重违纪涉嫌违法立案审查的成为极少数”。2021 年《纪委工作条例》第 31 条不仅对每种形态的适用情形做出细化，而且将每种形态的处理方式进行具体化，进一步规范监督执纪“四种形态”运用机制：（1）党员、干部有作风纪律方面的苗头性、倾向性问题或者轻微违纪问题，或者有一般违纪问题但具备免予处分情形的，运用监督执纪第一种形态，按照规定进行谈话提醒、批评教育、责令检查等，或者予以诫勉。（2）党员、干部有一般违纪问题，或者违纪问题严重但具有主动交代等从轻减轻处分情形的，运用监督执纪第二种形态，按照规定给予警告、严重警告处分，或者建议单处、并处停职检查、调整职务、责令辞职、免职等处理。（3）党员、干部有严重违纪问题，或者严重违纪并构成严重职务违法的，运用监督执纪第三种形态，按照规定给予撤销党内职务、留党察看、开除党籍处分，同时建议给予降职或者依法给予撤职、开除公职、调整其享受的待遇等处理。（4）党员、干部严重违纪、涉嫌犯罪的，运用监督执纪第四种形态，按照规定给予开除党籍处分，同时依法给予开除公职、调整或者取消其享受的待遇等处理，再移送司法机关依法追究刑事责任。

宽严相济原则体现于监察机关履行监督、调查和处置职责的各项工作过程中，真正做到了抓早抓小、防微杜渐。2019 年《监督执纪工作规则》、2020 年《政务处分法》等法律规范均有贯彻宽严相济原则的条款。例如，2019 年《监督执纪工作规则》第 3 条指出：“监督执纪工作应当遵循以下原则：……（三）坚持实事求是，以事实为依据，以党章党规党纪和国家法律法规为准绳，强化监督、严格执纪，把握政策、宽严相济，对主动投案、主动交代问题的宽大处理，对拒不交代、欺瞒组织的从严处理……”

理解纪检监察领域的宽严相济原则，还需要将其与刑事法领域的宽严相济刑事政策区分开来。宽严相济刑事政策是我国的基本刑事政策，贯穿于刑事立法、刑事司法和刑罚执行的全过程，是惩办与宽大相结合政策的继承、发展和完善，是司法机关惩罚犯罪，预防犯罪，保护人民，保障人权，正确实施国家法律的指南。[1] 比较可知，纪检监察领域的宽严相济原则与刑事法领域的宽严相济刑事政策都是党中央根据国家犯罪治理形势变化提出的原则和政策，二者在各自领域发挥不可忽视的重要作用。未来，在中国特色社会主义法治体系不断健全的新时代背景下，随着法律规范体系和党内法规体系这两大子体系趋于完善，为实现党纪与国法的有效衔接，可以考虑进一步提升“宽严相济”在国家法治体系层面的地位。

---

〔1〕 参见最高人民法院《关于贯彻宽严相济刑事政策的若干意见》（法发〔2010〕9 号）。

### 二、宽严相济原则的主要内容

准确把握贯彻宽严相济原则的内涵，对于实现政治效果、纪法效果、社会效果相统一具有重要意义。

1. 宽严相济原则强调坚持政治思维与纪法思维的高度一致性，充分落实监督执纪“四种形态”。这是贯彻落实习近平法治思想，坚持党对全面依法治国的领导的重要体现。纪检监察领域的宽严相济原则与刑事法领域的宽严相济刑事政策紧密衔接，是充分彰显政治思维与纪法思维相结合的结果，为营造风清气正的政治生态夯实法治基础。

2. 宽严相济原则突出“严”的主基调。2021 年《纪委工作条例》第 4 条强调，各级纪委开展工作，应当“坚持严的主基调，全面从严、一严到底”。另外，2019 年《监督执纪工作规则》第 3 条强调，执纪者也应当“以更高的标准、更严的要求约束自己，严格工作程序，有效管控风险，强化对监督执纪各环节的监督制约，确保监督执纪工作经得起历史和人民的检验”。

3. 宽严相济原则蕴含“宽”的合理要素。贯彻宽严相济原则，要求坚持惩前毖后、治病救人，要将严管与厚爱结合，激励与约束并重，注重教育转化，促使党员自觉防止和纠正违纪行为，惩治极少数，教育大多数。纪检监察机关对确有认错悔罪表现的被审查调查人，依规依纪依法从宽处理，尤其是对主动投案的人员实事求是、精准有效地运用监督执纪“四种形态”分类处理。2018 年《监察法》第 31 条、第 32 条确立了具有鲜明特色的职务犯罪案件认罪认罚从宽处罚建议制度，对于涉嫌职务犯罪的被调查人或者涉嫌职务违法犯罪的涉案人员符合法定情形的，监察机关经领导人员集体研究，并报上一级监察机关批准，可以在移送人民检察院时提出从宽处罚的建议。据此，纪检监察机关讲求通过深入细致的思想政治工作去感化当事人，促使其讲清问题、认识错误，以法治思维和法治方式惩治腐败，真正实现政治效果、纪法效果和社会效果相统一。

## 第四节　集中统一与权威高效原则

### 一、集中统一与权威高效原则的确立

2018 年《监察法》第 2 条规定：“构建集中统一、权威高效的中国特色国家监

察体制。”该条确立了集中统一与权威高效原则。

党的十九届四中全会提出，“必须健全党统一领导、全面覆盖、权威高效的监督体系，增强监督严肃性、协同性、有效性”。党的十九届六中全会通过的《中共中央关于党的百年奋斗重大成就和历史经验的决议》深刻指出：“党领导完善党和国家监督体系，推动设立国家监察委员会和地方各级监察委员会，构建巡视巡察上下联动格局，构建以党内监督为主导、各类监督贯通协调的机制，加强对权力运行的制约和监督。”国家监察体制改革整合了过去在党内反腐败、行政监察与检察机关查处贪污贿赂、失职渎职及预防职务犯罪等方面的力量，扩大了监察范围，形成了监督合力。

基于上述要求而形成的集中统一与权威高效原则及其制度规则是坚持和完善党和国家监督体系的重要方案。根据中共中央纪律检查委员会法规室、中华人民共和国国家监察委员会法规室编写的《〈中华人民共和国监察法〉释义》的规定，集中统一、权威高效的中国特色国家监察体制主要体现在以下四个方面：第一，解决了监察范围过窄问题，填补了监察对象上的空白。第二，解决了纪法衔接不畅问题，杜绝出现党员“带着党籍蹲监狱”等问题。第三，解决了反腐败力量分散问题，形成监督合力，提高工作效率。第四，解决了手段单一问题。2018 年《监察法》赋予监察机关 15 种调查措施，提高了以法治思维和法治方式惩治腐败的水平。[1]

深化国家监察体制改革，确立纪委监委合署办公的制度，根本目的就是加强党对反腐败工作的统一领导，把执纪和执法贯通起来，汇聚反腐败斗争强大合力，以有效破解反腐败体制机制不畅、资源力量分散的困境。深化国家监察体制改革，有利于反腐败斗争的集中统一：其一，反腐败决策指挥体系更加集中统一。各级监察委员会作为专门的反腐败工作机构，在党委的统一决策、统一指挥下开展工作，既实现对公职人员的全面监察，又重点加强对一把手、“关键少数”的监督，党对反腐败工作的领导更加坚强有力。其二，反腐败资源力量更加集中统一。通过整合行政监察、预防腐败和检察机关查处贪污贿赂、失职渎职、预防职务犯罪机构和人员，走内涵式发展道路，反腐败的工作力量更加集中、配置更加合理，实现“1 + 1 > 2”的效果。其三，反腐败手段措施更加集中统一。把纪委执纪审查实践中运用的手段和法律法规规定的调查措施结合起来，使监察手段更加丰富、多元，为惩治腐败提

[1] 参见中共中央纪律检查委员会法规室、中华人民共和国国家监察委员会法规室编写：《〈中华人民共和国监察法〉释义》，中国方正出版社 2018 年版，第 60 页。

供重要保障。[1]

## 二、集中统一与权威高效原则的主要内容

### （一）集中统一

1. 职能集中

监察机关集监督、调查以及处置三大职能于一身，实现了反腐败职能及其资源的集中。首先，监督，是指监察机关对公职人员开展廉政教育，对其依法履职、秉公用权、廉洁从政从业以及道德操守情况进行监督检查。其次，调查，是指监察机关对涉嫌贪污贿赂、滥用职权、玩忽职守、权力寻租、利益输送、徇私舞弊以及浪费国家资财等职务违法和职务犯罪进行调查。最后，处置，是指监察机关对违法的公职人员依法作出政务处分决定，对履行职责不力、失职失责的领导人员进行问责，对涉嫌职务犯罪的，将调查结果移送人民检察院依法审查、提起公诉，向监察对象所在单位提出监察建议。

2. 机构集中

根据党中央关于深化国家监察体制改革的部署，监察机关与党的纪律检查机关合署办公。党的各级纪律检查委员会是党内监督的专责机关，各级监察委员会是行使国家监察职能的专责机关，由此，二者合署办公的制度安排在组织机构上实现了党内监督与国家监察的集中统一。一方面，纪委通过党的纪律检查工作，对违纪行为实行监督执纪问责，实现纪严于法、纪在法前的党内监督；另一方面，国家监察体制改革后，监察机关的监察职能不是对过去行政监察、检察机关反贪反渎职能的简单叠加，而是在党的统一领导下，既调查职务违法行为，又调查职务犯罪行为，实现对所有行使公权力的公职人员的监督。可见，纪检监察机构集中，实际是通过设置纪检监察合署机构实现的。纪检监察合署办公的制度安排，实现了党内监督和监察监督的贯通，实现了党纪与法律之间的衔接，全面填补了国家监督体系的空白，形成了依托纪检、拓展监察、衔接司法的监察新格局。

### （二）权威高效

1. 权威性主要体现在监察机关的宪法地位方面

2018 年《宪法修正案》在第 3 章“国家机构”中增设了“监察委员会”一节，

---

〔1〕 参见《如何理解纪委、监委合署办公的意义?》，载中央纪委国家监委网 2018 年 1 月 4 日，https://www.ccdi.gov.cn/yaowen/201801/t20180104_161078.html。

规定监察机关由人民代表大会产生，对它负责，受它监督。由此，监察机关的宪法地位得以确立，形成“一府一委两院”的国家权力架构格局。

在监察机关获得宪法地位的基础上，2018 年《监察法》进一步作出规定，赋予监察机关依法履行的三项职责及具体权限，特别是监察机关在行使调查权时，可以根据案件办理需要依法采取讯问、询问、留置、搜查等具有法定强制力的调查措施，这有利于保障监察机关依法充分履行各项职责，保证监察法的有效、顺畅实施。

2. 高效性主要体现在监察法律明确监察权力运行的规则程序方面

为了实现监察工作的有序高效运行，2018 年《监察法》对监察机关履行职责的权限和程序作出明确规定。一方面，2018 年《监察法》指出监察机关是行使国家监察职能的专责机关，对此，监察机关在工作中需要协助的，有关机关和单位应当根据监察机关的要求依法予以协助；另一方面，2018 年《监察法》确立了权威高效、衔接顺畅的监察调查与审查起诉工作衔接机制，进一步推动国家监察体制改革和司法体制改革趋于深化。此类衔接机制主要包括职务犯罪案件办理领域的证据、管辖、移送审查起诉、退回补充调查、不起诉、缺席审判等诸多方面，由此践行监察机关和司法机关相互配合、相互制约原则。

## 第五节　监察全面覆盖原则

### 一、监察全面覆盖原则的确立

纪检监察机关是党内监督和国家监察专责机关，在党和国家监督体系中处于主干位置。深化党的纪律检查体制改革、国家监察体制改革，旨在实现党内监督全覆盖、对公职人员监察全覆盖。2018 年《监察法》第 1 条明确将“加强对所有行使公权力的公职人员的监督，实现国家监察全面覆盖”作为立法目的。同时，2018 年《监察法》第 3 条规定：“各级监察委员会是行使国家监察职能的专责机关，依照本法对所有行使公权力的公职人员（以下称公职人员）进行监察，调查职务违法和职务犯罪，开展廉政建设和反腐败工作，维护宪法和法律的尊严。”由此，2018 年《监察法》明确了监察全面覆盖原则。

监察全面覆盖原则的确立，旨在解决监察体制改革前存在的监督范围过窄、监督力度不足等问题，将应当纳入的监察对象与监察事项统一纳入进来，实现对公权力监督的全面覆盖。

监察全面覆盖原则所涉及的内容较为丰富，具体而言，监察全面覆盖原则主要包含监察主体全覆盖、监察对象全覆盖和监察事项全覆盖三层含义。

## 二、监察全面覆盖原则的主要内容

### （一）监察主体全面覆盖

考虑到监察对象的广泛性、多样性，为了适应加强对所有行使公权力的公职人员的监督的现实需要，进一步推进监察全面覆盖，2018 年《监察法》第 12 条、第 13 条规定除各级监察机关以外，派驻或者派出监察机构、监察专员同样可以依法履行监察职责，实现日常监督。2018 年《监察法》第 12 条、第 13 条分别规定，一方面，“各级监察委员会可以向本级中国共产党机关、国家机关、法律法规授权或者委托管理公共事务的组织和单位以及所管辖的行政区域、国有企业等派驻或者派出监察机构、监察专员。监察机构、监察专员对派驻或者派出它的监察委员会负责”。另一方面，“派驻或者派出的监察机构、监察专员根据授权，按照管理权限依法对公职人员进行监督，提出监察建议，依法对公职人员进行调查、处置”。随后，2022 年 6 月中共中央办公厅发布的《纪检监察机关派驻机构工作规则》进一步规定要“建立健全系统集成、协同高效的派驻监督体制机制，增强‘派’的权威和‘驻’的优势，一体推进不敢腐、不能腐、不想腐，充分发挥监督保障执行、促进完善发展作用”。概括而言，各级监察机关派驻或派出监察机构、监察专员是监察职能的进一步延伸。从这一角度来看，派驻、派出机制的建立与不断完善，可以有效提升监督效能，确保监督不留空白，没有死角，由此形成满足监察全面覆盖改革需要的监察机关组织体系。

### （二）监察对象全面覆盖

监察对象，又称监察范围，涵盖所有行使公权力的公职人员。监察机关是行使国家监察职能的专责机关，依照 2018 年《监察法》对所有行使公权力的公职人员进行监察，调查职务违法和职务犯罪，开展廉政建设和反腐败工作，维护宪法和法律的尊严。根据 2018 年《监察法》第 15 条的规定，监察机关对以下六类公职人员和有关人员进行监察：（1）中国共产党机关、人民代表大会及其常务委员会机关、人民政府、监察委员会、人民法院、人民检察院、中国人民政治协商会议各级委员会机关、民主党派机关和工商业联合会机关的公务员，以及参照《公务员法》管理的人员；（2）法律、法规授权或者受国家机关依法委托管理公共事务的组织中从事公务的人员；(3) 国有企业管理人员；(4) 公办的教育、科研、文化、医疗卫生、体育等单位中从事管理的人员；(5) 基层群众性自治组织中从事管理的人员；(6) 其他依法履行公职的人员。在此基础上，2021 年《监察法实施条例》第 37 条至第 44 条对监察对象的范围进一步解释与细化。可见，在国家监察体制改革不断深化的时代背景下，监察机关对所有行使公权力的公职人员进行监督检查并调查处置职务违法犯罪行为，有利于真正把权力关进制度的笼子里。

#### (三) 监察事项全面覆盖

监察全面覆盖原则贯穿于监察活动始终。无论是在监督、调查还是处置过程中，监察机关均应当贯彻监察全面覆盖原则，充分履行法定职责。一方面，监察过程中应坚持“纪法衔接、纪法贯通”。在纪检监察合署办公的体制下，纪检监察机关集查处违纪、职务违法、职务犯罪于一身，既要执纪也要执法，在执纪监督、纪律审查中，发现苗头性、倾向性问题要及时管，发现触犯党纪国法的要及时处理。对此，纪检监察机关应当科学合理运行监察权限，运用“四种形态”全面履行监督责任。另一方面，监察过程中要做好“法法衔接”。监察法律规范的实践运转不可避免地与其他法律产生关联。因此，监察法需要与其他法律衔接适用；监察机关也需要与其他机关协作配合，共同完成监察全覆盖的改革目标。尤其是职务犯罪案件的办理工作涉及监察程序与刑事司法程序的衔接配合。可见，实现监察法与刑法、刑事诉讼法等其他法律的衔接适用，同样是监察全面覆盖的应有之义。

## 第六节　监察权依法独立行使原则

### 一、监察权依法独立行使原则的确立

根据我国《宪法》第 124 条第 3 款、第 127 条第 1 款的规定，监察委员会的组织和职权由法律规定。监察委员会依照法律规定独立行使监察权，不受行政机关、社会团体和个人的干涉。以此为前提，2018 年《监察法》第 4 条第 1 款同样明确规定，监察委员会依照法律规定独立行使监察权，不受行政机关、社会团体和个人的干涉；第 5 条规定，国家监察工作严格遵照宪法和法律，以事实为根据，以法律为准绳。可见，我国《宪法》和 2018 年《监察法》均明确了监察权依法独立行使原则。

依规依纪依法是做好新时代纪检监察工作的鲜明特点和必然要求，各级纪检监察机关推动纪检监察干部牢固树立依规依纪依法履职用权理念，不断提升法治意识、程序意识、证据意识。在党的纪律检查体制改革和国家监察体制改革不断深化的时代背景下，监察权依法独立行使原则中的“法”实质上必然包括党内法规。根据2019年修订的《中国共产党党内法规制定条例》的规定，党内法规是党的中央组织，中央纪律检查委员会以及党中央工作机关和省、自治区、直辖市党委制定的体现党的统一意志、规范党的领导和党的建设活动、依靠党的纪律保证实施的专门规章制度。党内法规的名称为党章、准则、条例、规定、办法、规则、细则。其中，党章是最根本的党内法规，是制定其他党内法规的基础和依据。制定党内法规，主要就以下事项作出规定：（1）党的各级各类组织的产生、组成、职权职责；（2）党的领导和党的建设的体制机制、标准要求、方式方法；（3）党组织工作、活动和党员行为的监督、考核、奖惩、保障；（4）党的干部的选拔、教育、管理、监督。其中，凡是涉及创设党组织职权职责、党员义务权利、党的纪律处分和组织处理的，只能由党内法规作出规定。由此，党内法规体系是以党章为根本，以民主集中制为核心，以准则、条例等中央党内法规为主干，以部委党内法规、地方党内法规为重要组成部分，由各领域各层级党内法规组成的有机统一整体。按照“规范主体、规范行为、规范监督”相统筹相协调的原则，党内法规体系以“1+4”为基本框架，即在党章之下分为党的组织法规、党的领导法规、党的自身建设法规、党的监督保障法规四大板块。此外，根据2019年《中国共产党党内法规和规范性文件备案审查规定》的规定，党组织还会制定规范性文件。规范性文件，是指党组织在履行职责过程中形成的具有普遍约束力、在一定时期内可以反复适用的文件。

## 二、监察权依法独立行使原则的主要内容

概括而言，监察权依法独立行使原则包括三层含义：第一，依法监察；第二，独立行使监察权；第三，依法独立行使监察权应当受到监督。

### （一）依法监察

依法监察既强调遵照我国《宪法》和2018年《监察法》制定相关法律规范，明确监察权力运行程序；又强调监察机关应当严格按照党内法规和国家法律明确的制度与规则履行职责，因循法治思维并通过法治方式惩治职务违法与犯罪行为。因此，依法监察包括以下方面。

1. 监察立法不得与宪法和法律相冲突

宪法是国家根本大法，具有最高的法律效力，是其他法律的立法基础和立法依据。2018 年《宪法修正案》增设“监察委员会”一节，对国家监察体制改革成果进行了深刻总结，明确规定了监察机关的性质、地位、名称、人员组成等内容，为监察机关履行职能职责提供了根本法依据。特别是关于监察权的国家权力地位、监察机关的宪法地位以及监察职责、监察程序等内容，都必须与我国《宪法》和上位法律规范保持一致。可见，国家监察体制改革于宪有据、监察法于宪有源，体现了全面深化改革、全面依法治国、全面从严治党的有机统一。

2. 监察权的运行以及监察机关的设置必须有法律依据

“依法”既包括依实体法，也包括依程序法。2018 年《监察法》对监察机关及其职责、监察范围和管辖、监察权限和监察程序等作出明确规定，为监察机关独立行使监察权提供了基本的法律依据。对此，监察机关及其工作人员应当以法律为准绳，严格按照法定的权限、规则和程序开展监察工作。例如，2021 年《监察法实施条例》明确规定监察机关有权管辖 101 个职务犯罪罪名，就是针对监察机关划出权力清单、明确权力边界。

3. 监察机关及其工作人员违反法律法规的行为应承担法定责任

有权必有责，一方面，监察机关依法履行职责的行为，受到我国《宪法》和 2018 年《监察法》等法律的保护；另一方面，监察机关行使权力的活动，也应当接受严格的制约和监督。为此，2018 年《监察法》第 65 条、第 66 条和第 67 条等条文明确了监察机关及其工作人员违法行使职权所应当承担的法律责任，使监察权依法正确行使并受到严格监督。

### （二）独立行使监察权

独立行使监察权，是指监察机关行使监察权不受行政机关、社会团体和个人的干涉，排除行政机关、社会团体和个人利用职权、地位或者采取其他不正当手段所带来的干扰和影响。我国《宪法》和 2018 年《监察法》强调监察机关依法独立行使监察权，保证监察机关履行监督、调查和处置职责的独立地位，有利于真正提高反腐败工作的国家治理效能。

从这一角度来看，监察机关独立行使监察权包括三层含义：（1）监察权具有独立性，即监察权是独立于行政权、检察权和审判权而存在的一种国家权力。（2）监察权由监察机关统一行使，即监察机关是行使监察权的专责机关。监察机关内部设置了完整的组织机构，保证监察机关独立而有效地行使各项监察权能。(3) 监察机关在不受行政机关、社会团体和个人的干涉的前提下行使监察权。一方面，监察机关在办理职务违法和职务犯罪案件过程中，与审判机关、检察机关、执法部门形成互相配合、互相制约的关系；另一方面，监察机关依法接受民主监督、社会监督、舆论监督，但应当防止行政机关、社会团体和个人利用职权、地位、金钱等不正当手段干扰、影响监察机关行使职权活动。

### (三) 依法独立行使监察权应当受到监督

作为履行监察职责的国家机关，监察机关依法独立行使监察权，绝不意味着监察机关可以不受任何制约和监督。对监察机关和监察人员进行监督，是指行使监察权力的监察机关和监察人员主动开展自我监督、自觉接受外部监督的行为。为了强化对监察机关自身权力运行的制约和监督、打造高素质专业化监察队伍，推动监察工作高质量发展，2018 年《监察法》专章规定了“对监察机关和监察人员的监督”。只有构建完善的体制机制，把权力关进制度的笼子，坚决防止“灯下黑”，才能建设一支政治素质高、忠诚干净担当、专业化能力强、敢于善于斗争的纪检监察铁军。

对监察机关和监察人员进行监督，首先应当坚持党的领导。结合监察法律和党内法规的规定，监察机关和监察人员自觉接受的各方面监督还包括以下类型：(1) 人大监督；(2) 民主监督；(3) 司法监督；(4) 社会监督；(5) 舆论监督；(6) 监察机关专设的内部监督制约机制的监督。

## 第七节 当事人权利保障原则

### 一、当事人权利保障原则的确立

根据 2018 年《监察法》第 5 条的规定，国家监察工作应保障当事人的合法权益。这一条文确立了当事人权利保障原则。该原则充分体现了我国《宪法》规定的“国家尊重和保障人权”这一条款的法治精神。

当事人权利保障，是指监察机关应当严格遵循相关法律规定，不得侵犯监察活动中公民、法人和其他组织的合法权益。在此，界定当事人权利保障原则的含义，需要把握以下要点：

1. 将监察法中的“当事人”与诉讼法中的“当事人”区分开。结合2018年《监察法》、2021年《监察法实施条例》对当事人权利保障条款的规定可知，监察活动中的当事人一般包括监察对象、被调查人及其近亲属、涉案人员等人员，以及企业等单位或者组织。与之不同的是，诉讼法中的当事人强调该人员是同案件有直接利害关系而参加诉讼的人员。例如，2018年《中华人民共和国刑事诉讼法》（以下简称2018年《刑事诉讼法》）第108条规定，刑事诉讼程序中的“当事人”是指被害人、自诉人、犯罪嫌疑人、被告人、附带民事诉讼的原告人和被告人。又如，2022年《民事诉讼法》规定，民事诉讼的当事人主要包括原告、被告和第三人。

2. 监察法律规范中的“近亲属”，是指夫、妻、父、母、子、女、同胞兄弟姊妹。监察法律规范中的“近亲属”的范围与刑事诉讼法律规范中的“近亲属”的范围相同。

## 二、当事人权利保障原则的主要内容

2021年《监察法实施条例》第7条规定：“监察机关应当在适用法律上一律平等，充分保障监察对象以及相关人员的人身权、知情权、财产权、申辩权、申诉权以及申请复审复核权等合法权益。”

### （一）保障人身权

根据我国《民法典》的规定，民事主体的人身权利受法律保护，任何组织和个人不得侵犯。2018年《监察法》对监察机关行使职权的诸多法定程序作出限制性规定，主要目的就是保护当事人的人身权利。

1. 2018年《监察法》规定了监察机关在依法履行监察职责的过程中应当保障当事人的人身权。一方面，监察机关应当审慎采取各种调查措施，特别是严格把握适用限制乃至剥夺人身自由的调查权限的适用条件。例如，根据2018年《监察法》第22条、第43条等规定，监察机关适用留置措施，既需要判断是否满足法定要求，也需要经过严格的决定和批准程序。又如，2018年《监察法》第44条规定，监察机关应当保障被留置人员的饮食、休息和安全，提供医疗服务。另一方面，为了进一步保障当事人的人身权利，2018年《监察法》明确了变更或者解除调查措施的基本要求。例如，对于不需要继续采取留置措施、技术调查措施、限制出境措施的，监察机关应当及时解除。

2. 2018年《监察法》规定了监察机关及其工作人员不当侵犯当事人人身权利

的法律后果。一方面，根据2018年《监察法》第33条、第40条第2款的规定，我国确立了监察法领域的非法证据排除规则，即严禁以威胁、引诱、欺骗及其他非法方式收集证据，严禁侮辱、打骂、虐待、体罚或者变相体罚被调查人和涉案人员，对于以非法方法收集的证据，监察机关应当依法予以排除，不得作为案件处置的依据。另一方面，监察机关及其工作人员不当侵犯当事人人身权利的，应当承担不利后果，其中，侵权情节严重的，监察机关应当承担国家赔偿责任。例如，2018年《监察法》第65条规定，监察机关及其工作人员对被调查人或者涉案人员逼供、诱供，或者侮辱、打骂、虐待、体罚或者变相体罚的，对负有责任的领导人员和直接责任人员依法给予处理。又如，2018年《监察法》第67条规定："监察机关及其工作人员行使职权，侵犯公民、法人和其他组织的合法权益造成损害的，依法给予国家赔偿。"

### （二）保障知情权

知情权，是指当事人通过法定方式和途径获得相关监察活动的信息、事项的权利。为了保障当事人知情权利，监察机关应当承担相应的告知、记录等义务。根据2021年《监察法实施条例》第58条的规定：第一，采取监察措施需要告知、通知相关人员的，应当依法办理。告知包括口头、书面两种方式，通知应当采取书面方式。第二，采取口头方式告知的，应当将相关情况制作工作记录；采取书面方式告知、通知的，可以通过直接送交、邮寄、转交等途径送达，将有关回执或者凭证附卷。第三，无法告知、通知，或者相关人员拒绝接收的，调查人员应当在工作记录或者有关文书上记明。据此，监察机关应当切实保障被调查人员等当事人的知情权，履行法定的告知程序，尤其是在采取查封、扣押等调查措施时，更要保障其合法权益，及时与当事人沟通相关事宜。

### （三）保障财产权

财产权，是指以财产利益为内容，直接体现财产权益的权利类型。我国《宪法》明确规定，公民的合法的私有财产不受侵犯。客观而言，监察机关可依法采取的查封、扣押、冻结等调查措施在某些情况下会影响当事人的财产权利。因此，2018年《监察法》在设置调查措施适用条件的同时，明确了监察机关在履行职责时应当遵循的程序要求，涉及收集、调取、保管、移送、解除、退还等各项内容。在对被调查人的财产采取查封、扣押、冻结等措施时，监察机关应当严格区分涉案财产和被调查人的合法财产、单位财产和个人财产、个人财产和家庭成员财产，不得变相扣押、冻结与案件无关的财产。对于查封、扣押、冻结的经查明与案件无关的财产，监察机关应当按规定时间予以解除，并告知财产的权利人等相关人员。

### （四）保障核对权、发表意见权和申辩权

根据2021年《监察法实施条例》第187条的规定，在监察调查阶段，监察机关应当组成调查组依法开展调查。调查组应当将调查认定的涉嫌违法犯罪事实形成书面材料，交给被调查人核对，听取其意见。对被调查人提出申辩的事实、理由和证据应当进行核实，成立的予以采纳。因此，被调查人享有核对权、发表意见权和申辩权。

此外，对立案和移送审理一并报批的案件，监察机关在报批前同样应当保障被调查人的核对权、发表意见权和申辩权。

### （五）保障申诉权与申请复查权

根据2018年《监察法》第60条第1款的规定，被调查人及其近亲属享有申诉的权利，即监察机关及其工作人员有下列行为之一的，被调查人及其近亲属有权向该机关申诉：（1）留置法定期限届满，不予以解除的；（2）查封、扣押、冻结与案件无关的财物的；（3）应当解除查封、扣押、冻结措施而不解除的；（4）贪污、挪用、私分、调换以及违反规定使用查封、扣押、冻结的财物的；（5）其他违反法律法规、侵害被调查人合法权益的行为。

申诉人针对处理决定还享有申请复查的权利。根据2018年《监察法》第60条第2款的规定，申诉人对处理决定不服的，有权向上一级监察机关申请复查。复查申请应当在收到处理决定之日起1个月内提出。同时，监察机关应当承担保障救济义务，对于被调查人及其近亲属的申诉，受理申诉的监察机关应当在受理申诉之日起1个月内作出处理决定。对于申诉人的申请复查，上一级监察机关应当在收到复查申请之日起2个月内作出处理决定，情况属实的，及时予以纠正。

### （六）申请复审权与申请复核权

2018年《监察法》第49条规定，监察对象对监察机关作出的涉及本人的处理决定不服的，可以在收到处理决定之日起1个月内，向作出决定的监察机关申请复审。监察对象对复审决定仍不服的，可以在收到复审决定之日起1个月内，向上一

级监察机关申请复核，这表明监察对象依法享有申请复审和申请复核的权利。

第49条同时规定，为了保障监察对象的申请复审与复核权利，进行复审、复核的监察机关依法承担相应的履职义务：针对复审申请，复审机关应当在1个月内作出复审决定；针对复核申请，复核机关应当在2个月内作出复核决定。复核机关经审查，认定处理决定有错误的，原处理机关应当及时予以纠正。当然，复审、复核期间，不停止原处理决定的执行。

#### （七）企业产权和自主经营权

根据2021年《监察法实施条例》第271条的规定，监察机关在履行职责过程中，应当依法保护企业产权和自主经营权，严禁利用职权非法干扰企业生产经营。需要企业经营者协助调查的，监察机关应当依法保障其合法的人身、财产等权益，避免或者减少对涉案企业正常生产、经营活动的影响。

对于查封企业厂房、机器设备等生产资料，企业继续使用对该财产价值无重大影响的，监察机关可以允许其使用。对于正在运营或者正在用于科技创新、产品研发的设备和技术资料等，监察机关一般不予查封、扣押，确需调取违法犯罪证据的，监察机关可以采取拍照、复制等方式。

## 第八节　互相配合、互相制约原则

### 一、互相配合、互相制约原则的确立

2018年《监察法》第4条第2款规定："监察机关办理职务违法和职务犯罪案件，应当与审判机关、检察机关、执法部门互相配合，互相制约。"该条文明确了监察机关与审判机关、检察机关、执法部门在办理职务违法犯罪案件过程中的互相配合、互相制约的关系，即确立了互相配合、互相制约原则。

理解互相配合、互相制约原则，有必要区分2018年《监察法》第4条与2018年《刑事诉讼法》第7条。2018年《刑事诉讼法》第7条规定了刑事诉讼领域的分工负责、互相配合、互相制约原则，即"人民法院、人民检察院和公安机关进行刑事诉讼，应当分工负责，互相配合，互相制约，以保证准确有效地执行法律"。比较可知，顺应国家监察体制改革发展趋向，立足监察权运行规律，在监察活动领域，监察机关是行使国家监察职能的专责机关，其他国家机关并无此职能，因此，监察

机关与审判机关、检察机关、执法部门之间不存在分工负责的关系。而在刑事诉讼领域，审判机关、检察机关、公安机关均行使国家追诉职能，且基于法律规范授权而在不同诉讼阶段承担相应的职能，是故审判机关、检察机关、公安机关之间应当注重分工负责，共同实现惩罚犯罪、保障人权的目的。

## 二、互相配合、互相制约原则的主要内容

监察机关与司法机关、执法部门之间互相配合、互相制约关系的确立，有利于保障职务违法职务犯罪案件办理工作的合法性，特别是提高职务犯罪案件审判的质效。简言之，在监察活动中，互相配合，是指监察机关与司法机关、执法部门各司其职，相互支持，全力合作；互相制约，是指监察机关与司法机关、执法部门在履行职责过程中通过程序规则的制约，防止和及时纠正错误，保证案件办理质量。特别是监察机关在工作中需要协助的，有关机关和单位应当根据监察机关的要求依法予以协助。这是构建集中统一、权威高效的中国特色国家监察体制的基本要求。

对此，2021 年《监察法实施条例》第 8 条、第 9 条作出细化规定：一方面，“监察机关办理职务犯罪案件，应当与人民法院、人民检察院互相配合、互相制约，在案件管辖、证据审查、案件移送、涉案财物处置等方面加强沟通协调，对于法院、检察院提出的退回补充调查、排除非法证据、调取同步录音录像、要求调查人员出庭等意见依法办理”；另一方面，“监察机关开展监察工作，可以依法提请组织人事、公安、国家安全、审计、统计、市场监管、金融监管、财政、税务、自然资源、银行、证券、保险等有关部门、单位予以协助配合。有关部门、单位应当根据监察机关的要求，依法协助采取有关措施、共享相关信息、提供相关资料和专业技术支持，配合开展监察工作”。

# 第三章 监 察 机 关

## 第一节 监察机关的法律地位与职责

### 一、监察机关的法律地位

监察机关，是指包括各级监察委员会及其派驻或者派出监察机构、监察专员在内的行使国家监察职能的专责机关。根据监察法律规范的规定，监察委员会由人民代表大会产生。在纪委监委合署办公的制度安排下，纪检监察机关不是专门的办案机关，而是管党治党的政治机关，其中，监督是纪检监察机关的首要职责和基本职责。

#### （一）监察机关是行使国家监察职能的专责机关

2018 年《监察法》第 3 条中规定，“各级监察委员会是行使国家监察职能的专责机关”，进一步明确了各级监察机关的法律地位。对此，“专责机关”不仅强调监察机关的专业化特征、专门性职责，更突出强调了监察机关的重要责任和使命担当。

实际上，2018 年《监察法》对监察机关的地位的表述与《中国共产党章程》（以下简称《党章》）对党的纪律检查机关的地位的表述保持了一致。《党章》第 46 条第 1 款规定，“党的各级纪律检查委员会是党内监督专责机关”。2021 年《纪委工作条例》第 3 条进一步指出：其一，党的各级纪委是党内监督专责机关，是党推进全面从严治党、开展党风廉政建设和反腐败斗争的专门力量。其二，党的各级纪委的主要任务是维护党的章程和其他党内法规，检查党的理论和路线方针政策、党中央决策部署执行情况，协助党的委员会推进全面从严治党、加强党风建设和组织协调反腐败工作。其三，党的各级纪委把坚决维护习近平总书记党中央的核心、全党的核心地位，维护党中央权威和集中统一领导作为最高政治原则和根本政治责任。

2021年《纪委工作条例》的第5章共11条，将纪委的具体职责分为9项，包括纪律教育、纪律监督、处理信访举报、纪律审查、纪律处分、开展问责、受理控告和申诉、保障党员权利、纪律检查建议，使《党章》规定的监督执纪问责职责和各项经常性工作趋于细化，由此构建起包含纪委总体职责和具体职责的“1+9”职责体系，以制度的方式保证和促进纪律检查权的正确有效行使。

根据党中央的决策部署，纪委监委合署办公，实行“一套工作机构，两个机关名称”。2021年《纪委工作条例》第7条规定：“党的中央纪律检查委员会与国家监察委员会合署办公，党的地方各级纪律检查委员会与地方各级监察委员会合署办公，实行一套工作机构、两个机关名称，履行党的纪律检查和国家监察两项职责，实现纪委监委领导体制和工作机制的统一融合，集中决策、一体运行，坚持纪严于法，执纪执法贯通。”其中，监察委员会不设党组，也不决定人事事项，本质上是党的工作机构。

纪委监委合署办公的制度安排有利于深化国家监察体制改革，实现党内法规与国家法律相统一，对健全党统一领导的反腐败工作体系、完善国家监督体系、提升党和国家治理能力具有重大意义。

### （二）监察机关是由人民代表大会产生的国家机关

2018年3月，十三届全国人大一次会议通过了《宪法修正案》和《监察法》，产生了国家监察委员会及其领导人员。自此，由人民代表大会选举产生的国家机关从“一府两院”正式变为“一府一委两院”。其中，“一委”即监察委员会。

1. 监察机关与人民代表大会的关系

根据我国《宪法》第3条的规定，监察机关由人民代表大会产生，对它负责，受它监督。同时，《宪法》第126条进一步明确了监察机关与人民代表大会之间的关系：“国家监察委员会对全国人民代表大会和全国人民代表大会常务委员会负责。地方各级监察委员会对产生它的国家权力机关和上一级监察委员会负责。”2018年《监察法》第8条和第9条对此作出细化规定。

2. 监察机关与其他国家机关的关系

我国《宪法》第127条第2款规定：“监察机关办理职务违法和职务犯罪案件，应当与审判机关、检察机关、执法部门互相配合，互相制约。”在此前提下，2018年《监察法》第4条第3款作出规定，即“监察机关在工作中需要协助的，有关机关和单位应当根据监察机关的要求依法予以协助”。其中，审判机关，是指各级人民法院；检察机关，是指各级人民检察院；执法部门，是指公安机关、国家安全机关、审计机关以及质检部门等行政执法部门。

监察机关履行法定职责，需要获得执法部门、事业单位、公司企业等有关机关和单位的协助时，有关机关和单位应当在其职权范围内依法予以协助。例如，2018年《监察法》第24条第3款规定："监察机关进行搜查时，可以根据工作需要提请公安机关配合。公安机关应当依法予以协助。"

### 二、监察机关的主要职责

2018年《监察法》第11条规定了监察机关的三项职责，即监督、调查、处置。

监督职责，是指监察机关对公职人员开展廉政教育，对公职人员依法履职、秉公用权、廉洁从政从业以及道德操守情况进行监督检查。把监督挺在前面是纪检监察机关作为政治机关的性质使然。

调查职责，是指监察机关对公职人员涉嫌贪污贿赂、滥用职权、玩忽职守、权力寻租、利益输送、徇私舞弊以及浪费国家资财等职务违法和职务犯罪进行调查。调查公职人员涉嫌职务违法和职务犯罪工作，是体现国家监察体制改革特色的工作，符合监察机关作为国家反腐败工作机构的法律定位。

处置职责，是指监察机关对违法的公职人员依法作出政务处分决定；对履行职责不力、失职失责的领导人员进行问责；对涉嫌职务犯罪的，将调查结果移送人民检察院依法审查、提起公诉；向监察对象所在单位提出监察建议。

## 第二节 监察机关的组织体系、组成人员及其领导体制

### 一、监察机关的组织体系

2018年《监察法》规定，我国各级监察委员会分为四级，即国家监察委员会和地方各级监察委员会，地方各级监察委员会包括省级监察委员会、市级监察委员会和县级监察委员会。同时，监察委员会采取委员会制的组织形式，由主任、副主任若干人、委员若干人组成。

根据2018年《监察法》第7条、第8条、第10条的规定，中华人民共和国国家监察委员会是最高监察机关。国家监察委员会由全国人大产生，对全国人大及其常务委员会负责，并接受其监督。国家监察委员会负责全国监察工作，领导地方各

级监察委员会的工作。

根据2018年《监察法》第7条、第9条、第10条的规定，省、自治区、直辖市、自治州、县、自治县、市、市辖区设立地方监察委员会。地方各级监察委员会由本级人民代表大会产生，对本级人民代表大会及其常务委员会和上一级监察委员会负责，并接受其监督。地方各级监察委员会负责本行政区域内的监察工作。上级监察委员会领导下级监察委员会的工作。

地方监察委员会的设置与我国行政区域的划分基本一致。根据我国《宪法》的规定，乡镇一级只设置人民代表大会和人民政府，不设置人民代表大会常务委员会、人民法院、人民检察院，也不设置监察委员会。对此，监察机关可以根据2018年《监察法》第12条的规定向乡镇一级派驻、派出监察机构或者监察专员。

## 二、监察机关的产生方式、人员组成和任期

2018年《监察法》第8条、第9条等条文规定了监察机关的产生方式、人员组成和任期。

### （一）国家监察委员会

1. 国家监察委员会由全国人大产生，负责全国监察工作。

2. 国家监察委员会由主任、副主任若干人、委员若干人组成，主任由全国人大选举，副主任、委员由国家监察委员会主任提请全国人大常委会任免。其中，2018年《监察法》并未对监察委员会的副主任和委员的职数作出具体规定。

3. 国家监察委员会主任每届任期同全国人大每届任期相同，连续任职不得超过两届。

值得注意的是，关于国家监察委员会主任的人选名单，2021年修正的《中华人民共和国全国人民代表大会组织法》（以下简称2021年《全国人大组织法》）第18条作出明确规定，国家监察委员会主任的人选，由主席团提名，经各代表团酝酿协商后，再由主席团根据多数代表的意见确定正式候选人名单。

### （二）地方各级监察委员会

1. 地方各级监察委员会由本级人民代表大会产生，负责本行政区域内的监察工作。

2. 地方各级监察委员会由主任、副主任若干人、委员若干人组成。其中，地方

各级监察委员会主任由本级人民代表大会选举，副主任、委员由监察委员会主任提请本级人民代表大会常务委员会任免。

3. 地方各级监察委员会主任每届任期同本级人民代表大会每届任期相同。

### （三）“一委两院”组成人员规定的比较

监察机关组成人员的规定与检察机关、审判机关组成人员的规定之间存在不同之处。一方面，监察机关由主任、副主任若干人、委员若干人组成。虽然2018年《监察法》规定了监察官制度，且我国于2022年施行了《监察官法》，但监察机关的组成人员不包括除主任、副主任、委员以外的监察人员。另一方面，检察机关由检察长、副检察长、检察委员会委员和检察员等人员组成，审判机关由院长、副院长、审判委员会委员和审判员等人员组成。以上人员组成规则见于2019年《人民检察院组织法》第35条、2019年《人民法院组织法》第40条的规定。

## 三、监察机关的领导体制

监察机关的领导体制是监察机关在上下级之间，以及监察机关内部各级部门之间的领导权限、领导关系以及领导活动方式等各项制度的总称。

《党章》第45条规定：“党的中央纪律检查委员会在党的中央委员会领导下进行工作。党的地方各级纪律检查委员会和基层纪律检查委员会在同级党的委员会和上级纪律检查委员会双重领导下进行工作。上级党的纪律检查委员会加强对下级纪律检查委员会的领导。”2018年《监察法》第10条规定：“国家监察委员会领导地方各级监察委员会的工作，上级监察委员会领导下级监察委员会的工作。”由此可知，在纪委监委合署办公的制度安排下，监察机关的领导体制是双重领导体制。

在2018年《监察法》对国家监察委员会领导地方各级监委工作、上级监委领导下级监委工作作出明确规定的基础上，2021年《监察法实施条例》首次将监察工作的双重领导体制法治化。2021年《监察法实施条例》第10条规定：其一，国家监察委员会在党中央领导下开展工作。其二，地方各级监察委员会在同级党委和上级监察委员会双重领导下工作，监督执法调查工作以上级监察委员会领导为主，线索处置和案件查办在向同级党委报告的同时应当一并向上一级监察委员会报告。其三，上级监察委员会应当加强对下级监察委员会的领导。下级监察委员会对上级监察委员会的决定必须执行，认为决定不当的，应当在执行的同时向上级监察委员会反映。上级监察委员会对下级监察委员会作出的错误决定，应当按程序予以纠正，或者要求下级监察委员会予以纠正。这一制度设计有利于进一步将党的主张通过法定程序转化为国家意志。

2021 年《纪委工作条例》进一步就党的纪律检查委员会的领导体制作出规定：其一，党的中央纪律检查委员会（国家监察委员会）在党中央领导下进行工作，履行党的最高纪律检查机关（国家最高监察机关）职责。党的中央纪律检查委员会严格执行加强和维护党中央集中统一领导的各项制度要求，及时向中央政治局、中央政治局常务委员会请示汇报工作，研究重大事项、重要问题以及作出立案审查决定、给予党纪处分等事项向党中央请示报告。执行党中央重要决定的情况应当专题报告。其二，党的中央纪律检查委员会与国家监察委员会合署办公，党的地方各级纪律检查委员会与地方各级监察委员会合署办公，实行一套工作机构、两个机关名称，履行党的纪律检查和国家监察两项职责，实现纪委监委领导体制和工作机制的统一融合，集中决策、一体运行，坚持纪严于法，执纪执法贯通。其三，党的地方各级纪律检查委员会和基层纪律检查委员会在同级党的委员会和上级纪律检查委员会双重领导下进行工作。党的地方各级纪律检查委员会和基层纪律检查委员会应当落实同级党的委员会推进全面从严治党、加强党风廉政建设和反腐败工作的部署，执行同级党委作出的决定，及时向同级党委汇报工作，按照规定请示报告重大事项。上级党的纪律检查委员会加强对下级纪律检查委员会的领导，对下级纪委的工作作出部署、提出要求；督促指导和支持下级纪委开展同级监督，检查下级纪委的工作，定期听取工作汇报，开展政治和业务培训；坚持查办腐败案件以上级纪委领导为主，按照规定审议和批准下级纪委关于线索处置、立案审查、纪律处分等的请示报告，按照程序改变下级纪委作出的错误或者不当的决定，必要时直接审查或者组织、指挥审查下级纪委管辖范围内有重大影响或者复杂的案件。

### 四、监察机关领导班子实行集体领导和个人分工负责相结合的制度

作为党内监督专责机关的纪委是党推进全面从严治党、开展党风廉政建设和反腐败斗争的专门力量，必须坚持民主集中制，同时，纪委领导班子实行集体领导和个人分工负责相结合的制度。2017 年 3 月 1 日起施行的《中国共产党工作机关条例（试行）》第 17 条作出明确规定："党的工作机关必须坚持民主集中制，领导班子实行集体领导和个人分工负责相结合的制度。凡属本机关重大事项，应当按照集体领导、民主集中、个别酝酿、会议决定的原则，由领导班子集体研究决定。领导班子成员应当根据集体决定和分工，勇于担当，敢于负责，切实履行职责。"2021 年

《纪委工作条例》将“坚持民主集中制，实行集体领导和个人分工负责相结合的制度”规定为纪委的一项工作原则。因此，在纪委监委合署办公的制度安排下，监察机关同样施行上述制度，即纪检监察机关坚持民主集中制，领导班子实行集体领导和个人分工负责相结合的制度。其中，“个人”既包括纪检监察机关的主要负责人，也包括本机关的其他领导班子成员等。

## 五、监察机关的派驻或者派出监察机构、监察专员

2018 年《监察法》第 12 条第 1 款规定：“各级监察委员会可以向本级中国共产党机关、国家机关、法律法规授权或者委托管理公共事务的组织和单位以及所管辖的行政区域、国有企业等派驻或者派出监察机构、监察专员。”这一条款在原则上规定了各级监察委员会派驻或者派出监察机构、监察专员的范围及其组织形式，为完善监察派驻或者派出制度留下规则空间。

派驻机构是派出它的党的纪律检查委员会监察委员会的组成部分，由派出机关直接领导、统一管理。

派出机构在派出它的党的纪律检查委员会监察委员会和本级党的工作委员会双重领导下进行工作。派出机构按照规定开展纪律检查工作，领导管辖范围内机关纪委等纪检机构的工作。

派驻或者派出的组织形式，具体包括监察机构或者监察专员。2021 年《监察法实施条例》第 12 条、第 13 条和 2021 年《纪委工作条例》对此作出具体规定。

1. 各级监察委员会依法向本级中国共产党机关、国家机关、法律法规授权或者受委托管理公共事务的组织和单位以及所管辖的国有企业事业单位等派驻或者派出监察机构、监察专员。党的中央纪律检查委员会国家监察委员会、地方各级纪律检查委员会监察委员会向同级党和国家机关全面派驻纪检监察组，按照规定可以向国有企业、事业单位等其他组织和单位派驻纪检监察组。

2. 党的中央和地方各级委员会派出党的机关工作委员会、街道工作委员会等代表机关的，党的中央纪律检查委员会国家监察委员会、地方各级纪律检查委员会监察委员会可以相应派出纪检监察工作委员会。例如，某市某区纪委监委可以向其辖区的某一街道派出纪检监察工作委员会，其机构名称为“某区纪委监委派出某街道纪检监察工作委员会”。

3. 省级和设区的市级监察委员会依法向地区、盟、开发区等不设置人民代表大会的区域派出监察机构或者监察专员。县级监察委员会和直辖市所辖区（县）监察

委员会可以向街道、乡镇等区域派出监察机构或者监察专员。监察机构、监察专员开展监察工作，受派出机关领导。

4. 派驻或者派出的监察机构、监察专员根据派出机关授权，按照管理权限依法对派驻或者派出监督单位、区域等的公职人员开展监督，对职务违法和职务犯罪进行调查、处置。未被授予职务犯罪调查权的监察机构、监察专员发现监察对象涉嫌职务犯罪线索的，应当及时向派出机关报告，由派出机关调查或者依法移交有关地方监察委员会调查。

5. 监察机构、监察专员可以按规定与地方监察委员会联合调查严重职务违法、职务犯罪，或者移交地方监察委员会调查。

2022 年《纪检监察机关派驻机构工作规则》旨在健全系统集成、协同高效的派驻监督体制机制，对各级纪检监察机关派驻机构的组织设置、领导体制、工作职责、履职程序、管理监督作出全面规范，对于推进派驻机构工作规范化、法治化、正规化，推动新时代派驻监督工作高质量发展，具有重要意义。

实践中，监察机关究竟采取何种派驻或派出组织形式，应当结合实际需要，尤其是根据监察对象的多少、任务轻重而确定。一般而言，地区、盟等地方的监察机构，可以采取派出监察机构的形式；对于街道、乡镇，可以采取派出监察专员的形式；而中国共产党机关、国家机关等的监察机构，可以采取派驻监察机构的形式。[1] 例如，中央纪委国家监委将派驻机构统一规范为中央纪委国家监委派驻纪检监察组，赋予派驻机构监察权，对行使公权力的公职人员实行监察，实现国家监察全覆盖。

2021 年《纪委工作条例》第 45 条第 1 款规定："健全派驻监督工作机制，统筹协调派出机关内设监督检查室、派驻纪检监察组、地方纪检监察机关、巡视巡察机构等力量，通过'室组'联动监督、'室组地'联合办案等方式，提高派驻监督质量。"监察机关的派驻、派出监督工作，有利于保证监察机关能够全面、准确、及时地了解分散在各个机关、组织和单位中的监察对象行使公权力的具体情况，按照管理权限对监察对象进行监督、调查和处置。可见，建立健全监察委员会的派驻、派出制度，是推动形成纪律监督、监察监督、派驻监督、巡视监督"四个全覆盖"的权力监督格局的必然要求。

---

〔1〕 参见中共中央纪律检查委员会法规室、中华人民共和国国家监察委员会法规室编写：《〈中华人民共和国监察法〉释义》，中国方正出版社 2018 年版，第 98 页。

## 第三节　监察机关的若干职能部门

关于监察机关的内设部门，2018 年《监察法》、2019 年《监督执纪工作规则》等党内法规和国家法律作出明确规定。2018 年《监察法》第 36 条要求，一方面，监察机关应当严格按照程序开展工作，建立问题线索处置、调查、审理各部门相互协调、相互制约的工作机制；另一方面，监察机关应当加强对调查、处置工作全过程的监督管理，设立相应的工作部门履行线索管理、监督检查、督促办理、统计分析等管理协调职能。2019 年《监督执纪工作规则》第 11 条明确："纪检监察机关应当建立监督检查、审查调查、案件监督管理、案件审理相互协调、相互制约的工作机制。"

按照建立监督检查、审查调查、案件监督管理、案件审理相互协调、相互制约的工作机制要求，监察机关的主要职责可以分由案件监督管理、监督检查、审查调查、案件审理、信访举报、党风政风监督、宣传教育、国际合作以及其他职能部门具体承担。在此，对监察机关的若干主要部门进行简要介绍。

### 一、案件监督管理部门

案件监督管理部门是纪检监察机关强化自我监督的职能部门，负责对监督检查、审查调查工作全过程进行监督管理，履行线索管理、组织协调、监督检查、督促办理、统计分析五项职责。对此，2019 年《监督执纪工作规则》第 12 条中规定："纪检监察机关案件监督管理部门负责对监督执纪全过程进行监督管理，做好线索管理、组织协调、监督检查、督促办理、统计分析等工作。" 2021 年中央纪委国家监委印发的《纪检监察机关案件监督管理工作规则》厘清了案件监督管理部门的职能，明确了案件监督管理部门的主要职责，突出了案件监督管理部门的监督职责。同时，该文件还强调，在上下级案件监督管理部门的关系中，应当强化上级案件监督管理部门对下级案件监督管理部门工作的监督、指导和服务，形成全国案管工作一盘棋。

根据 2021 年《纪检监察机关案件监督管理工作规则》和中央纪委国家监委、地方纪委监委网站公开的信息，案件监督管理部门的职能一般包括：(1) 负责对监督检查、调查工作全过程进行监督管理，做好线索管理、组织协调、监督检查、督促办理、统计分析等工作。(2) 统一受理有关单位移交的相关问题线索以及下级纪检监察机关线索处置和案件查办报告。(3) 归口管理审查调查有关协调事项。(4) 对调查措施使用情况进行监督管理，监督检查纪检监察机关依纪依法安全办案情况等。(5) 发现监察人员在监督检查、调查中有违规办案行为的，及时督促整改，有关行为涉嫌违纪违法的，根据管理权限移交相关部门处理。

## 二、监督检查部门

监督检查部门主要承担依纪依法监督的职责。根据2019年《监督执纪工作规则》第11条的规定，监督检查部门主要负责联系地区和部门、单位的日常监督检查和对涉嫌一般违纪问题线索处置。

根据2019年《监督执纪工作规则》和中央纪委国家监委、地方纪委监委网站公开的信息，监督检查部门的职能一般包括：(1) 监督检查联系单位（地区）领导班子及按照管理权限，监督检查公职人员遵守和执行党的章程和其他党内法规，遵守和执行党的路线方针政策和决议、国家法律法规，推进全面从严治党，依法履职、秉公用权、廉洁从政从业以及道德操守等方面的情况。(2) 监督检查联系单位（地区）党委（党组）落实管党治党主体责任的情况，指导、检查、督促纪委监委（派驻、派出机构）落实纪检、监察责任，实施问责。(3) 向监察对象所在单位提出监察建议。(4) 综合分析研判问题线索，按程序提出处置意见或移交审查调查室。(5) 综合、协调、指导联系单位（地区）及其系统的纪检监察工作等。

## 三、审查调查部门

根据2019年《监督执纪工作规则》第11条的规定，一方面，“市地级以上纪委监委实行监督检查和审查调查部门分设”，这表明基层纪检监察机关的监督检查部门通常行使一并监督和调查职责，市地级以上纪检监察机关则遵照部门分设的规则要求，这是监察机关内控机制建设的具体体现；另一方面，“审查调查部门主要负责对涉嫌严重违纪或者职务违法、职务犯罪问题线索进行初步核实和立案审查调查”，由此可以将审查调查部门与监督检查部门的职能区分开来。

根据2019年《监督执纪工作规则》和中央纪委国家监委、地方纪委监委网站公开的信息，审查调查部门的职能一般包括：(1) 承办涉嫌严重违纪或者职务违法、职务犯罪问题线索的初步核实和立案审查调查，以及其他比较重要或者复杂案件的初步核实、审查调查，并提出处理建议。(2) 向监察对象所在单位提出监察建议。(3) 可以办理下一级监察机关管辖范围内的监察事项，必要时也可以办理所辖各级监察机关管辖范围内的监察事项等。

根据 2019 年《监督执纪工作规则》第 40 条的规定，审查调查部门在履行职责过程中，可以依照党章党规和监察法，经审批采取谈话、讯问、询问、留置、查询、冻结、搜查、调取、查封、扣押（暂扣、封存）、勘验检查、鉴定，提请有关机关采取技术调查、通缉、限制出境等调查措施。但是，无论采取何种调查措施，审查调查部门都应当严格遵守国家法律、党内法规的要求，严格按照权限、规则、程序开展工作，严守纪检监察权力边界。

## 四、案件审理部门

案件审理工作是纪检监察工作一项重要的经常性工作，属于审查调查处理违纪和职务违法犯罪案件的必经程序。

2019 年中央纪律检查委员会办公厅印发的《关于加强和改进案件审理工作的意见》强调，案件审理部门作为纪检监察机关的“关口”“出口”和“窗口”，必须准确把握职责定位，切实履行政治责任。案件审理部门负责对涉嫌违纪或者职务违法、职务犯罪问题以及依照规定应当给予纪律处理或者处分的案件和复议复查案件进行审核处理。同时，案件审理部门还肩负着对案件查办审核把关和与监察机关各个部门监督制约的工作职责。

根据 2019 年《监督执纪工作规则》和中央纪委国家监委、地方纪委监委网站公开的信息，案件审理部门的职能一般包括：(1) 负责审理各地纪检监察机关直接审查调查和各自管理权限范围内党的组织、纪检监察机关报批或者备案的违反党纪和职务违法、职务犯罪案件。(2) 承办党员对纪委作出的党纪处分或者其他处理不服的申诉案件、监察对象对监察机关作出的涉及本人的处理决定不服的申请复审案件等。(3) 负责与检察机关审查起诉和法院审判的衔接工作，调查、案件监督管理等部门应当予以协助。

此外，2021 年《监察法实施条例》第 259 条规定：“监察机关应当对监察权运行关键环节进行经常性监督检查，适时开展专项督查。案件监督管理、案件审理等部门应当按照各自职责，对问题线索处置、调查措施使用、涉案财物管理等进行监督检查，建立常态化、全覆盖的案件质量评查机制。”

## 五、信访举报部门

2022年《信访工作条例》总结了党长期以来领导和开展信访工作经验，特别是党的十八大以来信访工作制度改革成果，坚持和加强党对信访工作的全面领导，理顺信访工作体制机制，是新时代信访工作的基本遵循。2022年《信访工作条例》规定，各级党委和政府信访部门对属于纪检监察机关受理的检举控告类信访事项，应当按照管理权限转送有关纪检监察机关依规依纪依法处理；纪检监察机关处理检举控告事项的告知按照有关规定执行；对信访人提出的检举控告类事项，纪检监察机关应当依规依纪依法接收、受理、办理和反馈。

信访举报工作是监督执纪执法的第一道程序、第一个关口。2020年《处理检举控告工作规则》为推动监察机关处理检举控告高质量发展提供指引。该规则规定信访举报部门归口统一受理信访举报，及时发现问题线索，这为纪检监察机关监督工作提供了着力点和方向标。

根据相关党内法规、法律规范和中央纪委国家监委、地方纪委监委网站公开的信息，信访举报部门的职能一般包括：（1）负责受理对党的组织、党员违反党纪行为和对行使公权力的公职人员职务违法、职务犯罪行为等的检举、控告。（2）受理党员对纪委作出的党纪处分或者其他处理不服的申诉、监察对象对监察机关作出的涉及本人的处理决定不服的复审申请。（3）综合分析信访举报情况。（4）接待群众来访，处理群众来信和电话网络举报事项等。

## 六、纪检监察干部监督部门

监察机关内部设立纪检监察干部监督部门。纪检监察干部监督部门的设立是纪检监察机关加强自身建设、健全内控机制的体现，有利于促使纪检监察干部成为严守纪律、改进作风、拒腐防变的表率。

根据中央纪委国家监委以及地方纪委监委网站公开的信息，纪检监察干部监督部门的职能一般包括：（1）负责监督检查纪检监察系统干部遵守和执行党的章程和其他党内法规，遵守和执行党的路线方针政策和决议、国家法律法规等方面的情况。（2）受理对有关纪检监察领导干部涉嫌违反党纪、职务违法和职务犯罪等问题的举报，提出处置意见并负责问题线索初步核实及立案审查调查工作等。

## 七、党风政风监督部门

根据中央纪委国家监委以及地方纪委监委网站公开的信息，党风政风监督部门的职能一般包括：(1) 负责综合协调贯彻执行党的路线方针政策和决议、国家法律法规等情况的监督检查。(2) 综合协调党的政治纪律和政治规矩执行、贯彻落实中央八项规定精神、纠正“四风”工作、整治群众身边和扶贫领域的腐败和作风问题。(3) 综合协调党内监督、问责等方面工作等。

# 第四章　监 察 人 员

## 第一节　监察人员概述

### 一、监察人员的基本含义

2018 年《监察法》第 7 章专门围绕“对监察机关和监察人员的监督”作出规定，但并未界定监察人员的含义。从 2018 年《监察法》的若干规定可以看出，监察人员，是指各级监察委员会中行使监察权、从事各项监察工作的人员，以及包括监察委员会派驻或者派出的监察机构、监察专员中行使监察权、从事各项监察工作的人员在内的各类人员。这些监察工作涉及线索处置、日常监督、审查调查、案件审理等事项。

在纪委监委合署办公的制度安排下，监察人员具体履行 2018 年《监察法》赋予监察机关的监督、调查、处置职责。对此，2018 年《监察法》第 56 条对监察人员的基本素质和要求作出了明确的规定：“监察人员必须模范遵守宪法和法律，忠于职守、秉公执法，清正廉洁、保守秘密；必须具有良好的政治素质，熟悉监察业务，具备运用法律、法规、政策和调查取证等能力，自觉接受监督。”

### 二、监察人员与监察官的比较

2018 年《监察法》不仅规定了监察人员，而且规定了与之相近的主体概念，即监察官〔1〕、监察机关工作人员〔2〕等。因此，理解监察人员的范围，还需要辨析监

---

〔1〕 参见 2018 年《监察法》第 14 条规定：“国家实行监察官制度，依法确定监察官的等级设置、任免、考评和晋升等制度。”

〔2〕 参见 2018 年《监察法》第 18 条第 2 款规定：“监察机关及其工作人员对监督、调查过程中知悉的国家秘密、商业秘密、个人隐私，应当保密。”另参见第 67 条规定：“监察机关及其工作人员行使职权，侵犯公民、法人和其他组织的合法权益造成损害的，依法给予国家赔偿。”

察人员与监察官之间的关系。

2022 年《监察官法》第 3 条规定：“监察官包括下列人员：（一）各级监察委员会的主任、副主任、委员；（二）各级监察委员会机关中的监察人员；（三）各级监察委员会派驻或者派出到中国共产党机关、国家机关、法律法规授权或者委托管理公共事务的组织和单位以及所管辖的行政区域等的监察机构中的监察人员、监察专员；（四）其他依法行使监察权的监察机构中的监察人员。对各级监察委员会派驻到国有企业的监察机构工作人员、监察专员，以及国有企业中其他依法行使监察权的监察机构工作人员的监督管理，参照执行本法有关规定。”其中，各级监察委员会的主任、副主任、委员依法领导监察委员会的工作，是监察官队伍的领导人员。比较可知，监察人员的范围更广，而监察官的范围则相对狭窄。

## 第二节　监察官制度

建立健全国家监察官制度是回应监察队伍专业化、职业化问题，构建具有中国特色的腐败治理体系的必然选择。2018 年《监察法》第 14 条规定：“国家实行监察官制度，依法确定监察官的等级设置、任免、考评和晋升等制度。”为进一步明确监察官制度的主要内容，2018 年 9 月 7 日，《监察官法》作为第二类立法项目之一，被列入第十三届全国人大常委会立法规划，由国家监察委员会作为牵头起草单位。2020 年 6 月 1 日，第十三届全国人大常委会第五十八次委员长会议修改《全国人大常委会 2020 年度立法工作计划》，将《监察官法》列入全国人大 2020 年初次审议的法律案。2020 年 12 月 22 日，《中华人民共和国监察官法（草案）》首次提请第十三届全国人大常委会第二十四次会议审议。2021 年 4 月 26 日，第十三届全国人大常委会第二十八次会议对《中华人民共和国监察官法（草案二次审议稿）》进行了审议。2021 年 4 月 29 日，《中华人民共和国监察官法（草案二次审议稿）》公开向社会征求意见。2021 年 8 月 20 日，第十三届全国人大常委会第三十次会议通过了《监察官法》，该法自 2022 年 1 月 1 日起施行。

### 一、构建中国特色监察官制度的重要意义

构建具有中国特色的监察官制度具有非常重要的改革价值与法治意义。

第一，监察官制度是中国特色国家监察体制的重要组成部分。2022 年《监察官

法》是一体推进不敢腐、不能腐、不想腐的又一重要制度性成果。构建具有中国特色的监察官制度，既应当批判借鉴我国古代监察制度、域外监察官制度，也应当吸收我国行政监察体制以及中外反腐败制度的经验，立足我国具体国情，从而使得监察官制度充分反映国家监察体制发展现代化的最新成果。

第二，构建监察官制度有助于推动国家监察体制改革的法治化进程。制定《监察官法》是落实宪法和监察法规定的重要举措。通过制定与2018年《监察法》相配套的2022年《监察官法》，将2018年《监察法》中关于监察官制度的原则性规定具体化，形成系统完备、科学规范的监察法律体系，有利于保障监察机关依法独立行使监察权。

第三，构建监察官制度有助于提高监察队伍的专业素质和履职能力。监察官的素质与能力关系到国家监察制度的有效运行。当前反腐败斗争已经取得阶段性胜利，但反腐任务仍然极其艰巨。“正人先正己，打铁还需自身硬”。在全面从严治党与全面依法治国的新时代背景下，建立、培养一支合格的能打硬仗的监察队伍，已经成为提升反腐败治理水平与治理能力现代化的重要前提条件。监察官制度的构建能够增强监察队伍的荣誉感、责任感和使命感，使其以更高的标准、更严的要求依法履职尽责，为廉政建设和反腐败工作贡献力量。

## 二、监察官的范围、任职条件与选用

### （一）监察官的范围

根据2022年《监察官法》第3条的规定，监察官所在单位的范围主要包括各级监察委员会及派驻、派出机构、其他监察机构；从人员范围来看，监察官不仅包括各级监察委员会及派驻、派出机构中的领导人员，而且包括在一线办理监察事项的监察人员。因此，2022年《监察官法》实际上是将各级监察机关、派驻或派出机构、其他监察机构中的监察人员都统一纳入监察官序列，这与检察院、法院员额制改革中的人员分类管理制度有所区别。

在确定监察官范围方面，需要注意的是，根据纪委监委合署办公的制度安排，尽管地方纪委的部分常委不在监委中兼任委员，但是这些纪委的常委也肩负着领导纪检监察工作的责任，并依照党内法规和监察法律规范从事相应的纪检监察工作。因此，应当将这些人员按照2022年《监察官法》中“监察委员会机关中的监察人员”的规定纳入监察官范围。

2022年《监察官法》对监察官范围的制度设计，主要基于以下考虑：第一，基于办案力量的考虑。国家监察体制改革实现了对所有行使公权力的公职人员监察全覆盖。监察范围的扩大，必然导致监察对象数量猛增。相较于监察对象数量的大幅增加，监察机关办案人员的数量有限，由此出现监察资源有限和监察工作繁重之间的现实矛盾。如若不对监察官制度采取全员纳入的方式，很有可能会加剧监察机关面临的“案多人少”矛盾。第二，基于办案模式的考虑。从问题线索的收集、处理，到调查工作的推进，再到案件审理与处置，监察机关都要遵守民主集中制。这意味着监察官的职责权限、工作方式及其规则要求，与检察官、法官的办案模式存在较明显的区别。只有通过集体讨论、集体决策的方式，监察机关方能严格把控案件质量，确保最大化实现监督效能。因此，科学设计监察官制度，不宜照搬照抄法官、检察官员额制改革方案。

### （二）监察官的任职条件与选用

#### 1. 监察官的任职条件

监察官任职条件的设置是决定监察官素质与能力的重要前提。2018 年《监察法》对监察官应当具备的基本素质与条件作出了原则性规定。其中，2018 年《监察法》第 55 条要求监察队伍应当保持“忠诚、干净、担当”，第 56 条规定：“监察人员必须模范遵守宪法和法律，忠于职守、秉公执法、清正廉洁保守秘密；必须具有良好的政治素质，熟悉监察业务，具备运用法律、法规、政策和调查取证等能力，自觉接受监督。”上述条文从政治素质、职业伦理、专业技能等方面对监察官作出明确要求，这为 2022 年《监察官法》中关于监察官任职条件和选用的规定提供了基本方向。

根据 2022 年《监察官法》的规定，监察官必须具备以下条件。

（1）思想政治要求

监察官应当忠于中华人民共和国宪法。与其他国家机关相比，监察机关具有更强的政治性。因此，对于初任监察官的选用，应当突出政治标准，这是对监察官政治身份与政治立场的要求。

（2）专业能力要求

在专业能力方面，监察官应具备运用法律、法规、政策和监督、调查等能力。新形势下的监察工作是一项政治性与专业性极高的工作，涉及政治、法律、经济、金融、管理等诸多领域，因此，监察官必须具备更全面、更优化的素质与能力。尤其是监察官应当具备熟练运用法律法规政策的能力，通过运用监督、调查等方式，及时发现问题、解决问题，保证依规依法履行监察职责。不过，这并非要求监察官必须通过国家统一法律职业资格考试并获得法律职业资格证书。

（3）其他方面的要求

其他方面的要求，主要是指监察官应具备的身体条件、学历条件等要求。监察官应具有正常履行职责的身体条件和心理素质，具备普通高等学校本科及以上学历以及法律规定的其他条件。

此外，2022年《监察官法》还明确了监察官任职的限制性规定。根据2022年《监察官法》第13条的规定，出现下列情况之一的，不得担任监察官：①曾因犯罪受过刑事处罚，以及因犯罪情节轻微，被人民检察院依法作出不起诉决定或者被人民法院依法免予刑事处罚的；②被撤销中国共产党党内职务、留党察看、开除党籍的；③被撤职或者开除公职的；④被依法列为失信联合惩戒对象的；⑤配偶已移居国（境）外，或者没有配偶但是子女均已经移居国（境）外的；⑥法律规定的其他情形。上述关于监察官任职条件的规定，全方位地明确了监察官应当具备的综合素质和条件，从而尽可能保证选任的监察官能够适应新时代背景下反腐倡廉建设的基本要求，应对反腐败斗争出现的新情况和新问题。

2. 监察官的选用

建立科学的监察官选用机制方能将高素质人才选拔进监察官队伍。根据2022年《监察官法》第16条至第19条的规定，监察官的选任渠道包括初任监察官选用、选调、公开选拔、任免等。

（1）初任监察官的选用

初任监察官的选用，是指在具备监察官任职条件的人员中择优选用监察官。对于初任监察官，应当在确定符合基本任职条件的基础上，坚持德才兼备、以德为先，并且应当坚持平等选拔、综合评价的原则，五湖四海、任人唯贤，不得简单以考试分数作为标准，应同时注重事业至上、公道正派等品质的考察。其中，考试、考核尤其应当突出政治标准，加强思想政治素质方面的考察。初任监察官应当经得起政治意识与政治能力的考验。为此，可以采取组织考试、考核的办法。考试、考核的具体办法由国家监察委员会会同有关部门制定。

（2）选调

选调，是指监察委员会可以根据监察工作需要，从中国共产党机关、国家机关、事业单位、国有企业等机关、单位从事公务的人员中选调人员担任监察官。监察官的选调方案与公务员的选调方案基本一致，即在监察机关空编情况下，根据需要在一定范围内通过公开竞争择优的方式选择调用外单位的公务员。选调本质上属于公务员交流方式。

（3）选拔或者聘任

监察委员会可以根据监察工作需要，在从事与监察机关职能职责相关的职业或者教学、研究的人员中选拔或者聘任监察官。例如，在高校科研机构中从事政治学、法学等相关领域研究的科研人员以及律师等，可以经由选拔的方式进入监察官序列。通过吸收此类具备纪检监察理论研究功底以及办案经验的人员，有助于进一步拓展监察业务的深度与广度，提升监察工作的规范化与法治化水平。

（4）任免

根据2018年《监察法》、2022年《监察官法》的规定，监察委员会主任由同级人大选举产生，副主任、委员由主任提请同级人大常委会任免。因此，监察委员会组成人员由各级人大及其常委会通过法定程序选举或任命为监察官，无须另行考试考核。

## 三、监察官的义务与权利

2018年《监察法》和2022年《监察官法》在明确监察官的各项义务的同时，确保监察官的各项合法权益得到法律保障，促进监察官更好地履行本职工作。

### （一）监察官的义务

2018年《监察法》第56条明确规定了监察人员在守法义务和业务能力等方面的要求。

针对监察官应当承担的义务，2022年《监察官法》第10条作出了更具体的规定，即监察官应当履行下列义务：（1）自觉坚持中国共产党领导，严格执行中国共产党和国家的路线方针政策、重大决策部署；（2）模范遵守宪法和法律；（3）维护国家和人民利益，秉公执法，勇于担当、敢于监督，坚决同腐败现象作斗争；（4）依法保障监察对象及有关人员的合法权益；（5）忠于职守，勤勉尽责，努力提高工作质量和效率；（6）保守国家秘密和监察工作秘密，对履行职责中知悉的商业秘密和个人隐私、个人信息予以保密；（7）严守纪律，恪守职业道德，模范遵守社会公德、家庭美德；（8）自觉接受监督；（9）法律规定的其他义务。

### （二）监察官的权利

在明确规定监察官应当承担的义务的同时，2022年《监察官法》也规定了监察官依法享有的权利。2022 年《监察官法》第 11 条指出，监察官依法享有的权利主要包括：（1）履行监察官职责应当具有的职权和工作条件；（2）履行监察官职责应当享有的职业保障和福利待遇；（3）人身、财产和住所安全受法律保护；（4）提出申诉或者控告；（5）《公务员法》等法律规定的其他权利。

## 四、监察官的考核与奖惩

### （一）监察官的考核

监察官考核，是对监察官的德才表现、工作实绩和作风表现等进行定期了解、核实和评价，并以此作为监察官奖惩、晋升、辞退的主要依据。

1. 考核要求和方式

监察官考核采取平时考核、专项考核和年度考核相结合的方式。对监察官的考核，应当保持全面、客观、公正。

2. 考核内容

监察机关应当按照管理权限，全面考核监察官的德、能、勤、绩、廉，重点考核政治素质、工作实绩和廉洁自律情况。

3. 考核结果

年度考核按照法律法规的规定确定等级。考核结果是作为调整监察官等级、工资以及监察官奖惩、免职、降职、辞退的依据。对于考核结果，应以书面形式通知监察官本人。监察官对考核结果如果有异议，可以申请复核。

监察官的考核基本上与 2019 年《中华人民共和国公务员法》（以下简称 2019 年《公务员法》）中关于公务员的考核标准与方式保持一致。因此，未来可以参照公务员考核内容和考核程序，进一步细化监察官考核制度，出台更具体的监察官考核方案。

### （二）监察官的奖惩

监察官的奖惩，即监察官的奖励与惩戒。

1. 监察官的奖励制度

监察官的奖励制度，是指监察官在监察工作中有显著成绩和贡献的，或者有其他突出事迹的，依法给予奖励的制度。根据 2022 年《监察官法》第 41 条的规定，对监察官进行奖励的情形包括以下五种：（1）履行监督职责，成效显著的；（2）在调查、处置职务违法和职务犯罪工作中，做出显著成绩和贡献的；（3）提出有价值的监察建议，对防止和消除重大风险隐患效果显著的；（4）研究监察理论、总结监察实践经验成果突出，对监察工作有指导作用的；（5）有其他功绩的。监察官的奖励按照有关规定办理。

2. 监察官的惩戒制度

监察官的惩戒制度，是指监察官在履行职责和行使权力的过程中，如果出现违反工作规定和职业操守，出现滥用职权、玩忽职守等违纪违法行为，应当依规依纪依法严肃处理，构成犯罪的，依法追究刑事责任。监察官的监督惩戒追责制度的建立，是为了确保监察官依法行使监察权、正确履行法定职责，从而对监察官的违法违纪行为形成有效震慑，防止监察权的滥用。2022 年《监察官法》第 52 条列明针对以下十种行为，应当对监察官予以惩戒和追责：（1）贪污贿赂的；（2）不履行或者不正确履行监督职责，应当发现的问题没有发现，或者发现问题不报告、不处置，造成恶劣影响的；（3）未经批准、授权处置问题线索，发现重大案情隐瞒不报，或者私自留存、处理涉案材料的；（4）利用职权或者职务上的影响干预调查工作、以案谋私的；（5）窃取、泄露调查工作信息，或者泄露举报事项、举报受理情况以及举报人信息的；（6）隐瞒、伪造、变造、故意损毁证据、案件材料的；（7）对被调查人或者涉案人员逼供、诱供，或者侮辱、打骂、虐待、体罚或者变相体罚的；（8）违反规定采取调查措施或者处置涉案财物的；（9）违反规定发生办案安全事故，或者发生安全事故后隐瞒不报、报告失实、处置不当的；（10）其他职务违法犯罪行为。同时，对于其他影响监察官队伍形象，损害国家和人民利益的违法违纪行为，也应当予以惩戒和追责。

对于监察官涉嫌违纪违法，已经被立案审查、调查、侦查，不宜继续履行职责的，按照管理权限和规定的程序暂时停止其履行职务。对案件处置出现重大失误，监察官涉嫌严重职务违法、职务犯罪的，不仅要追究其直接责任，还应当追究有责任的领导人员的责任。

需要注意的是，如果监察官已经履职尽责，但是因不可抗力、难以预见等因素造成损失的，以及在集体决策中对错误决策提出明确反对意见或者保留意见的，不承担责任。

我国也注重建立监察官终身责任制。根据 2022 年《监察官法》第 54 条的规定，对于监察官的履职行为，实行终身责任制，对滥用职权、失职失责造成严重后果的，实行终身追责问责。终身责任制的落实，有利于增强监察官履职的责任心，促进监察官依法公正履职，提高监督的质量和效率，最终保证监察机关依法独立行使监察权。

## 五、监察官的管理

根据2018年《监察法》和2022年《监察官法》的规定，监察官的管理制度主要包括监察官的等级设置制度、培训制度、回避制度、保密制度、交流和退出制度等。

1. 监察官的等级设置

监察官按照职务职级确定等级。监察官等级共分为十三级，依次为总监察官、一级副总监察官、二级副总监察官、一级高级监察官、二级高级监察官、三级高级监察官、四级高级监察官、一级监察官、二级监察官、三级监察官、四级监察官、五级监察官、六级监察官。

监察官等级的评定以监察官职务职级、德才表现、业务水平、工作实绩和工作年限等为依据。监察官等级晋升采取按期晋升和择优选升相结合的方式，特别优秀或者作出特别贡献的，可以提前选升。监察官的等级设置、确定和晋升的具体办法，由国家另行规定。

比较而言，监察官的等级设置规则有别于检察官和法官的等级设置规则。这主要是指检察官的等级和法官的等级均分为十二级。其中，检察官等级依次为首席大检察官、一级大检察官、二级大检察官、一级高级检察官、二级高级检察官、三级高级检察官、四级高级检察官、一级检察官、二级检察官、三级检察官、四级检察官、五级检察官。法官等级依次为首席大法官、一级大法官、二级大法官、一级高级法官、二级高级法官、三级高级法官、四级高级法官、一级法官、二级法官、三级法官、四级法官、五级法官。

2. 监察官的培训

根据2022年《监察官法》第29条、第30条的规定，对监察官应当有计划地进行政治、理论和业务培训。其中，初任监察官实行统一职前培训制度。

培训旨在提高监察官对党和国家的方针、政策和法律法规的理解能力，以及正确运用和执行这些方针、政策和法律法规的能力。

监察官的培训应当突出政治机关特色，坚持理论联系实际、按需施教、讲求实效，提高专业能力。培训的内容包括纪检监察理论、纪检监察实务和监察官职业规范等。通过政治、理论业务的培训，提高监察官的政治理论修养，提高监察官的办案技能和监察业务能力。

监察官的培训情况是监察官考核、任职、等级晋升的重要依据之一。培训监察官的任务由监察官培训机构按照有关规定承担。

3. 监察官的回避

2022 年《监察官法》第 47 条、第 49 条、第 50 条、第 51 条对监察官的回避作出了明确规定，包括了工作回避、离任回避、亲属从业回避等。

（1）工作回避

办理监察事项的监察官有下列情形之一的，应当自行回避，监察对象、检举人及其他有关人员也有权要求其回避；没有主动申请回避的，监察机关应当依法决定其回避：①是监察对象或者检举人、控告人的近亲属的；②担任过本案的证人的；③本人或者其近亲属与办理的监察事项有利害关系的；④有可能影响监察事项公正处理的其他情形的。

（2）离任回避

监察官离任 3 年内，不得从事与监察和司法工作相关联且可能发生利益冲突的职业。监察官离任后，不得担任原任职监察机关办理案件的诉讼代理人或者辩护人，但是作为当事人的监护人或者近亲属代理诉讼、进行辩护的除外。

监察官被开除后，不得担任诉讼代理人或者辩护人，但是作为当事人的监护人或者近亲属代理诉讼、进行辩护的除外。

（3）亲属从业回避

监察官的配偶、父母、子女及其配偶不得以律师身份担任该监察官所任职监察机关办理案件的诉讼代理人、辩护人，或者提供其他有偿法律服务。监察官应当遵守有关规范领导干部配偶、子女及其配偶经商办企业行为的规定。违反规定的，有关机关应予以处理。

4. 监察官保密制度

监察工作具有高度的政治性，同时，监察机关办案对保密性要求较高。一旦出现失密、泄密情况，党和国家事业必将受到损失。因此，监察官应当高度重视保密工作，严格执行保密制度。监察官应当树立“保密无小事”的观念，时刻保持高度警觉，始终做到守口如瓶。监察官要严格控制监察事项知悉范围和时间，不准私自留存、隐匿、查阅、摘抄、复制、携带问题线索和涉案资料。严禁监察官泄露监察工作秘密。监察官离岗离职后，应当遵守脱密期管理规定，严格履行保密义务，不得泄露相关秘密。

5. 监察官的交流与退出制度

类似于公务员的交流制度，监察官的交流制度，是指监察机关根据工作需要或者监察官的个人意愿，通过法定形式，变换监察官的工作岗位，从而使监察官的工作关系或者职务关系产生、变更或者终止的一种人事管理制度。为保证监察官的交流持续、有效、规范地进行，2022 年《监察官法》第 33 条规定了监察官交流的基本规则，即监察官依照法律和国家有关规定实行任职交流，监察官可以在监察机关内部交流，也可以交流到其他机关、国有企业、事业单位任职。

监察官的退出制度是根据国家有关法律的规定，按照法定程序，监察官与监察机关解除任用关系的一种法律制度。它是监察人员丧失监察官身份，并退出监察官序列的制度安排。根据2022 年《监察官法》第34 条、第35 条的规定，监察官的退出包括申请辞职和辞退两种方式。监察官申请辞职，应当由申请人书面提出，按照管理权限批准后，依照规定的程序免除其监察官职务。辞退监察官应当按照管理权限，依照规定的程序免除其职务。辞退决定应当以书面形式通知被辞退的监察官，并列明作出决定的理由和依据。

6. 规定事项报告备案

规定事项报告备案是对监察过程的管控，目的是避免出现“跑风漏气、以案谋私、办人情案”等问题。对于监察官打听案情、过问案件、说情干预的行为，办理监察事项的监察官应当及时向上级报告。同时，对于上述情况，监察官应当全面、如实记录，做到全程留痕，有据可查，有关情况应当登记备案。

需要注意的是，办理监察事项的监察官不得未经批准接触被调查人、涉案人员及其特定关系人，或者与其进行交往。对于上述行为，知悉情况的监察官应当及时向上级报告，并应当将有关情况登记备案。

## 六、监察官的职业保障

建立职业保障制度既是保证监察工作顺利进行的重要基础，又是保证监察官正常、安心履职的必然要求。2022 年《监察官法》明确规定了监察官职业保障的主要内容。

### （一）物质保障

监察官实行国家规定的工资制度，享受监察官等级津贴和其他津贴、补贴、奖金、保险、福利待遇。监察官的工资及等级津贴制度，由国家另行规定。

（二）人身安全保障

监察官的职业尊严和人身安全受到法律保护。任何单位和个人不得对监察官及其近亲属打击报复。对监察官及其近亲属实施报复陷害、侮辱诽谤、暴力侵害、威胁恐吓、滋事骚扰等违法犯罪行为的，应当依法从严惩治。监察官因依法履行职责，本人及其近亲属人身安全面临危险的，监察机关、公安机关应当对监察官及其近亲属采取人身保护、禁止特定人员接触等必要保护措施。

（三）工作保障

任何单位或者个人都不得要求监察官从事超出法定职责范围的事务。对任何干涉监察官依法履职的行为，监察官有权拒绝并予以全面如实记录和报告；有违纪违法情形的，由有关机关根据情节轻重追究有关人员的责任。

（四）权利救济保障

对监察官的政务处分、处分或者人事处理错误的，应当及时予以纠正；造成名誉损害的，应当恢复名誉、消除影响、赔礼道歉；造成经济损失的，应当赔偿。对打击报复的直接责任人员，应当追究其责任。

# 第五章　监 察 范 围

国家监察体制改革的重要任务就是解决原有的监察范围过窄的问题，实现国家监察全面覆盖。

## 第一节　监察范围概述

### 一、监察范围的内涵

监察范围，即监察机关有权进行监察的对象的范围。2018 年《监察法》第 1 条、第 3 条、第 15 条等条文指出，所有行使公权力的公职人员均属于监察对象。同时，根据 2020 年《政务处分法》第 2 条的规定，公职人员，是指 2018 年《监察法》第 15 条规定的人员（公职人员和有关人员）。换言之，无论是经常行使公权力还是临时行使公权力，只要某一人员行使公权力，其就属于监察对象。

准确理解监察范围的内涵，还需要从以下三个维度展开。

1. 准确掌握“公权力”的合理内涵

“公权力”是国家权力或公共权力的总称，即法律法规规定的特定主体基于维护公共利益的目的对公共事务管理行使的强制性支配力量。此处所指公权力分为两种，即国家公权力和社会公权力。

在我国，《宪法》第 2 条规定，中华人民共和国的一切权力属于人民，人民行使国家权力的机关是全国人大和地方各级人民代表大会。由人民代表大会产生的国家机关是“一府一委两院”，政府、监察委员会、检察院、法院行使的公权力分别是行政权、监察权、法律监督权和审判权。

在现代社会，社会公权力是与国家公权力相对应的一种公权力类型，其源于社会自治权。实现国家监察全面覆盖的改革目标，应当将行使社会公权力的人员纳入监察范围。不过，考虑到社会公权力鲜明地具有社会自治特征，需要在法律规范层面确定哪些社会公权力属于监察法所涵盖的公权力范畴，而不宜将所有行使社会公权力的人员均纳入监察范围。例如，2021 年《监察法实施条例》第 42 条在界定何谓“监察法第十五条第五项所称基层群众性自治组织中从事管理的人员”时，将基层群众性自治组织中行使社会公权力的一些人员纳入监察范围，此类人员主要是指从事集体事务和公益事业管理的人员和从事集体资金、资产、资源管理的人员。换言之，从事集体事务和公益事业管理，以及从事集体资金、资产、资源管理等行为，属于 2018 年《监察法》中的“公权力”范围，可以作为判断某一人员是否属于公职人员即监察对象的基本标准。

2. 监察机关不仅有权调查公职人员的职务违法犯罪行为，而且有权调查涉案人员的违法犯罪行为

2018 年《监察法》对公职人员和涉案人员这两类人员作出区别规定。其中，所有行使公权力的人都是公职人员，均被归入监察范围；涉案人员，是指职务违法犯罪案件中虽不属于被调查人，但实施与职务违法犯罪案件有关的违法犯罪行为且应追究法律责任的人员，另外，如若单位涉嫌违法犯罪的，单位直接负责人和其他直接责任人为涉案人员。根据 2021 年《监察法实施条例》第 46 条第 4 款“监察机关调查公职人员涉嫌职务犯罪案件，可以依法对涉嫌行贿犯罪、介绍贿赂犯罪或者共同职务犯罪的涉案人员中的非公职人员一并管辖”可知，涉案人员可以分为两类：第一类是需要利用被调查人员的公权力达到违法犯罪目的的人员，概指职务犯罪共犯、对合犯，如受贿案件中的行贿人、利用影响力受贿人；第二类是被调查人员在实施违法犯罪行为过程中可能借助或者利用的人员，如介绍贿赂的人、帮助公职人员掩饰、隐瞒犯罪所得的人等。

既然涉案人员实际上同样参与了公职人员职务违法犯罪案件，那么监察机关当然有权对涉案人员进行调查和处置。不过，公职人员的监察管辖规则和涉案人员的监察管辖规则存在不同之处。一方面，监察机关开展监督、调查、处置，按照管理权限与属地管辖相结合的原则，实行分级负责制，即各级监察机关按照管理权限管辖本辖区内公职人员所涉监察事项。另一方面，根据涉案人员是否属于公职人员为划分标准，可以设置以下具体规则：涉案人员为公职人员的，适用管理权限管辖为主、指定管辖为辅的管辖规则；涉案人员为非公职人员的，若该涉案人员涉嫌行贿犯罪、介绍贿赂犯罪或者共同职务犯罪的，由调查主案的监察机关一并管辖，若该涉案人员涉嫌利用影响力受贿罪的，按照其所利用的公职人员的管理权限确定管辖，

若该涉案人员涉嫌监察机关管辖罪名以外的其他违法犯罪行为的，监察机关应当依法将其移交有权管辖机关。

3. 适当区分公职人员与国家工作人员之间的关系

在监察法律规范中，只要是行使公权力的人员便是公职人员，其均属于监察对象。不过，监察法中的公职人员的范围并不等同于刑法中的国家工作人员的范围。2021 年《中华人民共和国刑法》（以下简称 2021 年《刑法》）第 93 条规定，一方面，国家工作人员是指国家机关中从事公务的人员；另一方面，国有公司、企业、事业单位、人民团体中从事公务的人员和国家机关、国有公司、企业、事业单位委派到非国有公司、企业、事业单位、社会团体从事公务的人员，以及其他依照法律从事公务的人员，以国家工作人员论。可见，国家工作人员一定是公职人员，但公职人员未必都是国家工作人员。究其缘由，如前所述，以基层群众性自治组织中从事管理的人员为例，此类公职人员从事集体事务和公益事业管理，集体资金、资产、资源管理的行为，并非从事公务的行为，而是管理非国家性的社会性公共事务，此类事务可被归入公职范畴。由此，公职人员履行公职的范围要广于国家工作人员从事公务的范围。

## 二、监察范围的特点

### （一）法定性

监察范围的法定性，是指监察范围只能由监察法律规范予以明确规定。对此，监察机关必须严格遵照监察法律规范履行法定职责。当然，在坚持监察范围法定性的前提下，我国需要出台有关配套法律或者规范文件，进一步明确某类监察对象的具体内容。

### （二）全面性

监察范围的全面性，是指监察范围涵盖所有行使公权力、履行公职的公职人员。2018 年《监察法》第 1 条规定了监察法的立法目的，即深化国家监察体制改革，加强对所有行使公权力的公职人员的监督，实现国家监察全面覆盖，深入开展反腐败工作，推进国家治理体系和治理能力现代化。同时，2018 年《监察法》第 15 条对监察范围的划定遵循这一立法目的，将所有行使公权力的公职人员都确定为监察对象。

### （三）针对性

监察范围的针对性，是指监察范围仅包括行使公权力的公职人员，不包括未行使公权力的其他人员，而且监察范围仅包括公职人员，不包括机关和组织。监察范围的针对性与全面性并不矛盾，因为只有在坚持针对性的基础上实现国家监察全面覆盖，才能深度聚合反腐败力量；同时，只有在坚持全面性的基础上针对所有行使公权力的公职人员进行监督，才能实现专责监督、精准监督。

### （四）动态性

监察范围的动态性，是指一方面，监察范围并非完全封闭不变，而是会根据我国社会经济发展作出适应性调整；另一方面，对于发生职务违法犯罪时属于监察对象但在监察机关立案调查时却不属于监察对象的，监察机关仍可对其立案调查并作出处置决定，由此进一步满足国家反腐败工作法治化的现实需要。2018 年《监察法》第 15 条规定了六类监察对象，其中，第六类为“其他依法履行公职的人员”。之所以作此规定，一是为了防止举一废百，二是考虑到随着社会进步，未来我国可能会出现新的监察对象。因此，2018 年《监察法》第 15 条作出上述规定，既解决了可能存在的列举不全的问题，又设置了专门的兜底条款，充分体现了监察立法的动态性、开放性。

## 三、监察范围的分类

根据 2018 年《监察法》第 1 条、第 3 条、第 15 条等相关条文的规定，以公职人员是否经常行使公权力的划分标准，作为监察对象的公职人员有狭义和广义之分。

第一种是狭义的监察范围，即公职人员是指经常行使公权力、履行公职的人员。此类公职人员主要包括公务员、参公管理人员、依授权或受委托管理公共事务的组织中从事公务的人员、国有企业管理人员、公办单位中从事管理的人员和其他依法经常行使公权力的人员。

第二种是广义的监察范围，既包括经常行使公权力的公职人员，又包括临时行使公权力的公职人员。换言之，由于特定原因而临时行使公权力并履行公职的人员同样属于监察对象。这类监察对象的显著特点是行使公权力的临时性。这种临时性主要体现于该类人员所从事的日常工作或者承担的日常职责并不具有公权力性质，但因为某些原因而获得行使公权力、履行公职的机会，由此成为监察对象。如果该类人员在行使公权力、履行公职过程中实施职务违法或职务犯罪行为，监察机关有权依照2018年《监察法》对其进行监督、调查、处置。然而，倘若该类人员在从事日常工作时实施了违纪违法犯罪行为，监察机关则无权管辖。实践中，临时行使公权力的公职人员的类型也较为丰富，一般包括基层群众性自治组织中从事管理的人员，国家机关、国有企业、事业组织、社会团体中临时行使公权力的工勤人员，人民陪审员等。

根据2020年《政务处分法》的规定，一方面，监察机关应当按照管理权限，加强对公职人员的监督，依法给予违法的公职人员政务处分；另一方面，公职人员任免机关、单位应当按照管理权限，加强对公职人员的教育、管理、监督，依法给予违法的公职人员处分。在此领域，需要注意的是，对于不同的监察对象，监察机关有权给予的政务处分类型是不同的。例如，由于基层群众性自治组织中从事管理的人员通常是经选举产生的公职人员，如若该类公职人员实施违法行为，监察机关可以予以警告、记过、记大过的政务处分，但不得给予降级、撤职、开除的政务处分。

## 四、监察范围的历史发展阶段

严格而言，监察范围这一概念是2016年国家监察体制改革以来尤其是2018年《监察法》确立的新表述、新概念。在了解监察范围的发展历程方面，如若将原有的行政监察制度考虑在内，就需要区分监察范围和行政监察范围，以免引起混淆和误解。因此，以1990年《中华人民共和国行政监察条例》（已失效，以下简称1990年《行政监察条例》）、1997年《中华人民共和国行政监察法》（已失效，以下简称1997年《行政监察法》）、2016年《关于在北京市、山西省、浙江省开展国家监察体制改革试点方案》和2018年《监察法》的颁布为标志，我国行政监察范围和监察范围的发展历程大致可以分为四个阶段。

### （一）1949年中华人民共和国成立至1997年《行政监察法》实施之前

1955年国务院发布的《监察部组织简则》第2条中规定："监察部为了维护国家纪律，贯彻政策法令，保护国家财产，对国务院各部门、地方各级国家行政机关，国营企业、公私合营企业，合作社实施监督。"可见，该简则规定的行政监察范围限于国务院各部门、地方各级国家行政机关、国营企业、公私合营企业、合作社及其工作人员，但是不再包括司法机关及其工作人员。

1990 年《行政监察条例》将行政监察对象确定为国家行政机关及其工作人员和国家行政机关任命的其他人员。

不难看出，在 1997 年之前，行政监察范围呈现限缩状态。在此过程中，将司法机关及其工作人员排除在行政监察范围之外，是由行政监察工作的性质决定的。

### （二）1997 年《行政监察法》实施至2016 年国家监察体制改革试点之前

1997 年，我国制定并颁布《行政监察法》。该法第 16 条规定："县级以上地方各级人民政府监察机关对下列机关和人员实施监察：（一）本级人民政府各部门及其国家公务员；（二）本级人民政府及本级人民政府各部门任命的其他人员；（三）下一级人民政府及其领导人员。县、自治县、不设区的市、市辖区人民政府监察机关还对本辖区所属的乡、民族乡、镇人民政府的国家公务员以及乡、民族乡、镇人民政府任命的其他人员实施监察。"

随后，2004 年国务院发布的《中华人民共和国行政监察法实施条例》（已失效）进一步解决了行政监察范围不明的问题。根据该条例的规定，行政监察对象为国家行政机关和法律、法规授权的具有管理公共事务职能的组织以及国家行政机关依法委托的组织及其工勤人员以外的工作人员。同时，该条例还规定，"国家行政机关任命的其他人员"，是指企业、事业单位、社会团体中由国家行政机关以委任、派遣等形式任命的人员。

2010 年，我国通过了修改后的《行政监察法》（已失效，以下简称2010 年《行政监察法》）。该法规定行政监察对象为国家行政机关及其公务员和国家行政机关任命的其他人员。相关立法内容吸收了 2006 年《公务员法》（后于 2018 年修订，2019 年施行）的立法成果，使得行政监察范围更加明确、清晰。另外，2010 年《行政监察法》第 50 条规定："监察机关对法律、法规授权的具有公共事务管理职能的组织及其从事公务的人员和国家行政机关依法委托从事公共事务管理活动的组织及其从事公务的人员实施监察，适用本法。"

可见，2016 年国家监察体制改革试点以前，我国行政监察对象不仅包括工作人员，而且包括机关和组织。工作人员，主要是指行政机关公务员，以及行政机关以委任或派遣的形式任命的企业、事业单位、社会团体中的工作人员等。机关和组织，主要是指行政机关和法律、法规授权的具有管理公共事务职能的组织，以及国家行政机关依法委托的组织。

### （三）2016 年国家监察体制改革试点至 2018 年《监察法》制定之前

2016 年，第十二届全国人大常委会第二十五次会议决定在北京市、山西省、浙江省开展国家监察体制改革试点工作。在试点期间，试点地区设立监察委员会，暂时调整或者暂时停止适用 2010 年《行政监察法》。根据 2016 年《全国人民代表大会常务委员会关于在北京市、山西省、浙江省开展国家监察体制改革试点工作的决定》，监察对象为本地区所有行使公权力的公职人员。

2017 年，国家监察体制改革试点工作在全国各地推开。根据 2017 年《关于在全国各地推开国家监察体制改革试点方案》，监察对象仍然是本地区所有行使公权力的公职人员。

在这一时期，以上两个试点方案虽未明确列举哪些主体属于监察对象，但已概括地将监察对象确定为本地区行使公权力的公职人员。

### （四）2018 年《监察法》实施以来

为及时巩固国家监察体制改革试点成果，2018 年，我国颁布了第一部国家监察法律，2018 年《监察法》第 1 条、第 3 条、第 15 条正式将监察范围确定为“所有行使公权力的公职人员”。

不同于先前试点文件仅将监察对象概括为行使公权力的公职人员的规定，2018 年《监察法》第 15 条列举了六类监察对象。而且，着眼于实现国家监察全面覆盖的改革目标，2018 年《监察法》规定的监察对象具有以下显著特征：其一，监察范围扩展至所有行使公权力的公职人员；其二，监察对象只包括公职人员，不再包括机关和组织，换言之，公职人员所属的单位不是监察对象。

随后，2021 年《监察法实施条例》第 38 条至第 43 条对 2018 年《监察法》第 15 条规定的各类公职人员的类型进一步作出细化规定。例如，2021 年《监察法实施条例》第 43 条规定，属于监察法第 15 条第 6 项所称其他依法履行公职的人员包括：“（一）履行人民代表大会职责的各级人民代表大会代表，履行公职的中国人民政治协商会议各级委员会委员、人民陪审员、人民监督员；（二）虽未列入党政机关人员编制，但在党政机关中从事公务的人员；（三）在集体经济组织等单位、组织中，由党组织或者国家机关，国有独资、全资公司、企业，国家出资企业中负有管理监督国有和集体资产职责的组织，事业单位提名、推荐、任命、批准等，从事组织、领导、管理、监督等工作的人员；（四）在依法组建的评标、谈判、询价等组织中代表国家机关，国有独资、全资公司、企业，事业单位，人民团体临时履行公共事务组织、领导、管理、监督等职责的人员；（五）其他依法行使公权力的人员。”

## 第二节 监察范围的具体类型

### 一、公务员

#### （一）公务员的概念

根据2019年《公务员法》第2条的规定，公务员，是指依法履行公职，纳入国家行政编制，由国家财政负担工资福利的工作人员。可见，只有同时符合以下三个条件的公职人员才是公务员。

1. 依法履行公职。判断一个人是不是公务员，必须看他是否在履行公职。应当认识到，公职人员的范围显然要大于公务员的范围。公务员是履行公职的人员，但是履行公职的人员并不都是公务员。

2. 纳入国家行政编制。2006年，中共中央、国务院发布《〈中华人民共和国公务员法〉实施方案》（已部分失效）。该方案的“附件二：公务员登记实施办法”的第13条规定，国家行政编制，是指中央机构编制部门下达给各地区各部门的行政编制。国家行政编制不同于事业编制。根据2007年国务院发布的《地方各级人民政府机构设置和编制管理条例》第15条的规定，地方各级人民政府行政机构应当使用行政编制，事业单位应当使用事业编制，不得混用、挤占、挪用或者自行设定其他类别的编制。

3. 由国家财政负担工资福利。当然，并非所有的由国家财政负担工资福利的公职人员都是公务员，如参公管理人员。

#### （二）公务员的认定标准

2020年中共中央组织部发布的《公务员登记办法》第5条、第7条规定了公务员登记的范围和条件，即符合有关法律法规和政策规定进入机关、依法履行公职、纳入国家行政编制、由国家财政负担工资福利且在编在职的除工勤人员以外的工作人员，具备公务员法第13条规定的条件。此外，该办法第6条规定了公务员登记的对象：（1）试用期满经考核合格的新录用公务员；（2）按规定安置到公务员职位工作的军队转业干部；（3）通过调任、聘任、面向社会选拔等方式到机关任职的人员；（4）原不具有公务员身份，依照法律或者有关章程经选举等方式担任机关领导职务的人员；（5）已经进行参照公务员法管理机关（单位）工作人员登记，因工作需要交流到机关任职的人员；（6）其他符合登记条件的人员。

根据2020年中共中央组织部发布的《公务员范围规定》第14条的规定，列入公务员范围的人员按照有关规定登记后，方可确定为公务员。

### （三）公务员的分类

根据不同的标准，可以将公务员分为不同的种类。

1. 根据产生方式的不同，公务员可以分为委任制公务员、选任制公务员和聘任制公务员。

2. 根据职位类别的不同，公务员可以分为综合管理类公务员、专业技术类公务员和行政执法类公务员等。

3. 根据是否具有领导职务，公务员可以分为有领导职务的公务员和非领导职务的公务员。其中，2019年《公务员法》第18条第2款规定："领导职务层次分为：国家级正职、国家级副职、省部级正职、省部级副职、厅局级正职、厅局级副职、县处级正职、县处级副职、乡科级正职、乡科级副职。"

### （四）公务员的范围

根据2020年《公务员范围规定》第4条至第12条，公务员主要包括以下八个机关中除工勤人员以外的工作人员：中国共产党各级机关、各级人民代表大会及其常务委员会机关、各级行政机关、中国人民政治协商会议各级委员会机关、各级监察机关、各级审判机关、各级检察机关、各民主党派和工商联的各级机关。

同时，根据2020年《公务员范围规定》第13条的规定，下列人员人事关系所在部门和单位不属于上述八个机关的，不列入公务员范围：（1）中国共产党的各级代表大会代表、委员会委员、委员会候补委员、纪律检查委员会委员；（2）各级人民代表大会代表、常务委员会组成人员、专门委员会成员；（3）中国人民政治协商会议各级委员会常务委员、委员；（4）各民主党派中央和地方各级委员会委员、常委和专门委员会成员，中华全国工商业联合会和地方工商联执行委员、常务委员会成员和专门委员会成员。

## 二、参照《公务员法》管理的人员

参照《公务员法》管理的人员，即参公管理人员，是指有关单位中经批准参照公务员法进行管理的工作人员。在我国，依据单位性质的不同，参公管理单位分为两种：一是参公管理的事业单位，二是参公管理的人民团体和群众团体。其中，作为监察对象的参公管理人员包括以下两类公职人员。

### （一）参公管理的事业单位中除工勤人员以外的工作人员

根据2014年国家事业单位登记管理局修订的《事业单位登记管理暂行条例实施细则》第4条的规定，事业单位，是指国家为了社会公益目的，由国家机关举办或者其他组织利用国有资产举办的，从事教育、科研、文化、卫生、体育、新闻出版、广播电视、社会福利、救助减灾、统计调查、技术推广与实验、公用设施管理、物资仓储、监测、勘探与勘察、测绘、检验检测与鉴定、法律服务、资源管理事务、质量技术监督事务、经济监督事务、知识产权事务、公证与认证、信息与咨询、人才交流、就业服务、机关后勤服务等活动的社会服务组织。

我国事业单位分为参公管理事业单位和非参公管理事业单位，其中，前者实施与行政机关相同的人事管理制度，即公务员制度。根据2020年中共中央发布的《参照〈中华人民共和国公务员法〉管理的单位审批办法》第3条的规定，事业单位列入参公管理范围，应当同时具备以下两个条件：（1）具有法律、法规授权的公共事务管理职能；（2）使用事业编制，并由国家财政负担工资福利。

由于参公管理的事业单位具有法律、法规授权的公共事务管理职能，那么，在此类组织中从事公务的人员自然属于2018年《监察法》规定的监察范围。

### （二）参公管理的人民团体和群众团体中除工勤人员以外的工作人员

根据1988年财政部和国家税务总局发布的《财政部、国家税务总局关于城镇土地使用税若干具体问题的解释和暂行规定》（已部分失效）中关于“人民团体”的解释，人民团体，是指经国务院授权的政府部门批准设立或登记备案并由国家拨付行政事业费的各种社会团体。

群众团体又称群团组织，是指人民群众为实现某些共同目的和利益，而自愿组成的具有共同纲领和章程的民众组织。

根据2006年中共中央组织部、原人事部印发的《工会、共青团、妇联等人民团体和群众团体机关参照〈中华人民共和国公务员法〉管理的意见》，人民团体和群众团体中央机关实施参公管理的范围包括：中华全国总工会、中国共产主义青年团中央委员会、中华全国妇女联合会、中国文学艺术界联合会、中国作家协会、中国科学技术协会、中华全国归国华侨联合会、中国法学会、中国人民对外友好协会、中华全国新闻工作者协会、中华全国台湾同胞联谊会、中国国际贸易促进委员会、中国残疾人联合会、中国红十字会总会、中国人民外交学会、中国宋庆龄基金会、黄埔军校同学会、欧美同学会、中国思想政治工作研究会、中华职业教育社、中国计划生育协会。此外，地方各级工会、共青团、妇联等人民团体和群众团体机关的参公管理工作，由各省、自治区、直辖市党委制定实施办法予以规范。

上述人民团体、群众团体为实现公共利益而建立。这些团体中除工勤人员以外的工作人员，被列入参照《公务员法》管理范围的，属于参公管理人员。对于这类人员，国家在职务、工资、奖惩等方面不实行事业单位人事管理制度，而是实行与公务员制度相同的方案。所以参公管理的人民团体和群众团体中除工勤人员以外的工作人员也是2018年《监察法》规定的监察对象。

## 三、法律、法规授权或受国家机关委托管理公共事务的组织中从事公务的人员

法律、法规授权或者受国家机关依法委托管理公共事务的组织中从事公务的人员，是指在上述组织中，除参照公务员法管理的人员外，对公共事务履行组织、领导、管理、监督等职责的人员。管理公共事务，是指管理关系社会可持续发展的与广大公共利益相关的政治、经济、文化等事务。依据权力来源的不同，法律、法规授权或者受国家机关依法委托管理公共事务的组织中从事公务的人员可以分为两类，即法律法规授权管理公共事务的组织中从事公务的人员和受国家机关依法委托管理公共事务的组织中从事公务的人员。识别前一类公职人员的关键词是“授权”，识别后一类公职人员的关键词是“委托”。

### （一）法律、法规授权管理公共事务的组织中从事公务的人员

法律、法规授权，通常是指行政授权。我国行政法意义上的法律、法规授权管理公共事务的组织，是指依据法律、法规的规定，以自己的名义从事行政管理活动、作为行政诉讼主体，参加行政诉讼、行政复议并承担法律责任的组织。

根据2012年《中华人民共和国行政强制法》（以下简称2012年《行政强制

法》）第70条、2019年《中华人民共和国行政许可法》（以下简称2019年《行政许可法》）第23条、2021年《中华人民共和国行政处罚法》（以下简称2021年《行政处罚法》）第19条的规定，法律、法规授权的具有管理公共事务职能的组织在法定授权范围内，可以依法实行行政强制、行政许可、行政处罚等具体行政行为。

实践中，法律、法规授权管理公共事务的组织中从事公务的公职人员的类型较为丰富。例如，律师协会中有权依照《律师法》对违规律师行使惩戒权的工作人员；又如，社会保险基金经办机构中依照国务院规定投资运营社会保险基金的工作人员。这些组织中的工作人员经过法律和法规的授权，在一定范围内管理公共事务，因而成为从事公务的公职人员。在法定授权的范围内，这些行使法律、法规授予的公权力的人员都属于2018年《监察法》规定的监察对象。

### （二）受国家机关依法委托管理公共事务的组织中从事公务的人员

受国家机关依法委托管理公共事务的组织主要是指受行政机关依法委托也即行政委托，管理公共事务的组织。其中，行政委托是指行政机关在法定职权范围内，依法将其行政职权的一部分交给其他行政机关或者组织行使的一种行为。值得注意的是，该类主体仅包括因行政委托而行使行政职权的组织，不包括因行政委托而行使行政职权的其他行政机关。

根据2012年《行政强制法》第17条、2019年《行政许可法》第24条的规定，行政强制权和行政许可权不能由国家机关委托管理公共事务的组织行使。根据2021年《行政处罚法》第20条、第21条的规定，行政机关依照法律、法规或者规章的规定，可以在其法定权限内书面委托符合条件的组织实施行政处罚。受委托组织必须符合以下条件：（1）依法成立并具有管理公共事务职能；（2）有熟悉有关法律、法规、规章和业务并取得行政执法资格的工作人员；（3）需要进行技术检查或者技术鉴定的，应当有条件组织进行相应的技术检查或者技术鉴定。

某些组织原本并不具有行政管理职能，但会因为接受行政机关的委托而管理公共事务。这些组织中的工作人员也因管理公共事务而成为2018年《监察法》规定的监察对象。例如，2019年国家市场监督管理总局发布的《产品质量监督抽查管理暂行办法》第15条规定，市场监督管理部门应当自行抽样或者委托抽样机构抽样，并按照有关规定随机抽取被抽样生产者、销售者，随机选派抽样人员。由此可见，抽样机构在接受市场监督管理部门的委托对产品进行抽样并且该抽样结果被作为行政处罚证据使用时，被随机选派从事具体抽样工作的工作人员因参与了行政管理活动、行使了公权力，而成为2018年《监察法》规定的监察对象。

## 四、国有企业管理人员

### （一）国有企业的含义

2018年《监察法》第15条第3项规定的“国有企业”是指国家出资企业。通常情况下，“国有企业”有广义和狭义之分。根据2003年国家统计局发布的《国家统计局关于对国有公司企业认定意见的函》，广义的国有企业是指具有国家资本金的企业，包括：（1）纯国有企业，包括国有独资企业、国有独资公司和国有联营企业三种形式，企业的资本金全部为国家所有。（2）国有控股企业，分为国有绝对控股和国有相对控股两种形式，包括国有与其他所有制联营但国有控股的企业。其中，国有绝对控股企业是指在企业的全部资本中，国家资本（股本）所占比例大于50%的企业。国有相对控股企业（含协议控制）是指在企业的全部资本中，国家资本（股本）所占的比例虽未大于50%，但相对大于企业中的其他经济成分所占比例的企业（相对控股）；或者虽不大于其他经济成分，但根据协议规定，由国家拥有实际控制权的企业（协议控制）。（3）国有参股企业是指具有部分国家资本金，但国家不控股的企业，包括国有与其他所有制联营但国有不控股的企业。狭义的国有企业，仅指纯国有企业。

### （二）国有企业中的管理人员

根据2021年《监察法实施条例》第40条的规定，国有企业中的监察范围因国有企业类型的差别而有不同。概览之，国有企业管理人员主要包括以下人员：

1. 在国有独资、全资公司、企业中履行组织、领导、管理、监督等职责的人员；

2. 经党组织或者国家机关，国有独资、全资公司、企业，事业单位提名、推荐、任命、批准等，在国有控股、参股公司及其分支机构中履行组织、领导、管理、监督等职责的人员；

3. 经国家出资企业中负有管理、监督国有资产职责的组织批准或者研究决定，代表其在国有控股、参股公司及其分支机构中从事组织、领导、管理、监督等工作的人员。

## 五、公办的教育、科研、文化、医疗卫生、体育等单位中从事管理的人员

### （一）“公办单位”的含义

此处所指公办单位，即国家为了社会公益目的，由国家机关举办或者其他组织利用国有资产举办的教育、科研、文化、医疗卫生、体育等事业单位。公办强调的是该单位基于国有资产举办而具有的公益属性。与“公办”相对立的是“私办”。

### （二）“公办单位”中从事管理的人员的范围

作为监察对象的公办的教育、科研、文化、医疗卫生、体育等单位中从事管理的人员主要包括两类人员。

一类是该单位及其分支机构的领导班子成员，以及该单位及其分支机构中的中层和基层管理人员。例如，公办学校的校长、副校长，科研院所的院长、所长、副院长、副所长，公立医院的院长、副院长等属于这类人员。

另一类是该单位及其分支机构中的其他国家工作人员以及临时从事与职权相联系的管理事务的人员，具体包括管理岗位六级以上职员，从事与职权相联系的管理事务的其他职员以及在管理、监督国有财产等重要岗位上工作的人员。例如，公办单位中的会计、出纳人员，以及采购、基建部门人员等都属于这类人员。

## 六、基层群众性自治组织中从事管理的人员

### （一）基层群众性自治组织的概念

2022 年中共中央办公厅、国务院办公厅印发的《关于规范村级组织工作事务、机制牌子和证明事项的意见》指出，村级组织包括村党组织、村民自治组织、村集体经济组织、村务监督组织和其他村级经济社会组织，是党和政府联系村民群众的桥梁纽带，也是全面实施乡村振兴战略的重要力量。根据我国《宪法》和 2018 年《中华人民共和国村民委员会组织法》（以下简称 2018 年《村委会组织法》）、2018 年《中华人民共和国城市居民委员会组织法》（以下简称 2018 年《居委会组织法》）的规定，基层群众性自治组织是实施基层群众自治制度的组织载体，包括居民委员会和村民委员会。该类组织有权办理所在区域的公共事务，调解民间纠纷，协助维护治安，也是国家机关联系人民群众的重要桥梁。

值得关注的是，为进一步落实基层群众自治制度，规范村民委员会建设，保障农村村民实行自治，发展农村基层民主，中共中央办公厅、国务院办公厅先后印发《中共中央 国务院关于加强和完善城乡社区治理的意见》《关于建立健全村务监督委员会的指导意见》《中共中央 国务院关于加强基层治理体系和治理能力现代化建设的意见关于加强基层治理体系和治理能力现代化建设的意见》，进一步明确了村民委员会建设和运行的要求，为修改村民委员会组织法提供了政策依据。2021 年《纪委工作条例》第 34 条第 3 款规定："加强基层监督，促进基层监督资源和力量整合，发挥纪检监察、巡察等作用，有效衔接村（居）务监督，建立监督信息网络平台，扩大群众参与，及时发现、处理群众身边的腐败问题和不正之风。" 2022 年 8 月 18 日，由民政部起草的《中华人民共和国村民委员会组织法（修订草案征求意见稿)》正式发布，向社会公开征求意见。[1] 其中，该征求意见稿专门增加了村务监督委员会向纪检监察机关报告的条款："村务监督委员会发现涉嫌贪腐谋私、侵害群众利益等违纪违法问题的，应当及时向乡、民族乡、镇的人民政府和纪检监察机关报告。接受举报的乡、民族乡、镇的人民政府和纪检监察机关应当调查核实。" 2022 年 11 月中共中央办公厅、国务院办公厅印发的《乡村振兴责任制实施办法》第 22 条规定，中央纪委国家监委对乡村振兴决策部署落实情况进行监督执纪问责。国家发展改革委、财政部、农业农村部、审计署、国家乡村振兴局等部门和单位按照各自职责对乡村振兴政策落实、资金使用和项目实施等实施监督。

### （二）基层群众性自治组织中从事管理的人员的类型

2018 年《监察法》和 2021 年《监察法实施条例》规定，基层群众性自治组织中从事管理的人员，主要包括两类人员。

1. 第一类是行使国家公权力的人员，即协助人民政府等国家机关在基层群众性自治组织中从事的管理工作的人员。2000 年《全国人民代表大会常务委员会关于〈中华人民共和国刑法〉第九十三条第二款的解释》规定，协助人民政府从事的行政管理工作主要包括以下方面：（1）救灾、抢险、防汛、优抚、扶贫、移民、救济款物的管理；（2）社会捐助公益事业款物的管理；（3）国有土地的经营和管理；（4）土地征用补偿费用的管理；（5）代征、代缴税款；（6）有关计划生育、户籍、

---

[1] 参见《民政部关于〈中华人民共和国村民委员会组织法（修订草案征求意见稿)〉公开征求意见的通知》，载中华人民共和国民政部网 2022 年 8 月 18 日，https://www.mca.gov.cn/article/hd/zqyj/202208/20220800043478.shtml。

征兵工作；（7）协助人民政府从事的其他行政管理工作。比较而言，2021 年《监察法实施条例》第 42 条第 3 项基本上与上述解释相同，但二者也存在明显的不同。此种不同是指 2021 年《监察法实施条例》第 42 条第 3 项在实质上扩大了基层群众性自治组织中的人员可能成为监察对象的情形。究其缘由，2021 年《监察法实施条例》将全国人大常委会所作解释中“协助人民政府从事的其他行政管理工作”修改表述为“协助人民政府等国家机关在基层群众性自治组织中从事的其他管理工作”。这意味着基层群众性自治组织中的人员协助监察机关、检察机关和审判机关从事有关管理工作，同样可以成为监察对象，但遵照罪刑法定原则，在上述情形下，基层群众性自治组织中的人员通常不会获得职务犯罪主体身份。

2. 第二类是行使社会公权力的人员，即从事集体事务和公益事业管理的人员和从事集体资金、资产、资源（“三资”）管理的人员。除此之外，基层群众性自治组织中的人员以及其他受委托的人员从事村民之间矛盾和纠纷的调解等方面的工作，属于自治活动，而非行使公权力的行为。

党的十九大以来，中央提出将“一肩挑”作为完善乡村治理体系的重要举措纳入乡村振兴战略，在全国全面推行“一肩挑”模式。2018 年 9 月，中共中央、国务院印发的《乡村振兴战略规划（2018 - 2022 年）》明确提出，坚持农村基层党组织领导核心地位，大力推进村党组织书记通过法定程序担任村民委员会主任和集体经济组织、农民合作组织负责人。2019 年中央一号文件第七点指出，全面推行村党组织书记通过法定程序担任村委会主任，推行村“两委”班子成员交叉任职，提高村委会成员和村民代表中党员的比例。加强党支部对村级集体经济组织的领导。2019 年印发的《中国共产党农村基层组织工作条例》《中国共产党农村工作条例》等文件均对“一肩挑”作出了进一步强调，即“村党组织书记应当通过法定程序担任村民委员会主任和村级集体经济组织、合作经济组织负责人”。在此背景下，结合中共中央办公厅、国务院办公厅印发的《关于建立健全村务监督委员会的指导意见》等改革文件可知，讨论农村或者社区中从事管理的人员的具体类型，不宜仅限定于基层群众性自治组织中从事管理的人员的范围。概括而言，下列人员均属于应被归入监察范围的公职人员：其一，村（社区）党组织班子成员，包括党组织书记、副书记、委员等；其二，村委会或者居委会班子成员，如村委会（居委会）的主任、副主任、委员等；其三，村集体经济组织中从事管理的人员；其四，村务监督组织中从事管理的人员；其五，其他村级组织中从事管理的人员。不过，尚需辨明的是，前两类公职人员被归入 2018 年《监察法》第 15 条第 5 项规定的监察范围，后三类公职人员则应被归入 2018 年《监察法》第 15 条第 6 项规定的监察范围，即“其他依法履行公职的人员”。可见，一方面，作为基层群众性自治组织之一的村民自治组织是村级组织的重要组成部分；另一方面，从实现国家监察全面覆盖的改革目标出发，将集体经济组织、村务监督组织和其他村级经济社会组织中从事管理的人员纳入监察范围，具有重要的现实必要性和可行性。

之所以将基层群众性自治组织中从事管理的人员归为临时行使公权力的公职人员范畴，是因为按照相关法律规范，基层群众性自治组织中的人员通常承担自治职责，即自我管理、自我教育、自我服务的职责。换言之，上述人员的日常工作是自治事务，保障村民或者城市居民群众依法办理自己的事情。对此，监察机关应当尊重基层群众性自治组织办理自治事项的行为。但是，如若某些工作涉及公权力事项，而基层群众性自治组织中的有关人员行使了国家公权力或者社会公权力，那么这些人员应当成为监察对象。当这些人员完成公权力性质的工作后，又回到从事自治事务的工作中，便不再行使公权力，那么这些人员便不应继续被视为监察对象，也不应被纳入监察范围。

## 七、其他依法履行公职的人员

2018 年《监察法》第 15 条规定的第六类监察对象为“其他依法履行公职的人员”。这是一个兜底性条款，旨在防止因列举不全而导致某些经常行使公权力并履行公职的公职人员被排除在 2018 年《监察法》规定的监察范围之外。对于该条的解释，不宜随意扩大，必须把握立法原意，即判断一个人是否属于其他依法履行公职的人员，主要是判断其经常行使公权力、履行公职的过程中有无损害公权力廉洁性的可能性。[1] 对此，2021 年《监察法实施条例》第 43 条规定：“下列人员属于监察法第十五条第六项所称其他依法履行公职的人员：（一）履行人民代表大会职责的各级人民代表大会代表，履行公职的中国人民政治协商会议各级委员会委员、人民陪审员、人民监督员；（二）虽未列入党政机关人员编制，但在党政机关中从事公务的人员；（三）在集体经济组织等单位、组织中，由党组织或者国家机关，国有独资、全资公司、企业，国家出资企业中负有管理监督国有和集体资产职责的组织，事业单位提名、推荐、任命、批准等，从事组织、领导、管理、监督等工作

[1] 参见中共中央纪律检查委员会法规室、中华人民共和国国家监察委员会法规室编写：《〈中华人民共和国监察法〉释义》，中国方正出版社 2018 年版，第 114 页。

的人员；（四）在依法组建的评标、谈判、询价等组织中代表国家机关，国有独资、全资公司、企业，事业单位，人民团体临时履行公共事务组织、领导、管理、监督等职责的人员；（五）其他依法行使公权力的人员。”由此可见，并非 2018 年《监察法》第 15 条第 6 项的所有的监察对象都是经常行使公权力的公职人员。其中，既有依法经常行使公权力的公职人员，也有依法临时行使公权力的公职人员。

### （一）其他经常行使公权力的公职人员

在此，以公安机关警务辅助人员（以下统称辅警）为例进行介绍。[1] 辅警属于 2021 年《监察法实施条例》第 43 条规定的“虽未列入党政机关人员编制，但在党政机关中从事公务的人”。辅警是根据社会治安形势发展和公安工作实际需要，面向社会招聘，为公安机关日常运转和警务活动提供辅助支持的非人民警察身份人员。不过，为公安机关提供膳食、保洁、保卫等工作的后勤服务人员，社会志愿者以及其他群防群治性质的社会治安辅助力量，不纳入公安机关警务辅助人员管理范围。按照职责分工，辅警分为文职辅警和勤务辅警。其中，文职辅警负责协助公安机关非执法岗位人民警察从事行政管理、技术支持、警务保障等工作；勤务辅警负责协助公安机关执法岗位人民警察开展执法执勤和其他勤务活动。

虽然辅警没有警察身份，也不具备执法资格，且需要在公安机关及人民警察的指挥和监督下开展辅助性工作，但是根据工作职责，勤务辅警和从事某些特定工作的文职辅警仍然具有公安机关人民警察的行政执法和行政管理权能。因此，辅警通常属于 2018 年《监察法》第 15 条规定的第六类监察对象。同时，2016 年《关于规范公安机关警务辅助人员管理工作的意见》明确了辅警协助公安机关人民警察依法履行职责的行为同样受法律保护，有关单位和个人应当予以配合。

1. 文职辅警

文职辅警负责协助公安机关非执法岗位人民警察从事行政管理、技术支持、警务保障等工作。在具体工作中，如果某一岗位的文职辅警仅提供一般的辅助工作而未行使公权力，那么该文职辅警也不属于公职人员。概言之，文职辅警是否能够成为 2018 年《监察法》的监察对象，要根据具体的工作职责进行具体分析。文职辅警从事协助开展文书助理、档案管理、接线查询、窗口服务、证件办理、信息采集

---

〔1〕 参见张跃进、赵恒编著：《警务辅助人员职业规范基本教程》，中国人民公安大学出版社 2020 年版，第 10～13 页。

与录入等行政管理工作时，是在协助公安机关人民警察管理公共事务，属于协助警察行使行政管理权。在此期间，文职辅警属于2018年《监察法》规定的监察对象。不过，如果文职辅警只是协助开展一些不具有公权力性质的支持工作或者保障工作，那么在此期间，文职辅警不属于2018年《监察法》规定的监察对象。

2. 勤务辅警

勤务辅警负责协助公安机关执法岗位民警开展执法执勤和其他警务活动。2016年《关于规范公安机关警务辅助人员管理工作的意见》还明确规定了警务辅助人员不得从事的有关工作事项。可见，勤务辅警主要协助公安机关执法岗位民警进行行政执法活动，在工作过程中，不可避免地需要协助行使行政执法权。正是如此，根据勤务辅警的具体工作职责可知，一旦某人受聘为勤务辅警并正式履行职责，通常就会成为2018年《监察法》的监察对象。

为了依法维护公安机关警务辅助人员履行辅助职责的权威性，2019年公安部《公安机关维护民警执法权威工作规定》第31条规定："警务辅助人员在协助民警依法履行职责、行使职权过程中受到不法侵害的，参照本规定开展相关工作。"特别是经过2021年《刑法修正案（十一）》修改后，2021年《刑法》第277条第5款规定："暴力袭击正在依法执行职务的人民警察的，处三年以下有期徒刑、拘役或者管制；使用枪支、管制刀具，或者以驾驶机动车撞击等手段，严重危及其人身安全的，处三年以上七年以下有期徒刑。"在此前提下，暴力袭击正在依法执行职务的警务辅助人员的，同样可能会构成袭警罪。

### （二）其他临时行使公权力的公职人员

在此，以工勤人员和人民陪审员为例进行说明。

1. 国家机关、国有企业、事业组织、社会团体中的工勤人员

国家机关、国有企业、事业组织、社会团体中的工勤人员的管理按照2018年《劳动法》及其配套规章的有关规定进行。实行劳动合同制的工勤人员由于所属单位不同，具体内涵与外延亦有所不同。例如，2003年《商务部驻外经济商务机构工勤人员选派和管理办法》第2条规定："驻外工勤人员是指派往驻外经济商务机构长期工作的厨师、维修工和招待员等。"又如，2012年《工业和信息化部关于开展2011年度教育基本情况统计工作的通知》指出："工勤人员是指校本部的工人和勤杂人员，包括教学辅助单位的工人。"可见，在多数情况下，工勤人员往往在临时性、辅助性的工作岗位上从事工作。相关工作是纯劳务性的工作或是一般的服务性

工作，并不具有管理公共事务的特征。因此，工勤人员一般不会成为监察对象。但不能绝对地认为，工勤人员在任何时候都不属于监察对象。原因在于，这类工勤人员所在单位大多是行使国家公权力的单位，意味着在某些情形下，工勤人员也可能会获得临时行使公权力的机会，如此一来，工勤人员如果实际行使了公权力，就会成为监察对象。实践中，工勤人员因不当行使公权力而被监察调查的案例时有发生。例如，2020 年某市某区机关食堂工勤人员胥某便利用管理食堂日常运营的职务之便，虚报货物价格、数量，套取大量公款，在某区纪委监委的调查下，最终，胥某涉嫌职务犯罪案件被移送司法机关。

2. 人民陪审员

人民陪审员，是指依照 2018 年《中华人民共和国人民陪审员法》（以下简称 2018 年《人民陪审员法》）产生的，依法参加人民法院的审判活动，除法律另有规定外，与法官有同等权利的审判人员。根据 2018 年《监察法》的规定，人民陪审员是监察对象，并且属于临时行使公权力的公职人员。

（1）人民陪审员的任职条件和任期

根据 2018 年《人民陪审员法》第 5 条至第 7 条分别规定了公民担任人民陪审员的积极条件、消极条件：①积极条件包括：拥护中华人民共和国宪法；年满 28 周岁；遵纪守法、品行良好、公道正派；具有正常履行职责的身体条件；一般应当具有高中以上文化程度。②消极条件分为不能担任人民陪审员、不得担任人民陪审员的两种情形。前者包括：人民代表大会常务委员会的组成人员，监察委员会、人民法院、人民检察院、公安机关、国家安全机关、司法行政机关的工作人员；律师、公证员、仲裁员、基层法律服务工作者；其他因职务原因不适宜担任人民陪审员的人员。后者主要包括：受过刑事处罚的；被开除公职的；被吊销律师、公证员执业证书的；被纳入失信被执行人名单的；因受惩戒被免除人民陪审员职务的；其他有严重违法违纪行为，可能影响司法公信的。同时，2018 年《人民陪审员法》规定了人民陪审员的任期，即人民陪审员的任期为 5 年，一般不得连任。

（2）人民陪审员属于临时行使公权力的公职人员的原因

①人民陪审员行使的是审判权

人民陪审员通过参与法院庭审等活动依法行使国家公权力，即审判权。根据 2018 年《人民陪审员法》第 14 条的规定，人民陪审员和法官组成合议庭审判案件，由法官担任审判长，可以组成三人合议庭，也可以由法官三人与人民陪审员四人组成七人合议庭。可见，无论参加三人合议庭还是七人合议庭，人民陪审员都是行使审判权的公职人员。

根据2020年最高人民法院、司法部印发的《〈中华人民共和国人民陪审员法〉实施中若干问题的答复》的规定，第一，人民陪审员参加第一审刑事、民事、行政案件的审判，但是人民法院不得安排人民陪审员参加案件执行工作；第二，人民法院可以结合案件情况，吸收人民陪审员参加减刑、假释案件审理，但不需要开庭审理的除外；第三，合议庭评议案件时，人民陪审员和法官应当共同评议、表决，不得分组进行；第四，人民陪审员适用民事、刑事、行政诉讼法中诉讼回避的规定，不适用法官法中法官任职回避的规定。

值得注意的是，在不同的审判活动中，人民陪审员行使审判权的方式并不一定完全相同：第一，人民陪审员参加三人合议庭审判案件时，可以对案件的事实认定和法律适用，独立发表意见并行使表决权。第二，人民陪审员参加七人合议庭审判案件时，可以对案件的事实认定独立发表意见并行使表决权，对于案件的法律适用，仅可以发表意见，不能参加表决。

②人民陪审员行使审判权的行为具有临时性

根据2018年《人民陪审员法》第19条的规定，基层人民法院审判案件需要由人民陪审员参加合议庭审判的，应当在人民陪审员名单中随机抽取确定。中级人民法院、高级人民法院审判案件需要由人民陪审员参加合议庭审判的，在其辖区内的基层人民法院的人民陪审员名单中随机抽取确定。

这种从人民陪审员名单中随机抽取参加庭审的人民陪审员的方式意味着，即使某个公民被任命为人民陪审员，在5年的任期内，其并不必然会有参与审判活动、行使审判权的机会。可见，人民陪审员只有在参加审判活动期间才行使相应的公权力，才属于2018年《监察法》规定的监察对象。判断一个人是否属于监察对象的实质标准是他是否行使公权力，而非是否具有某种特定身份。正是如此，不能仅仅因为“人民陪审员”的身份而认定人民陪审员就是经常行使公权力的公职人员，并进一步认为其当然属于2018年《监察法》规定的监察对象。

# 第六章　监 察 管 辖

在国家监察体制改革持续深化的时代背景下，我国逐步确立起具有中国特色的监察管辖制度：一方面，监察机关开展监督、调查、处置，按照管理权限与属地管辖相结合的原则，实行分级负责制；另一方面，监察机关调查公职人员涉嫌职务犯罪案件，可以依法对涉嫌行贿犯罪、介绍贿赂犯罪或者共同职务犯罪的涉案人员中的非公职人员一并管辖。同时，非公职人员涉嫌利用影响力受贿罪的，按照其所利用的公职人员的管理权限确定管辖。

## 第一节　监察管辖概述

2018 年《监察法》、2018 年《国家监察委员会管辖规定（试行）》（以下简称 2018 年《管辖规定（试行）》）、2019 年《监督执纪工作规则》、2021 年《监察法实施条例》等国家法律、党内法规和相关规范文件从干部管理权限、地域分工、层级分工、案件范围等方面规定了监察管辖的主要内容，总体上形成了以管理权限为标准、兼顾案件办理便利性的监察管辖模式。

### 一、监察管辖的内涵

管辖，即管理、统辖，一般用于人员、事务、区域、案件等。[1] 监察管辖，是指各级别、各地区的监察机关之间在开展监督、调查、处置过程中办理监察事项方面的职权分工。

在我国，监察管辖与刑事管辖之间存在较大区别。刑事管辖主要包括立案管辖

---

〔1〕 参见中国社会科学语言研究所词典编辑室编：《现代汉语词典》（第 7 版），商务印书馆 2016 年版，第 482 页。

和审判管辖。其中，立案管辖，又称职能管辖或部门管辖，是指公安机关、人民检察院、人民法院和其他国家专门机关立案受理刑事案件的权限和分工；审判管辖，是指各级人民法院之间以及同级人民法院之间受理第一审刑事案件的权限和分工。与刑事管辖不同的是，监察管辖通常仅指监察机关对监察事项的管辖，其本身并不按照监督、调查、处置等阶段进行区分。

需要说明的是，监察管辖制度调整的是监察机关对监察对象开展问题线索处置、立案、调查、处置等方面的权限分工问题，如若监察机关收到人民群众的信访举报线索，均应当依法受理，然后判断该案是否属于本单位有权管辖的案件。2022 年《信访工作条例》规定，对信访人提出的检举控告类事项，纪检监察机关应当依规依纪依法接收，如果该事项反映的涉嫌违纪或者职务违法犯罪行为的监察对象不属于本单位管辖的，该纪检监察机关则应当依规依纪依法移送有管辖权的纪检监察机关处理。

## 二、监察管辖制度的意义

监察管辖制度旨在解决监察机关内部如何分配监察事项的管理职权的问题。明确管辖权限是监察机关依法独立行使监察权的前提和基础，也是监察机关权威高效办理职务违法犯罪案件、开展廉政建设和反腐败工作的制度保障。具体而言，监察管辖制度具有以下三方面的意义。

第一，对于监察机关而言，监察管辖制度确定了上、下级监察机关的管理权限，明确了同级监察机关的地域分工，有利于监察机关各司其职、各尽其责，便于监察机关在管辖权限内更加高效地履行职能。同时，监察管辖制度还可以有效避免争执或者推诿，防止出现监察机关越权办理监察事项或对管辖范围内事项置之不理等现象。

第二，对于被调查人、涉案人员而言，监察管辖制度可以保障其合法权利。监察管辖制度解决了被调查人、涉案人员的职务违法犯罪问题具体应当由哪一监察机关调查的问题。如果存在管辖的监察机关与相关规定不符的情形，被调查人、涉案人员可以依法寻求申诉等救济。

第三，对于公民和其他单位而言，监察管辖制度有利于鼓励掌握职务违法犯罪线索的公民或单位及时按照监察机关的管辖规定进行检举、控告，充分调动人民群众参与反腐败工作的积极性。

## 第二节　监察管辖的主要内容

监察管辖的主要内容包括监察管辖的一般原则、提级管辖、指定管辖以及监察管辖权争议的解决。

### 一、监察管辖的基本原则

2018 年《监察法》第 16 条第 1 款规定："各级监察机关按照管理权限管辖本辖区内本法第十五条规定的人员所涉监察事项。"监察机关管辖遵循管理权限与属地管辖相结合的原则（或者级别管辖与地域管辖相结合的原则），并实行分级负责制。

#### （一）管理权限

管理权限，即干部管理权限。"党管干部"是我国干部工作的根本原则，是党的领导在干部人事工作中的重要体现。党管干部既涵盖党政领导干部，也包括国家权力机关、监察机关、司法机关、国有企事业单位的党员领导干部。[1] 2019 年中共中央办公厅印发《公务员职务与职级并行规定》，规定领导职务层次分为国家级、省部级、厅局级、县处级、乡科级，每一层级又可分为正副职；同时，规定职级序列按照综合管理类、专业技术类、行政执法类等公务员职位类别分别设置，综合管理类公务员职级序列分为巡视员、调研员、主任科员、科员，综合管理类以外其他职位类别公务员职级序列另行规定。

国家监察委员会负责监督检查和审查调查中央管理的公职人员即"中管干部"的职务违法和职务犯罪案件，这类干部在中央组织部门备案，其职务任免权在中共中央，中央组织部门在其任命上具有建议权，一般为副部级以上领导，包括中央委员、候补中央委员、国务院正副职领导、各部委正副职领导、省政府正副职领导等；省级监察机关管辖省级组织部门管理的公职人员即"省管干部"的职务违法和职务犯罪案件，这类干部人事关系由省委组织部备案管理，并由省委组织部门推荐、任命，一般为厅（局）级，包括地市级党委书记（副书记）、地市级政府正副职领导、省直机关正副职领导等；市级监察机关管辖市级组织部门管理的公职人员即"市管

---

〔1〕 参见李景治：《坚持党管干部原则与人大制度的改革创新》，载《学习论坛》2016 年第 3 期。

干部”的职务违法和职务犯罪案件，这类干部的组织人事关系在地市级组织部门备案，由地市级组织部门推荐和任命，一般为县处级领导干部，包括县（区）委、政府、人大、政协、司法机关的主要领导等；县级监察机关管辖县级组织部门管理的公职人员即“县管干部”的职务违法和职务犯罪案件，这类干部的组织关系在县组织部备案，由县组织部门任命和管理，一般为科级领导，包括乡镇党委、政府主要领导，县级政府主要部门的负责人等。对于2018年《监察法》第15条规定的“基层群众性自治组织中从事管理的人员”，其所涉监察事项由其所在的县级监察机关管辖。县级监察机关向其所在街道、乡镇派出监察机构、监察专员的，派出的监察机构、监察专员可以直接管辖。对国有企事业单位，则根据其在国民经济中的地位来确定干部管理权限。有一部分关系到国计民生和国家安全的重要骨干企业以及重要事业单位的主要领导干部由中央直接管理，其他则由中央一级部门党组或者地方各级党委分级管理。各级党委（党组）根据中央确定的原则，拟定自己管理的干部职务名称表，确定具体管理权限。

在纪委监委合署办公的制度安排下，各级监察机关的干部管理权限与党的纪律检查机关的干部管理权限基本保持一致。对此，2021年《监察法实施条例》第46条规定：其一，设区的市级以上监察委员会按照管理权限，依法管辖同级党委管理的公职人员涉嫌职务违法和职务犯罪案件；其二，县级监察委员会和直辖市所辖区（县）监察委员会按照管理权限，依法管辖本辖区内公职人员涉嫌职务违法和职务犯罪案件。

对于涉嫌单位犯罪案件的管辖确定，根据2018年《监察法》第16条等条款的规定，监察机关一般需要根据案件实际情况开展以下工作：判断单位性质、单位主要负责人是否属于监察对象以及单位主要负责人的干部管辖权限等。例如，某一单位涉嫌单位行贿犯罪案件，监察机关应当查明该单位的性质，并判断该单位主要负责人是否属于监察对象，如果属于监察对象，还需判断该单位主要负责人的干部管理权限，由此出现两种解决思路：其一，该单位主要负责人属于监察对象的，那么，对该单位主要负责人有管辖权的监察机关负责办理该单位行贿犯罪案件；其二，该单位主要负责人不属于监察对象的，那么，通常情况下，对该行贿案件的受贿人有管辖权的监察机关负责办理该单位行贿犯罪案件。

### （二）属地管辖

国家监察体制改革之前，职务犯罪案件由检察机关负责侦查，当时的职务犯罪案件地域管辖原则是以犯罪嫌疑人工作单位所在地为主。然而，2018 年《监察法》第 16 条没有延续地域管辖原则的规定，而是代之以辖区管辖制度，即规定监察机关按照管理权限管理本辖区内的监察事项。其中，“本辖区”通常是指与监察机关相应的行政地区。

由此，理解监察机关办理职务违法犯罪案件的属地管辖原则，应当把握以下要点：（1）属地管辖中的“地”，主要包括职务违法犯罪行为的发生地和结果地，但由被调查人居住地的监察机关管辖更为适宜的，此时的“地”可以包括居住地；（2）作为监察对象的被调查人的属地管辖判断，一般情况下，按照被调查人的工作单位所在地进行确定；（3）2021 年《监察法实施条例》第 50 条规定，其一，监察机关办理案件中涉及无隶属关系的其他监察机关的监察对象，认为需要立案调查的，应当商请有管理权限的监察机关依法立案调查。商请立案时，应当提供涉案人员基本情况、已经查明的涉嫌违法犯罪事实以及相关证据材料；其二，承办案件的监察机关认为由其一并调查更为适宜的，可以报请有权决定的上级监察机关指定管辖。

此外，考虑到基层群众性自治组织中从事管理的人员大多由当地村民或者居民选举产生，而非组织部门按照管理权限任命的人员。因此，如若这些经选举产生的基层群众性自治组织中从事管理的人员涉嫌实施违纪、职务违法犯罪行为的，由该基层群众性自治组织所在的县级纪检监察机关管辖，同时，县级纪检监察机关可以授权其所在街道、乡镇派出监察机构、监察专员管辖相应的监察事项。

## 二、提级管辖

监察管辖中的提级管辖包括两种，分别是主动提级管辖和报请提级管辖。

### （一）主动提级管辖

2018 年《监察法》第 16 条第 2 款规定：“上级监察机关可以办理下一级监察机关管辖范围内的监察事项，必要时也可以办理所辖各级监察机关管辖范围内的监察事项。”这是监察管辖制度中主动提级管辖的基本要求。根据 2021 年《监察法实施条例》第 47 条第 1 款的规定，上级监察机关可以依法提级管辖的主要情形包括：（1）在本辖区有重大影响的；（2）涉及多个下级监察机关管辖的监察对象，调查难度大的；（3）其他需要提级管辖的重大、复杂案件。

2018 年《监察法》明确主动提级管辖的规则，主要是出于对监察工作高机动性的考虑。[1] 监察机关实行双重领导体制，其中，国家监察委领导地方各级监察机关的工作，上级监察机关领导下级监察机关的工作，因此，上级监察机关有权力对下级监察机关进行监督和指导，当然也有权力将下级监察机关办理的案件提级由自己管辖。在面对办理难度较大等情形的监察事项时，有权管辖的监察机关可能难以进行办理，上级监察机关不仅具备办案能力优势，而且能够避免不当干预。此时，由上级监察机关对案件提级管辖，更有利于确保案件办理效果。

监察机关既可以提级管辖下一级监察机关办理的监察事项，在必要时也可以办理所辖各级监察机关管辖范围内的事项。对此，2021 年《监察法实施条例》第 47 条第 2 款规定："上级监察机关对于所辖各级监察机关管辖范围内有重大影响的案件，必要时可以依法直接调查或者组织、指挥、参与调查。"

上级监察机关认为有必要管辖下级监察机关管辖范围内的监察事项时，应当向下级监察机关下达改变管辖决定书。下级监察机关收到改变管辖决定书后，应当及时将已有的案件材料移送上级监察机关。

通常情况下，主动提级管辖作为一般管辖原则的必要补充，仅适用于处理一些难度较大的监察事项。监察管辖制度的主要目的是实现监察机关各司其职、各尽其责，上级监察机关首先应当按照监察管辖的一般原则，办理好自身管辖权限范围内的监察事项。

### （二）报请提级管辖

2018 年《监察法》第 17 条第 2 款规定："监察机关认为所管辖的监察事项重大、复杂，需要由上级监察机关管辖的，可以报请上级监察机关管辖。"这是关于报请提级管辖的基本要求。

报请提级管辖是管辖权自下而上的转移。监察机关报请提级管辖的，应当符合以下条件：（1）提出报请提级管辖请求的是下级监察机关；（2）接受提级管辖请求的是上级监察机关；（3）报请提级管辖的监察事项应当"重大、复杂，需要由上级监察机关管辖"。

从实践来看，报请提级管辖的情形主要分为三种：（1）下级监察机关认为有重大影响、由上级监察机关办理更为适宜的监察事项；（2）下级监察机关不便办理的重大、复杂监察事项，以及自己办理可能会影响公正处理的监察事项；（3）因其他

[1] 参见江国华：《中国监察法学》，中国政法大学出版社 2018 年版，第 90 页。

原因需要由上级监察机关管辖的重大、复杂监察事项。[1] 其中，判断监察事项是否属于重大、复杂，应当从涉案金额、涉案人员级别、涉案行为造成的后果以及涉案行为造成的社会影响等方面进行判断，并充分考虑不同地区办案资源、办案能力的差异。

监察机关提请提级管辖的，应当制作提请提级管辖申请书，书面向上级监察机关请求移送。上级监察机关应当在收到提级管辖申请后准确、迅速作出决定，以免延误问题线索处置或案件办理进度。上级监察机关同意提级管辖的，应当签发同意提级管辖决定书，下级监察机关在收到决定书后，应当及时将现有材料移送上级监察机关；上级监察机关不同意提级管辖的，应当要求该下级监察机关继续办理该监察事项，下级监察机关不得推诿。

### （三）提级管辖案件的审理工作

2018 年《监察法》、2019 年《监督执纪工作规则》仅概括规定了提级管辖的基本规则，却未涉及提级管辖案件审理工作的制度安排。2021 年《监察法实施条例》则明确了提级管辖案件的审理工作。2021 年《监察法实施条例》第 198 条指出："上级监察机关办理下级监察机关管辖案件的，可以经审理后按程序直接进行处置，也可以经审理形成处置意见后，交由下级监察机关办理。"

## 三、指定管辖

2018 年《监察法》第 17 条第 1 款规定："上级监察机关可以将其所管辖的监察事项指定下级监察机关管辖，也可以将下级监察机关有管辖权的监察事项指定给其他监察机关管辖。"这是监察管辖中指定管辖的基本要求。2021 年《监察法实施条例》第 48 条进一步细化了指定管辖案件类型、指定管辖的审批和报备程序，同时明确了"双审理"的工作要求。

### （一）指定管辖的内涵

指定管辖，是指上级监察机关根据监察事项的内容和性质，将自己管辖范围内的监察事项，或者下级监察机关管辖范围内的监察事项指定给自己所辖其他监察机

〔1〕 参见中共中央纪律检查委员会法规室、中华人民共和国国家监察委员会法规室编写：《〈中华人民共和国监察法〉释义》，中国方正出版社 2018 年版，第 120 页。

关管辖。指定管辖有利于提高监察机关办理监察事项的灵活度，是上、下级监察机关领导关系在管辖方面的体现。设置指定管辖制度，主要目的在于合理平衡监察资源，充分调动监察力量，有效排除办案阻力，实现监察职能的高效发挥和监察范围的全覆盖。[1]

在指定管辖时，上级监察机关应当通盘考虑监察事项的难易程度、自身监察工作任务的负担程度、被指定的下级监察机关是否有能力办理等多方面的问题。同时，如果未经作出指定管辖决定的监察机关的批准，被指定管辖某一监察事项的下级监察机关不得将该事项再行指定管辖。

### （二）指定管辖的类型

1. 上级监察机关将原本属于自己管辖范围内的监察事项指定给所辖的下级监察机关管辖

这种指定管辖的主要目的是缓解上级监察机关的工作压力，同时有效调动下级监察力量，实现监察事项的合理分配。尤其是上级监察机关可以将自身所办主案中涉嫌行贿犯罪、共同职务犯罪的案件以及其他关联案件（辅案）等指定给下级监察机关管辖，加强上下级协调联动，实现主案辅案一体推进。[2]

为了对上级监察机关指定下级监察机关管辖施加必要的限制，2021 年《监察法实施条例》第 48 条第 2 款规定：其一，设区的市级监察委员会将同级党委管理的公职人员涉嫌职务违法或者职务犯罪案件指定下级监察委员会管辖的，应当报省级监察委员会批准；其二，省级监察委员会将同级党委管理的公职人员涉嫌职务违法或者职务犯罪案件指定下级监察委员会管辖的，应当报国家监察委员会相关监督检查部门备案。

2. 上级监察机关将下级监察机关管辖范围内的监察事项指定给自己所辖的其他监察机关管辖

上级监察机关对于下级监察机关管辖的职务违法和职务犯罪案件，具有下列情形之一，认为由其他下级监察机关管辖更为适宜的，可以依法指定给其他下级监察机关管辖：（1）管辖有争议的；（2）指定管辖有利于案件公正处理的；（3）下级监察机关报请指定管辖的；（4）其他有必要指定管辖的。

---

〔1〕 参见吴健雄主编：《监督、调查、处置法律规范研究》，人民出版社 2018 年版，第 105 页。
〔2〕 参见龚雄艳：《精准规范运用指定管辖初探》，载《中国纪检监察报》2019 年 5 月 22 日，第 8 版。

这种指定管辖的主要目的是通过异地调查的方式防止监察工作受到不当干扰，确保监察机关依法独立行使监察权。而且，异地调查能够在一定程度上增加人民群众对监察工作的信任感，提高监察公信力，使得调查、处置结果更容易被接受。

因此，为了保证此种指定管辖的严肃性，2021 年《监察法实施条例》第 48 条第 4 款规定：其一，被指定的下级监察机关未经指定管辖的监察机关批准，不得将案件再行指定管辖；其二，发现新的职务违法或者职务犯罪线索，以及其他重要情况、重大问题，应当及时向指定管辖的监察机关请示报告。

### （三）指定管辖案件的审理工作

2018 年《监察法》、2019 年《监督执纪工作规则》没有涉及指定管辖案件的审理工作规定。2021 年《监察法实施条例》则增设了与指定管辖相关的案件审理的条款，即 2021 年《监察法实施条例》第 199 条，具体内容说明如下。

第一，被指定管辖的监察机关在调查结束后应当将案件移送审理，提请监察机关集体审议。

第二，上级监察机关将其所管辖的案件指定管辖的，被指定管辖的下级监察机关应当按照第一点的规定办理后，将案件报上级监察机关依法作出政务处分决定。上级监察机关在作出决定前，应当进行审理。这是 2021 年《监察法实施条例》明确的“双审理”工作制度。

第三，上级监察机关将下级监察机关管辖的案件指定其他下级监察机关管辖的，被指定管辖的监察机关应当按照第一点的规定办理后，将案件送交有管理权限的监察机关依法作出政务处分决定。有管理权限的监察机关应当进行审理，审理意见与被指定管辖的监察机关意见不一致的，双方应当进行沟通；经沟通不能取得一致意见的，报请有权决定的上级监察机关决定。经协商，有管理权限的监察机关在被指定管辖的监察机关审理阶段可以提前阅卷，沟通了解情况。

第四，对于 2021 年《监察法实施条例》第 199 条前 3 款规定的重大、复杂案件，被指定管辖的监察机关经集体审议后将处理意见报有权决定的上级监察机关审核同意的，有管理权限的监察机关可以经集体审议后依法处置。

### （四）指定管辖和纪法衔接

准确适用指定管辖规则，应当注意指定管辖和纪法衔接的问题。

对于具有党员身份的监察对象，上级监察机关在指定管辖时还应当考虑是否将其涉嫌的违纪问题一并指定管辖。如果需要指定的事项重点是涉嫌职务违法、职务犯罪问题的，一般仅进行监察指定；如果涉嫌违纪问题线索较多，特别是存在违反政治纪律、组织纪律、生活纪律等问题的，可进行纪检监察管辖双指定，一体化推进执纪执法工作。

### （五）监察管辖中指定管辖与刑事管辖中指定管辖的比较

监察机关将职务犯罪案件移送起诉，同样需要指定起诉、审判管辖。此类指定管辖是指职务犯罪案件中的司法指定管辖，不同于监察管辖中的指定管辖。结合2018年《监察法》、2018年《刑事诉讼法》的有关规定，监察指定管辖与司法指定管辖存在以下区别：（1）适用的法律依据不同。前者适用的是监察法律法规，后者适用的是刑事诉讼法律法规。（2）指定管辖的情形不同。前者适用于无法按照管理权限和属地管辖解决监察事项管辖争议的情形，后者适用于有管辖权的司法机关不宜管辖的情形。（3）法律效果不同。前者用于解决调查权限问题，直接影响和决定调查取证的合法性，后者用于解决职务犯罪起诉、审判管辖的问题。

监察指定管辖与刑事司法指定管辖之间的衔接机制十分重要。对此，可以从以下三个例子理解：（1）某监察机关和同级司法机关均没有属地管辖权，但该监察机关因上级监察机关的指定管辖决定而获得管辖权，在此情形中，监察机关不应当直接将该职务犯罪案件移送同级检察机关审查起诉，而应当报请上级监察机关商请同级检察机关、审判机关办理指定管辖事宜。（2）某监察机关和同级司法机关均有法定管辖权，不过，该监察机关又因管辖权争议而被指定管辖，在此情形中，监察机关可以依法直接将该职务犯罪案件移送同级检察机关审查起诉。（3）监察机关没有法定管辖权，但同级司法机关有法定管辖权，而该监察机关因指定管辖而获得管辖权，在此情形中，监察机关可以将该职务犯罪案件移送同级检察机关审查起诉。检察机关受理该案后，如若决定移交有管辖权的下级检察机关审查起诉，监察机关无须商请指定管辖。在此，进一步举例说明：例如，A省B市财政局局长甲某涉嫌严重违纪违法，因甲某长期在B市任职，其涉嫌严重违纪违法问题也发生在B地，为排除不当干扰、保证案件顺利办理，A省监委指定C市监委管辖此案。经查，甲某严重违纪违法并涉嫌受贿犯罪，需要移送检察机关审查起诉。那么，C市监委不能直接向C市人民检察院移送审查起诉，C市人民检察院对该案无权受理。C市监委在案件调查终结后，应及时向A省监委报告，由A省监委与A省人民检察院、A省高级人民法院共同协商解决异地审查起诉、审判管辖的问题。

## 四、监察管辖权争议的解决

2018年《监察法》第16条第3款规定：“监察机关之间对监察事项的管辖有争议的，由其共同的上级监察机关确定。”这是对监察管辖权争议的解决规则的基本要求。

管辖权争议，是指对同一监察事项，有两个或两个以上监察机关均认为自己具有管辖权或均认为自己不具有管辖权而发生的争议。[1] 对管辖权争议的解决作出规定，目的是保证监察机关正确履职，防止出现争相管辖或推诿管辖的现象，实现监察全覆盖。

管辖权争议出现时，应当由其共同的上级监察机关确定。共同的上级监察机关，是指同发生管辖争议的两个或两个以上监察机关均有领导与被领导关系的上级监察机关。

## 五、工作单位在地方、管理权限在主管部门的职务违法犯罪案件的监察管辖规则

垂直管理是我国行政体制管理的特色方式之一，垂直管理单位在党和国家治理体系中发挥了重要的作用。深化垂直管理单位纪检监察体制改革是深化派驻机构改革的延伸和拓展。为了实现国家监察全面覆盖的改革目标，针对各个垂直管理系统的实务特点，需要设置专门的监察管辖规则。为此，2018年《管辖规定（试行）》、2021年《监察法实施条例》、2022年《纪检监察机关派驻机构工作规则》作出相应规定。

1. 工作单位在地方、管理权限在主管部门的公职人员涉嫌职务违法和职务犯罪，一般由驻在主管部门、有管辖权的监察机构、监察专员管辖；经协商，监察机构、监察专员可以按规定移交公职人员工作单位所在地的地方监察委员会调查，或者与地方监察委员会联合调查。地方监察委员会在工作中发现上述公职人员有关问题线索，应当向驻在主管部门、有管辖权的监察机构、监察专员通报，并协商确定管辖。

2. 垂直管理单位的其他公职人员涉嫌职务违法和职务犯罪，可以由地方监察委

---

〔1〕 参见中共中央纪律检查委员会法规室、中华人民共和国国家监察委员会法规室编写：《〈中华人民共和国监察法〉释义》，中国方正出版社2018年版，第117页。

员会管辖；驻在主管部门的监察机构、监察专员自行立案调查的，应当及时通报地方监察委员会。

3. 地方监察委员会调查垂直管理单位的公职人员涉嫌的职务违法和职务犯罪案件，应当将立案、留置、移送审查起诉、撤销案件等重要情况向驻在主管部门的监察机构、监察专员通报。

4. 派驻垂直管理单位的纪检监察组应当加强对驻在单位的下一级单位纪检机构的业务指导和监督检查，对驻在单位各级纪检机构的工作进行统筹，推动层层落实监督责任。下一级单位纪检机构的监督执纪工作以派驻纪检监察组领导为主，线索处置和案件查办在向同级党组（党委）报告的同时应当一并向派驻纪检监察组报告。

# 第七章 监 察 证 据

## 第一节 监察证据的基本含义

### 一、监察证据的概念界定

#### （一）监察证据的主要内涵

通常情况下，证据是指证明真实情况的材料，其属性体现在客观性、关联性和合法性等三个方面。在职务违法犯罪治理领域，监察证据是指以法律规定形式表现出来的，能够证明监察机关所办理监察事项的真实情况的材料。结合2018年《监察法》、2021年《监察法实施条例》的规定，监察证据主要包括八类，分别是：物证，书证，证人证言，被害人陈述，被调查人陈述、供述和辩解，鉴定意见，勘验检查、辨认、调查实验等笔录，视听资料、电子数据。

监察机关是履行国家监察职能的专责机关，依法负责对所有公职人员的职务违法和职务犯罪行为开展调查活动，因此，监察证据也包括两部分，即职务违法证据和职务犯罪证据。在纪委监委合署办公的制度安排下，监察证据属于纪检监察证据的组成部分。纪检监察证据实际上包括违纪证据、职务违法证据和职务犯罪证据。

2021年《监察法实施条例》第68条至第69条对于行政机关在行政执法和查办案件中收集的证据材料、司法机关和侦查机关在刑事诉讼中收集的证据材料进入监察活动并作为监察证据使用的基本要求作出了明确规定：第一，监察机关对行政机关在行政执法和查办案件中收集的物证、书证、视听资料、电子数据，勘验、检查等笔录，以及鉴定意见等证据材料，经审查符合法定要求的，可以作为证据使用。同时，根据法律、行政法规规定行使国家行政管理职权的组织在行政执法和查办案件中收集的证据材料，视为行政机关收集的证据材料。第二，监察机关对人民法院、检察机关、公安机关、国家安全机关等在刑事诉讼中收集的物证、书证、视听资料、电子数据，勘验、检查、辨认、侦查实验等笔录，以及鉴定意见等证据材料，经审查符合法定要求的，可以作为证据使用。另外，监察机关办理职务违法案件，对于人民法院生效刑事判决、裁定和人民检察院不起诉决定采信的证据材料，可以直接作为证据使用。

### （二）监察证据的“事实说”与“材料说”之争

关于何谓监察证据，中共中央纪律检查委员会法规室、中华人民共和国国家监察委员会法规室编写的《〈中华人民共和国监察法〉释义》认为，监察证据，是指以法律规定形式表现出来的，能够证明监察机关所调查事项的真实情况的一切事实。[1] 从这一角度来看，中央纪委国家监委在界定监察证据之含义时，遵循传统的“事实说”立场。不过，中共中央纪律检查委员会法规室、中华人民共和国国家监察委员会法规室在其编写的《〈中国共产党纪律检查机关监督执纪工作规则〉释义》中又指出，“证据是可以证明案件事实的材料”。[2] 可见，中央纪委国家监委在该释义中又采用了“材料说”立场。特别是2021年《监察法实施条例》第59条强调，“可以用于证明案件事实的材料都是证据”，进一步确立监察证据是材料的立场。

根据2018年《监察法》第33条第1款、第2款的规定：“监察机关依照本法规定收集的物证、书证、证人证言、被调查人供述和辩解、视听资料、电子数据等证据材料，在刑事诉讼中可以作为证据使用。监察机关在收集、固定、审查、运用证据时，应当与刑事审判关于证据的要求和标准相一致。”据此可知，监察机关收集的相关证据材料，可以作为刑事证据使用。另外，2018年《刑事诉讼法》第50条第1款规定：“可以用于证明案件事实的材料，都是证据。”由此可见，在刑事诉讼领域，证据应当是“材料”，即我国刑事诉讼法在证据概念方面采取“材料说”立场。实际上，1996年《刑事诉讼法》规定，“证明案件真实情况的一切事实，都是证据”，这意味着当时的证据都应当是真实的。但是，客观而言，“收集来的证据不一定都是真实，也不一定都被司法机关采纳作为定案的根据。‘事实是证据’这一提法在逻辑上和实践中都存在一些问题。”[3] 因此，我国于2012年修改《刑事诉讼

---

〔1〕参见中共中央纪律检查委员会法规室、中华人民共和国国家监察委员会法规室编写：《〈中华人民共和国监察法〉释义》，中国方正出版社2018年版，第123页。

〔2〕参见中共中央纪律检查委员会法规室、中华人民共和国国家监察委员会法规室编写：《〈中国共产党纪律检查机关监督执纪工作规则〉释义》，中国方正出版社2019年版，第166页。

〔3〕参见王爱立、雷建斌主编：《〈中华人民共和国刑事诉讼法〉释解与适用》，人民法院出版社2018年版，第89~90页。

法》时，不再采用“事实说”，而是采用“材料说”。

理解监察证据，尤其是从法法衔接的角度理解监察证据，应当强调证据的材料属性，即坚持监察证据的“材料说”立场，由此凸显监察机关在办理职务犯罪案件工作过程中应当坚持以审判为中心的核心要求。而且，所有能够作为认定构成职务违法、职务犯罪之根据的证据材料，都应当经过查证属实。

## 二、监察证据的主要类型

2018 年《监察法》第 33 条第 1 款规定：“监察机关依照本法规定收集的物证、书证、证人证言、被调查人供述和辩解、视听资料、电子数据等证据材料，在刑事诉讼中可以作为证据使用。”可见，2018 年《监察法》采用不完全列举的方式规定了物证、书证、证人证言、被调查人供述和辩解、视听资料、电子数据等证据类型。2021 年《监察法实施条例》第 59 条规定：“可以用于证明案件事实的材料都是证据，包括：（一）物证；（二）书证；（三）证人证言；（四）被害人陈述；（五）被调查人陈述、供述和辩解；（六）鉴定意见；（七）勘验检查、辨认、调查实验等笔录；（八）视听资料、电子数据。”可见，相较于 2018 年《监察法》的规定，2021 年《监察法实施条例》进一步明确了监察证据的法定类型。

概括而言，结合 2018 年《监察法》、2018 年《刑事诉讼法》、2019 年《监督执纪工作规则》以及 2021 年《监察法实施条例》等国家法律、党内法规，根据监察机关依法享有的调查权限的基本内容，我国的监察证据主要包括以下八种类型：

1. 物证，是指以其外部特征、存在状态、物质属性等证明职务违法犯罪事实的物品和痕迹。相较于其他证据，物证具有较强的客观性、稳定性。

2. 书证，是指以文字、符号、图画等反映思想内容的方式证明职务违法犯罪事实的书面材料或者物品。

3. 证人证言，是指除被调查人、被害人等主体以外了解案件事实的人针对其感知的职务违法犯罪事实向监察机关所作的各种陈述。需要注意的是，证人证言仅限于对案件事实的陈述，而不包括就案件专门性问题提出的意见。对此，2018 年《监察法》第 21 条规定：“在调查过程中，监察机关可以询问证人等人员。”证人只能是自然人，而不能是单位或者其他组织。有研究意见认为：“在监察实践中，常常有单位提供的证据材料，甚至现在有的监察案件必须由法人提供证据材料才能查清案件事实。因此，监察活动中证人应该包括法人。”[1] 对于此类观点，我们认为，监察机关有权依法向有关单位和个人了解情况，收集、调取证据，有关单位和个人应当如实提供，这是从监察机关的法定职权、有关单位和个人的如实提供义务方面所作的规定，而非将有关单位纳入证人范畴。毕竟，提供证据的主体的适格性与作为证人的主体的适格性并非完全一致。

4. 被害人陈述，是指职务违法犯罪案件的被害人就其所知晓的违法犯罪事实向监察机关所作的各种陈述。

5. 被调查人陈述、供述和辩解，是指职务违法犯罪案件的被调查人就其涉嫌的违法犯罪事实向监察机关所作的各种陈述，其内容包含供述、辩解等情形。考虑到纪委监委合署办公的制度安排，纪检监察机关依照党内法规、国家法律可以通过谈话、讯问等调查措施收集被调查人供述和辩解。

6. 鉴定意见，是指监察机关出于查明事实真相的目的而指派、聘请具有专门知识的人运用专业知识与技术，针对专门性问题提出的分析意见。2018 年《监察法》第 27 条规定：“监察机关在调查过程中，对于案件中的专门性问题，可以指派、聘请有专门知识的人进行鉴定。鉴定人进行鉴定后，应当出具鉴定意见，并且签名。”另外，2018 年《监察法》第 25 条第 2 款还规定：“……对价值不明物品应当及时鉴定，专门封存保管。”对于鉴定人出具的意见，监察机关应当依法进行审查，而非直接用作案件审理的结论。

7. 勘验检查、辨认、调查实验等笔录，是指监察机关调查人员在行使勘验检查等有关调查措施过程中制作的各种记录和报告。2018 年《监察法》第 24 条至第 26 条、第 41 条等条文均对此予以规定。实践中，监察机关还可以根据调查活动的需要实施调查实验，即监察机关对于特定职务犯罪案件的行为、现象或者过程等事项，为了查明事实真相所采取的旨在模拟与重现案件事实的调查方式。可见，通过调查实验同样会产生的相应的证据材料，即调查实验笔录。虽然调查实验笔录所呈现的结论从性质上看属于补强性证据，但是通过调查实验，监察机关工作人员能够全面掌握相关证据，形成内心确信，精准了解案情，更好推动调查工作。为此，2021 年《监察法实施条例》首次将调查实验笔录明确为一种监察证据种类，为监察机关应对纪检监察工作新难题提供了新的措施。

8. 视听资料、电子数据，前者是指通过录音、录像、计算机磁盘等记载的音像

---

[1] 参见谢尚果、申君贵主编：《监察法教程》，法律出版社 2019 年版，第 134 页。

信息等方式证明职务违法犯罪事实的材料；后者是指在职务违法犯罪案件发生过程中形成的并且以数字化形式存储、处理和传输的，能够证明违法犯罪事实的各种材料。对此，2018 年《监察法》第 25 条第 1 款规定："监察机关在调查过程中，可以调取、查封、扣押用以证明被调查人涉嫌违法犯罪的财物、文件和电子数据等信息……"

最后，理解监察证据，还需明确以下三方面的内容：

第一，2018 年《监察法》第 33 条第 1 款规定的"在刑事诉讼中可以作为证据使用"，是指监察证据具有进入刑事诉讼领域并成为刑事证据的资格，不需要刑事侦查机关重新履行取证手续，但这些证据资料能否成为定案根据，还需要办案机关根据刑事诉讼法的相关规定予以审查和采信。[1] 可见，该条款仅明确监察证据具有转化为刑事证据的证据资格（或称为证据能力），并不涉及监察证据转化后的证明力问题。

第二，考虑到实务办案情况的复杂性，实践中确实可能存在缺乏鉴定机构对特定的专门性问题进行鉴定的情形，这些难以进行鉴定的专门性问题主要是指包括古董、字画等某些类型的涉案物品的价格认定，以及涉案物品真伪鉴别等。对于上述情形通常并无专门的鉴定机构，监察机关难以指派或者聘请鉴定人并由其出具鉴定意见。为此，根据相关法律规定，监察机关可以指派、聘请具有专门知识的人就案件的专门性问题出具报告。虽然 2022 年《纪检监察机关监督检查审查调查措施使用规定》新增了鉴定措施中常用的价格认证、书画和文物鉴定等方面的内容，但是实际上，根据国家发展和改革委员会于 2015 年 10 月印发的《价格认定规定》（自 2016 年 1 月 1 日起施行）的规定，所谓价格认定，是指经有关国家机关提出，价格认定机构对纪检监察、司法、行政工作中所涉及的，价格不明或者价格有争议的，实行市场调节价的有形产品、无形资产和各类有偿服务进行价格确认的行为。2016 年《价格认定规定》要求，一方面，县级以上各级政府价格主管部门的价格认定机构承担价格认定工作；另一方面，价格认定机构应当对价格认定结论进行内部审核，对重大、疑难的价格认定事项应当进行集体审议。随后，2016 年 4 月，国家发展和改革委员会价格认证中心印发《价格认定行为规范》，进一步规范价格认定行为，统一价格认定程序和方法，保障价格认定客观、公正。通过比较可知，鉴定是由专

---

〔1〕 参见中共中央纪律检查委员会法规室、中华人民共和国国家监察委员会法规室编写：《〈中华人民共和国监察法〉释义》，中国方正出版社 2018 年版，第 168 页。

门鉴定机构及其鉴定人员开展的工作，严格而言，各级政府价格主管部门的价格认定机构并非鉴定机构。因此，从这一角度来看，对涉案财物的价格认定，既不属于鉴定，也不属于检验，即价格认定结论不属于鉴定意见。对于价格认定结论，监察机关应当重点审查价格认定方法是否科学与合理。实际上，在刑事诉讼领域，价格认定书是由有专门知识的人就案件的专门性问题出具的报告。价格认定书不属于鉴定意见，但价格认定书的适用规则与鉴定意见的适用规则具有高度相似性。2021 年《最高人民法院关于适用〈中华人民共和国刑事诉讼法〉的解释》（以下简称 2021 年《最高法解释》）第 100 条对价格认定书的相关规则予以细化规定：（1）因无鉴定机构，或者根据法律、司法解释的规定，指派、聘请有专门知识的人就案件的专门性问题出具的报告，可以作为证据使用；（2）对前款规定的报告的审查与认定，参照适用“鉴定意见的审查与认定”的有关规定；（3）经法院通知，出具报告的人拒不出庭作证的，有关报告不得作为定案的根据。

第三，在职务违法犯罪案件调查、处置过程中，还会出现一些其他文书材料，其中具有典型性的文书材料是有关部门对事故进行调查形成的报告。通常情况下，这些报告不属于鉴定意见、勘验检查笔录或者其他监察证据。对此，司法机关可以参照 2021 年《最高法解释》第 101 条的规定，对于有关部门对事故进行调查形成的报告：（1）该报告在刑事诉讼中可以作为证据使用；（2）报告中涉及专门性问题的意见，经法庭查证属实，且调查程序符合法律、有关规定的，可以作为定案的根据。

## 第二节　监察证据的收集与固定

监察证据的收集与固定，是指监察机关严格依照国家法律、党内法规，遵照法定权限和程序，收集并固定用以证明被调查人和涉案人员构成职务违法、职务犯罪的各种证据材料的制度与规则的总称。考虑到监察机关既调查被调查人的职务违法犯罪案件，又调查职务违法犯罪的涉案人员的相关案件，监察证据的收集、固定、移送与审查制度实际上都会涉及被调查人、涉案人员的违法犯罪证据材料。根据 2018 年《监察法》第 18 条第 1 款的规定：“监察机关行使监督、调查职权，有权依法向有关单位和个人了解情况，收集、调取证据。有关单位和个人应当如实提供。”在此前提下，2021 年《监察法实施条例》第 60 条第 1 款进一步规定：“监察机关认定案件事实应当以证据为根据，全面、客观地收集、固定被调查人有无违法犯罪以及情节轻重的各种证据，形成相互印证、完整稳定的证据链。”

## 一、监察证据的收集

监察证据的收集，是指监察机关依据2018年《监察法》、2019年《监督执纪工作规则》、2021年《监察法实施条例》等党内法规和国家法律，通过使用各种审查调查措施，以收集用于证明职务违法和职务犯罪事实的证据材料的各种活动和流程。监察证据的收集主要包括以下内容：

1. 监察机关收集证据的范围。由于监察调查活动分为监察立案前的调查活动和监察立案后的调查活动，而监察立案前的调查活动主要是指初步核实阶段的相关工作，因此，无论是初步核实中还是监察立案后，监察机关依法收集、调取的有关证据材料，都可以在刑事诉讼中作为证据使用。

2. 监察机关应当严格依照程序收集证据材料。2021年《监察法实施条例》第60条第1款规定：“监察机关认定案件事实应当以证据为根据，全面、客观地收集、固定被调查人有无违法犯罪以及情节轻重的各种证据，形成相互印证、完整稳定的证据链。”“全面”，主要是指监察机关应当从不同的角度去收集所有能够证明案件事实的证据。“客观”，主要是指监察机关在收集证据时应当从案件的实际情况出发，按照证据的本来面目如实收集、如实反映，既不能用主观猜测代替客观事实，也不能偏听偏信、任意取舍，甚至虚构或伪造证据。由此，监察机关在收集完证据之后，应当对收集到的证据进行分析研究、鉴别真伪，找出证据与案件事实之间的客观内在联系，方能真正形成相互印证、完整稳定的证据链。

3. 如果存在以违规违纪违法方式收集证据的情形，监察机关应当追究有关人员的责任。对此，2018年《监察法》第65条规定：“监察机关及其工作人员有下列行为之一的，对负有责任的领导人员和直接责任人员依法给予处理……（四）对被调查人或者涉案人员逼供、诱供，或者侮辱、打骂、虐待、体罚或者变相体罚的；（五）违反规定处置查封、扣押、冻结的财物的；（六）违反规定发生办案安全事故，或者发生安全事故后隐瞒不报、报告失实、处置不当的；（七）违反规定采取留置措施的；（八）违反规定限制他人出境，或者不按规定解除出境限制的；（九）其他滥用职权、玩忽职守、徇私舞弊的行为。”

4. 根据2019年《监督执纪工作规则》、2021年《监察法实施条例》中“初步核实”“审查调查”等章节相关条款的规定，针对不同的监察证据类型，应当明确相应的证据收集标准。例如，对于物证，监察机关在调查取证过程中，应当收集原物原件，逐件清点编号，现场登记，由在场人员签字盖章，原物不便搬运、保存或者取得原件确有困难的，可以将原物封存并拍照录像或者调取原件副本、复印件。又如，对于被调查人供述和辩解，监察机关应当充分听取被审查调查人陈述，保障其饮食、休息，提供医疗服务，确保安全。

5. 建立健全专门的录音录像制度，同时明确对录音录像的定期核查工作。2018年《监察法》第41条第2款规定："调查人员进行讯问以及搜查、查封、扣押等重要取证工作，应当对全过程进行录音录像，留存备查。"在此基础上，2019年《监督执纪工作规则》第48条、第49条、第50条和2021年《监察法实施条例》第56条作出进一步规定：（1）对涉嫌严重违纪或者职务违法、职务犯罪问题的审查调查谈话、搜查、查封、扣押（暂扣、封存）涉案财物等重要取证工作应当对全过程进行录音录像，并妥善保管，及时归档，案件监督管理部门定期核查。录音录像资料应当妥善保管、及时归档，留存备查。（2）对涉嫌严重违纪或者职务违法、职务犯罪问题的审查调查，监督执纪人员未经批准并办理相关手续，不得将被审查调查人或者其他重要的谈话、询问对象带离规定的谈话场所，不得在未配置监控设备的场所进行审查调查谈话或者其他重要的谈话、询问，不得在谈话期间关闭录音录像设备。（3）监督检查、审查调查部门主要负责人、分管领导应当定期检查审查调查期间的录音录像、谈话笔录、涉案财物登记资料，发现问题及时纠正并报告。纪检监察机关相关负责人应当通过调取录音录像等方式，加强对审查调查全过程的监督。

6. 监察机关向有关单位和个人收集、调取证据时，应当告知其必须依法如实提供证据。对于不按要求提供有关材料，泄露相关信息，伪造、隐匿、毁灭证据，提供虚假情况或者阻止他人提供证据的，依法追究法律责任。对于存在拒不配合等情形的，2018年《监察法》第63条规定了相应的惩戒性后果，即有关个人应当承担法律责任——"有关人员违反本法规定，有下列行为之一的，由其所在单位、主管部门、上级机关或者监察机关责令改正，依法给予处理：（一）不按要求提供有关材料，拒绝、阻碍调查措施实施等拒不配合监察机关调查的；（二）提供虚假情况，掩盖事实真相的；（三）串供或者伪造、隐匿、毁灭证据的；（四）阻止他人揭发检举、提供证据的；（五）其他违反本法规定的行为，情节严重的"。

7. 互涉案件证据的收集。根据2018年《监察法》第34条规定的监察机关与检察机关、公安机关办理互涉案件的基本思路，即主要采取"由监察机关为主调查""其他机关予以协助"的方案，如此一来，在监察机关、侦查机关分别对依法属于其管辖的职务犯罪、其他犯罪案件（互涉案件）进行调查、侦查的情形下，还会存在监察机关和侦查机关互相收集、调取证据材料，或者协助收集、调取资料等情形。对于通过上述方式获得的证据材料，办案机关经审查后认为符合 2018 年《监察法》、2018 年《刑事诉讼法》确定的证据标准的，也可以在监察程序中、刑事诉讼中作为证据使用。

8. 关于监察机关商请其他监察机关协助收集证据材料的要求。根据 2021 年《监察法实施条例》第 57 条的规定，第一，监察机关需要商请其他监察机关协助收集证据材料的，应当依法出具《委托调查函》；第二，监察机关商请其他监察机关对采取措施提供一般性协助的，应当依法出具《商请协助采取措施函》；第三，商请协助事项涉及协助地监察机关管辖的监察对象的，应当由协助地监察机关按照所涉人员的管理权限报批；第四，协助地监察机关对于协助请求，应当依法予以协助配合。

## 二、监察证据的固定

监察证据的固定，是指监察机关依法对相关证据材料采取一定措施加以固定并提取的流程与规则。证据固定工作涉及保管、审批、解除与退还等内容。

1. 监察证据的固定工作与监察调查措施类型紧密相关。例如，2018 年《监察法》第 25 条第 1 款规定："监察机关在调查过程中，可以调取、查封、扣押用以证明被调查人涉嫌违法犯罪的财物、文件和电子数据等信息。采取调取、查封、扣押措施，应当收集原物原件，会同持有人或者保管人、见证人，当面逐一拍照、登记、编号，开列清单，由在场人员当场核对、签名，并将清单副本交财物、文件的持有人或者保管人。"

2. 固定监察证据，需要建立健全专门的保管机制。第一，明确保管的专用账户、专门场所和专门人员。第二，根据监察调查活动的推进情况确定具体的保管人员。第三，区分不同的证据材料并健全相应的保管规则，例如，对价值不明物品应当及时鉴定，专门封存保管。

3. 固定监察证据，也需要建立健全特定的审批机制。结合 2019 年《监督执纪工作规则》第 39 条、第 47 条等条文的规定，第一，纪检监察机关相关负责人批准成立审查调查组，确定审查调查谈话方案、外查方案，审批重要信息查询、涉案财物查扣等事项。第二，查封、扣押（暂扣、封存）、冻结、移交涉案财物，应当严格履行审批手续。执行查封、扣押（暂扣、封存）措施，监督执纪人员应当会同原财物持有人或者保管人、见证人，当面逐一拍照、登记、编号，现场填写登记表，由在场人员签名。第三，严格履行交接、调取手续，定期对账核实。严禁私自占有、处置涉案财物及其孳息。

4. 对于无须继续固定的证据材料，监察机关应当予以退还。2018 年《监察法》第 23 条第 2 款、第 25 条第 3 款等条文规定，冻结的财产经查明与案件无关的，应当在查明后 3 日内解除冻结，予以退还；查封、扣押的财物、文件经查明与案件无关的，应当在查明后 3 日内解除查封、扣押，予以退还。

## 第三节 监察证据的移送与审查

监察证据的移送与审查，是指监察机关在审查调查活动期间以及审查调查工作结束后，依照规定将全部证据和程序材料移送审理，其中，对于涉嫌职务犯罪案件，监察机关还须将案卷材料、证据一并移送检察机关依法审查、提起公诉。概括而言，在监察机关调查、审理职务违法犯罪案件领域，监察证据的移送与审查涉及三个方面：第一，在审查调查期间，监察机关审查调查部门对监察证据材料的移送与审查；第二，经过审查调查后，监察机关审查调查部门将证据材料移送案件审理部门，由案件审理部门全面审理案卷材料，提出审理意见；第三，对于构成职务犯罪且需要追究刑事责任的案件，监察机关将监察证据材料移送检察机关依法审查。

可见，由于职务违法犯罪案件处于监察机关的审查调查、审理活动的不同阶段，监察证据的移送与审查亦有差别，而且，监察证据的移送与审查还涉及监察法与刑事诉讼法的衔接适用工作。关于监察证据的移送与审查，2018 年《监察法》的规定较少，2018 年《国家监察委员会与最高人民检察院办理职务犯罪案件工作衔接办法》（以下简称 2018 年《国监委与最高检衔接办法》）、2019 年《监督执纪工作规则》、2021 年《监察法实施条例》以及相关党内法规、监察法规作出了较丰富的规定。

### 一、监察证据的移送

#### （一）审查调查工作结束后的监察证据材料移送

1. 审查调查全过程形成的材料应当案结卷成、事毕归档。

2. 监察机关审查调查组应当集体讨论，形成审查调查报告，列明被审查调查人基本情况、问题线索来源及审查调查依据、审查调查过程，主要违纪或者职务违法、职务犯罪事实，被审查调查人的态度和认识，处理建议及党纪法律依据，并由审查调查组组长以及有关人员签名。同时，对审查调查过程中发现的重要问题和意见建议，审查调查组应当形成专题报告。

3. 监察机关审查调查组应当按照程序将审查调查报告以及忏悔反思材料、违纪或者职务违法、职务犯罪事实材料以及涉案财物报告等，报纪检监察机关主要负责人批准，连同全部证据和程序材料，依照规定移送审理。

4. 对于涉案财物，监察机关经调查，对违法取得的财物，依法予以没收、追缴或者责令退赔，对涉嫌犯罪取得的财物，应当随案移送检察机关。

### （二）移送检察机关审查起诉的职务犯罪案件的监察证据材料移送

1. 被调查人涉嫌职务犯罪的案卷材料应参照刑事诉讼要求装订成卷，并按照犯罪事实分别组卷。一般应包括全部证据、法律手续和文书等材料：①证据材料，包括主体身份材料，被调查人供述和辩解，证人证言，物证，书证，视听资料，电子数据，鉴定意见，勘验、检查、搜查笔录等。②法律手续和文书，包括立案决定书、留置决定书、留置通知书、查封、扣押、限制出境等相关文书。③被调查人到案经过等材料，包括被调查人如何到案，调查部门接触被调查人之前是否掌握其犯罪线索、掌握何种犯罪线索，被调查人是否如实供述犯罪事实、供述何种犯罪事实，被调查人是否有自动投案、检举揭发等从宽处罚情形的说明以及相关证据材料。

2. 报请领导审批的内部审批文件，另行归入违纪违法问题案卷。

3. 对于涉案财物，监察机关经调查，对涉嫌犯罪取得的财物，应当随案移送人民检察院。

4. 在审查起诉期间，检察机关可以根据辩护人的申请，向监察机关调取在调查期间收集的证明被追诉人无罪或者罪轻的证据材料。

### （三）将案件移送有管辖权的国家机关进行管辖时的证据材料移送

无论是监察调查期间还是刑事侦查期间，如果监察机关或者检察机关、公安机关发现其对某一案件并无管辖权，而需依照规定将该案件移送至有管辖权的国家机关进行处理，那么，移送案件的国家机关应当同时办理移送证据材料手续。接收案件的国家机关应当结合案件调查或者侦查情况继续采取相关措施以补充证据资料。

## 二、监察证据的审查

监察机关认定案件事实，应当以证据为根据，全面、客观地收集、固定被调查人有无违法犯罪以及情节轻重的各种证据，形成相互印证、完整稳定的证据链。

### （一）职务违法案件和职务犯罪案件的证据标准

2021 年《监察法实施条例》首次在监察法规中确立了监察机关调查终结的职务违法案件和职务犯罪案件的证据标准。[1]

1. 证据标准的含义

不同于证明标准，证据标准是指证明主体为使所认定的案件事实能达到证明标准，收集、固定、审查和运用证据证明案件事实所应达到的具体程度和要求的总和。[2] 在纪检监察领域，违纪案件、职务违法案件和职务犯罪案件等三类“纪法罪”的证据标准存在差异性。对此，纪检监察机关应当准确把握“纪法罪”的“明确合理可信”“清晰且令人信服”“排除合理怀疑”证据标准，确保依纪监督和依法监察、适用纪律和适用法律全面贯通融合。

2021 年《监察法实施条例》之所以对职务违法案件与职务犯罪案件作出分层次的证据标准的规定，有以下三方面的缘由：其一，在危害性方面，职务犯罪案件的社会危害性明显大于职务违法案件，监察机关办理职务犯罪案件的证据标准要求应当比办理职务违法案件的证据标准要求更高。其二，在调查权限方面，监察机关在办理职务违法案件过程中可以使用的调查手段相对有限，只有在办理职务犯罪案件过程中才能使用讯问、搜查、技术调查等措施。建立差异化的证据标准，有利于规范两类案件调查处理的程序。其三，在对当事人权益影响方面，监察法律责任主要影响公职人员的职业发展权，而刑事责任影响犯罪行为人的生命权、自由权、财产权等。设置过高的职务违法证据标准，既不利于有效开展调查工作，也会导致不当延长调查时间，增加被调查人的利益损害和心理负担。[3]

2. 职务违法案件的证据标准

监察机关调查终结的职务违法案件，应当事实清楚、证据确凿。其中，“证据确凿”是指相关证据材料应当符合下列条件：（1）定性处置的事实都有证据证实；（2）定案证据真实、合法；（3）据以定案的证据之间不存在无法排除的矛盾；

---

〔1〕 参见中央纪委国家监委法规室：《持续深化国家监察体制改革 规范和正确行使国家监察权》，载《中国纪检监察报》2021 年 9 月 23 日，第 5 版。

〔2〕 参见王远伟：《职务违法犯罪案件证据收集需做到“三个围绕”》，载《中国纪检监察报》2021 年 11 月 10 日，第 6 版。

〔3〕 参见李太斌：《如何把握监察法实施条例对职务违法、职务犯罪案件证据标准的细化要求——既要体现差异化也要确保案件质量》，载《中国纪检监察》2022 年第 7 期。

(4) 综合全案证据，所认定事实清晰且令人信服。

3. 职务犯罪案件的证据标准

监察机关调查终结的职务犯罪案件，应当事实清楚，证据确实、充分。其中，“证据确实、充分”是指相关证据材料应当符合下列条件：(1) 定罪量刑的事实都有证据证明；(2) 据以定案的证据均经法定程序查证属实；(3) 综合全案证据，对所认定事实已排除合理怀疑。

### (二) 审查调查工作结束后的监察证据材料审查

1. 监察机关案件审理部门收到审查调查报告后，经审核符合移送条件的，应当予以受理；不符合移送条件的，可以暂缓受理或者不予受理。

2. 案件审理部门应当成立由 2 人以上组成的审理组，全面审理案卷材料，按照事实清楚、证据确凿、定性准确、处理恰当、手续完备、程序合法的要求，提出审理意见。

3. 监察机关案件审理部门根据案件审理情况，可以与被调查人谈话，核对违纪和违法犯罪事实，听取辩解意见，了解有关情况。

4. 职务违法犯罪案件的审理工作坚持集体审议原则，在民主讨论基础上形成处理意见；对争议较大的，监察机关案件审理部门应当及时报告，形成一致意见后再作出决定。案件审理部门根据案件审理情况，应当与被审查调查人谈话，核对违纪或者职务违法、职务犯罪事实，听取辩解意见，了解有关情况。其中，对主要事实不清、证据不足的，经纪检监察机关主要负责人批准，退回监督检查、审查调查部门重新审查调查；需要补充完善证据的，经纪检监察机关相关负责人批准，退回监督检查、审查调查部门补充审查调查。

5. 审理工作结束后应当形成审理报告。审理报告的内容包括被审查调查人基本情况、审查调查简况、违纪违法或者职务犯罪事实、涉案财物处置、监督检查或者审查调查部门意见、审理意见等。在纪委监委合署办公的制度安排下，审理报告通常应当由违纪审理情况以及职务违法犯罪审理情况两部分组成。其中，违纪审理情况部分应当体现党内审查特色，依据 2018 年《纪律处分条例》认定违纪事实性质，分析被审查调查人违反党章、背离党的性质宗旨的错误本质，反映其态度、认识以及思想转变过程。职务违法犯罪审理情况部分，对被调查人涉嫌职务犯罪需要追究刑事责任的，应当形成起诉意见书，作为审理报告附件。

### （三）移送检察机关审查起诉的职务犯罪案件的监察证据材料审查

1. 如若属于监察机关书面商请检察机关提前介入的职务犯罪案件，检察机关应当及时指派检察官带队介入并成立工作小组。检察机关提前介入工作小组应当审核案件材料，对证据标准、事实认定、案件定性及法律适用提出书面意见，对是否需要采取强制措施进行审查。其中，书面意见应当包括提前介入工作的基本情况、审查认定的事实、定性意见、补证意见及需要研究和说明的问题等内容。

2. 检察机关对于监察机关移送起诉的案件，认为需要补充调查的，应当退回监察机关补充调查，必要时，可以自行补充侦查。对此，需要注意以下三点：第一，需要退回补充调查的案件，检察机关应当出具补充调查决定书、补充调查提纲，写明补充调查的事项、理由、调查方向、需补充收集的证据及其证明作用等，连同案卷材料一并送交监察机关。第二，检察机关自行补充侦查的，可以商请监察机关提供协助。第三，检察机关自行补充侦查完毕后，应当将相关证据材料入卷，同时抄送监察机关。

3. 检察机关认为可能存在以非法方法收集证据情形的，可以书面要求监察机关对证据收集的合法性作出说明。说明应当加盖单位公章，并由调查人员签名。

4. 检察机关对监察机关移送的案件进行审查后，在法院作出生效判决之前，认为需要补充提供证据材料的，可以书面要求监察机关提供。特别是在审判过程中，对于需要补充提供法庭审判所必需的证据或者补充侦查的，检察机关应当自行收集证据和补充侦查，必要时可以要求监察机关提供协助，也可以书面要求监察机关补充提供证据。

5. 检察机关对于监察机关移送起诉的案件，发现被追诉人没有犯罪事实，或者符合2018年《刑事诉讼法》第16条规定的情形之一的，经检察长批准，应当作出不起诉决定。其中，对于犯罪事实并非被追诉人所为，需要重新调查的，应当在作出不起诉决定后书面说明理由，将案卷材料退回监察机关并建议重新调查。

6. 辩护人认为在调查期间监察机关收集的证明被告人无罪或者罪轻的证据材料未随案移送，申请法院调取的，应当以书面形式提出，并提供相关线索或者材料。法院接受申请后，应当向检察机关调取。检察机关移送相关证据材料后，法院应当及时通知辩护人。

### （四）监察机关录音录像的移送与审查

监察机关开展讯问、搜查、查封、扣押以及重要的谈话、询问等调查取证工作，应当全程同步录音录像，并保持录音录像资料的完整性。录音录像资料应当妥善保管、及时归档，留存备查。

2018 年《监察法》仅要求“留存备查”而未要求监察机关将录音录像随案移送检察机关，为了保证司法机关依法有效审查监察机关采取相关调查措施收集的证据材料，2018 年《国监委与最高检衔接办法》、2021 年《监察法实施条例》和 2018 年《刑事诉讼法》及其司法解释对录音录像的商请、调取等工作机制作出规范。

1. 对于监察机关移送起诉的案件，检察机关认为需要调取有关录音、录像的，可以商请监察机关调取。

2. 监察机关对于调取讯问录音录像、体检记录等材料的申请，经审查认为申请调取的材料与证明证据收集的合法性有联系的，应当同检察机关沟通协商；认为与证明证据收集的合法性没有联系的，应当决定不予调取。

3. 监察机关应当支持配合检察机关的商请调取工作，经主要负责人审批后，由承办的审查调查部门予以提供。

4. 所有因案件需要接触录音录像的人员，应当对录音录像的内容严格保密。对此，辩护人须签署保密承诺书。

5. 待案件审结后，由于受到“留存备查”条款的限制，商请调取的检察机关应当及时将调取的录音录像退回监察机关。

## 第四节　监察活动中的非法证据排除规则

2018 年《监察法》第 33 条在赋予监察证据以刑事证据资格的同时，又确立了非法证据排除规则。鉴于监察调查与处置活动的特殊性，监察活动中的非法证据排除规则亦有别于刑事诉讼中的非法证据排除规则。

### 一、监察活动中的非法证据排除规则的概念内涵

2018 年《监察法》第 33 条第 3 款规定：“以非法方法收集的证据应当依法予以排除，不得作为案件处置的依据。”该条款明确了监察机关排除非法证据的义务。[1]

〔1〕 参见中共中央纪律检查委员会法规室、中华人民共和国国家监察委员会法规室编写：《〈中华人民共和国监察法〉释义》，中国方正出版社 2018 年版，第 169 页。

同时，该法第 40 条第 2 款进一步规定："严禁以威胁、引诱、欺骗及其他非法方式收集证据，严禁侮辱、打骂、虐待、体罚或者变相体罚被调查人和涉案人员。"上述规定是 2018 年《监察法》针对监察调查和处置领域非法证据排除规则的基础性条款。既然监察机关既有权调查职务违法案件，也有权调查职务犯罪案件，那么，监察活动中的非法证据排除规则不仅适用于职务犯罪案件，还适用于职务违法案件。而且，考虑到监察机关在初步核实阶段会适用调查措施并收集职务违法犯罪案件的证据材料，而这些证据材料与监察立案后的监察机关开展调查工作收集的证据材料具备相同的法律地位，因此，监察机关在初步核实阶段收集的证据也应受到非法证据排除规则的约束。

2019 年《监督执纪工作规则》第 43 条第 2 款、第 46 条第 3 款分别指出，"审查调查应当充分听取被审查调查人陈述，保障其饮食、休息，提供医疗服务，确保安全。严格禁止使用违反党章党规党纪和国家法律的手段，严禁逼供、诱供、侮辱、打骂、虐待、体罚或者变相体罚"，"严禁以威胁、引诱、欺骗以及其他违规违纪违法方式收集证据；严禁隐匿、损毁、篡改、伪造证据"。这表明，在监察机关办理职务违法犯罪案件领域，判断某一监察证据材料是否具有合法性的依据，还包括党内法规。

2018 年《监察法》第 33 条第 3 款、第 40 条第 2 款初步确立了监察活动中的非法证据排除规则。不过，上述条款没有区分实物类证据和言词类证据的排除规则。随后，2021 年《监察法实施条例》第 65 条明确规定了言词证据和实物证据适用不同的排除规则及其标准。

## 二、监察活动中的非法证据排除规则的主要内容

1. 严禁以暴力、威胁、引诱、欺骗以及非法限制人身自由等非法方法收集证据，严禁侮辱、打骂、虐待、体罚或者变相体罚被调查人、涉案人员和证人。

2. 言词类非法证据的排除规则。对于调查人员采用暴力、威胁以及非法限制人身自由等非法方法收集的被调查人供述、证人证言、被害人陈述，应当依法予以排除。

此处所称暴力的方法，是指采用殴打、违法使用戒具等方法或者变相肉刑的恶劣手段，使人遭受难以忍受的痛苦而违背意愿作出供述、证言、陈述；威胁的方法，是指采用暴力或者严重损害本人及其近亲属合法权益等进行威胁的方法，使人遭受难以忍受的痛苦而违背意愿作出供述、证言、陈述。

其中，“非法限制人身自由”行为，不需要达到“使人遭受难以忍受的痛苦而违背意愿”的程度，但必须与相关言词类证据有直接的因果关系。例如，在留置期限届满后继续非法羁押期间制作的被调查人供述，应认定为非法供述予以排除；而被调查人前期在法定留置期间所制作的供述则仍合法有效。

3. 实物类非法证据的排除规则。收集物证、书证不符合法定程序，可能严重影响案件公正处理的，应当予以补正或者作出合理解释；不能补正或者作出合理解释的，对该证据应当予以排除。

4. 监察机关中的有关职能部门承担调查核实和排除非法证据的职责。监察机关的监督检查、调查、案件审理、案件监督管理等部门发现监察人员在办理案件过程中，可能存在以非法方法收集证据情形的，应当依据职责进行调查核实。

对于被调查人控告、举报调查人员采用非法方法收集证据，并提供涉嫌非法取证的人员、时间、地点、方式和内容等材料或者线索的，应当受理并进行审核。根据现有材料无法证明证据收集合法性的，监察机关应当进行调查核实。监察机关接到对下级监察机关调查人员采用非法方法收集证据的控告、举报，可以直接进行调查核实，也可以交由下级监察机关调查核实。交由下级监察机关调查核实的，下级监察机关应当及时将调查结果报告上级监察机关。

由此可见，一方面，非法证据排除程序既可以由监察机关依职权启动，也可以根据被调查人的控告、举报启动；另一方面，在监督、调查和处置过程中，监察机关的职能部门在各自履职过程中均可依规依法排除非法证据，而非仅能在处置阶段排除非法证据。

5. 监察机关经调查核实，确认或者不能排除以非法方法收集证据的，对有关证据依法予以排除，不得作为案件定性处置、移送审查起诉的依据。

监察机关认定调查人员非法取证的，一方面，根据情节轻重，应依法进行谈话提醒、批评教育、责令检查、诫勉，或者给予政务处分；构成犯罪的，依法追究刑事责任。如果因为非法取证导致案件处置出现重大失误的，还应开展一案双查，既追究直接责任，还追究负有责任的领导人员责任；另一方面，另行指派调查人员重新调查取证。如果因为重新调取证据，导致定性改变、涉案金额变更或不足以证明被调查人存在违法犯罪行为的，则应当改变案件定性、涉案金额或撤销案件。

# 第八章　监 察 职 责

监察职责，是指监察机关有权依法对监察事项进行决策的范围及其具体内容。根据监察职责的不同，监察权限可以分为监察监督职责、监察调查职责和监察处置职责。

## 第一节　监察监督职责

### 一、监察监督的内涵

监察监督，是指监察机关及其派驻或派出的监察机构、监察专员代表党和国家，依照宪法、监察法和其他有关法律法规，对公职人员开展廉政教育，对其依法履职、秉公用权、廉洁从政从业以及道德操守情况进行监督检查的活动。在2018年《监察法》第11条第1项的基础上，2021年《监察法实施条例》第15条进一步作出规定。此外，2021年，中央纪委国家监委制定《中央纪委国家监委关于进一步加强纪律监督、监察监督、派驻监督、巡视监督统筹衔接的意见》，推动“四项监督”在决策部署指挥、资源力量整合、措施手段运用上更加协同，构建起上下贯通、左右衔接、内外联动的“一盘棋”监督格局。

正确理解监察监督的内涵需要把握以下要点：第一，监督职责是纪检监察机关的基本职责。在纪委监委合署办公的制度安排下，2021年《纪委工作条例》第31条指出，纪检监察机关坚持把监督作为基本职责，抓早抓小、防微杜渐，综合考虑错误性质、情节后果、主观态度等因素，依规依纪依法、精准有效运用监督执纪“四种形态”。第二，监察监督的主体不仅包括监察委员会，还包括监察委员会派驻或者派出的监察机构、监察专员。第三，监察监督与纪委监督是对应的。纪检机关的监督和监察机关的监督在指导思想、基本原则上是一致的，目的都是惩前毖后、治病救人、抓早抓小、防微杜渐，因此，党内监督的内容、方式和要求也可以适用于国家监察的监督。[1] 第四，监察机关开展监察监督，应当与纪律监督、派驻监督、巡视监督统筹衔接，与人大监督、民主监督、行政监督、司法监督、审计监督、财会监督、统计监督、群众监督和舆论监督等贯通协调，健全信息、资源、成果共享等机制，形成监督合力。

## 二、监察监督的特点

### （一）政治性

监督是纪检监察机关的首要职责、基本职责。其中，监察监督首要的是政治监督。这是贯彻党对监察工作全面领导原则的具体体现。2018 年《监察法》、2021 年《监察法实施条例》均予以强调。监察机关应当坚决维护宪法确立的国家指导思想，加强对公职人员特别是领导人员坚持党的领导、坚持中国特色社会主义制度，贯彻落实党和国家路线方针政策、重大决策部署，履行从严管理监督职责，依法行使公权力等情况的监督。

### （二）事前性

监察监督具有事前性，重在预防。监察机关对尚未实施职务违法犯罪行为的公职人员进行监督，及时发现和查处公职人员存在的苗头性问题，运用监督执纪“四种形态”，把权力运行的规矩立好，把制度的笼子扎牢。

### （三）针对性

监察机关开展监察监督工作应当坚持围绕大局，贴近民生，突出重点，有的放矢，管好关键人、管到关键处、管住关键事、管在关键时。2021 年《纪委工作条例》指出，政治监督应当突出“关键少数”，重点加强对“一把手”、同级党委特别是常委会委员的监督。简言之，监察机关开展监察监督工作应当盯紧“关键少数”，及时纠正领导干部的行为偏差；应当盯紧关键环节，重点监督“三重一大”——重大事项决策、重要干部任免、重要项目安排、大额资金使用；应当盯紧关键节点，在春节、中秋、元旦等重要节日到来之前，开展廉政提醒工作。

---

〔1〕参见中共中央纪律检查委员会法规室、中华人民共和国国家监察委员会法规室编写：《〈中华人民共和国监察法〉释义》，中国方正出版社 2018 年版，第 90～91 页。

### （四）常态性

监察监督工作是一项长期且持续的工作。监察机关开展监察监督工作，应当久久为功、持续发力；建立常态化监督长效机制，将监察监督工作落实到公权力运行的各个环节；及时发现并处理公职人员在行使公权力过程中存在的问题，增强监督实效。

## 三、监察监督的主要内容

2018 年《监察法》第 11 条规定，监察委员会依法对公职人员开展廉政教育，对其依法履职、秉公用权、廉洁从政从业以及道德操守情况进行监督检查。

### （一）廉政教育

廉政教育是全面从严治党一项基础性工作，属于一体推进不敢腐、不能腐、不想腐的重要一环。习近平总书记在第十九届中央纪律检查委员会第四次全体会议上强调，要深刻把握党风廉政建设规律，一体推进不敢腐、不能腐、不想腐，加强理想信念教育，提高党性觉悟，夯实不忘初心、牢记使命的思想根基。

### （二）公职人员依法履职情况

依法履职是对公职人员的底线要求。依法履职要求公职人员在法律规定的框架内行使公权力、履行公职，不得越权，也不得懒政。监察机关主要从以下三个方面对公职人员行使公权力、履行公职的行为进行监督。

1. 获得职权的合法性。在我国，国家的一切权力属于人民。党和人民赋予公职人员所在的机关、组织以公权力，而这些公权力由公职人员具体行使。公职人员所在的机关、组织取得公权力的方式主要有三种：（1）根据法律规定，机关、组织等在成立时即取得公权力。（2）由法律、法规、规章等特别授予机关、组织以公权力。（3）机关、组织等因受委托而行使公权力。

2. 履职主体的合法性。公职人员必须在其职责范围内行使公权力，坚持“法定职责必须为、法无授权不可为”，不得越权行使不应由其行使的公权力，不得越权履行不应由其履行的公职。

3. 履职行为的合法性。公职人员应当依照宪法和法律规定的原则、权限、程序等行使公权力、履行公职，不得任意妄为，也不得懒政、怠政。

### （三）公职人员秉公用权情况

1. 公职人员能否做到用权为公。公职人员应当始终牢记手里的公权力是人民赋予的，是姓“公”而非姓“私”的，是用来为人民谋福利的。因此，公职人员应当树立用权为公的理念，坚持“权为民所用”。

2. 公职人员能否做到公正用权。公道正派是公职人员应当具备的基本素质。公职人员在行使公权力时，应摒弃个人主观喜恶，客观公正地处理事务，坚持原则、主持正义。

### （四）公职人员廉洁从政从业情况

1. 对于属于中共党员的公职人员，监督其是否遵守2015年中共中央印发的《中国共产党廉洁自律准则》关于“四个必须”“八条规范”的有关规定以及其他法律法规的有关规定。

2. 公职人员在廉洁自律的同时，是否也能约束好家属，以良好的家训、家规、家风引导家人走正道行正事。

### （五）公职人员的道德操守情况

公职人员的道德操守，是指公职人员应当具备的与其身份相适应的品德，包括个人品德、职业道德、家庭美德、社会公德等。

1. 公职人员应当坚持正确的政治立场，牢固树立“四个意识”、捍卫“两个确立”、践行“两个维护”、牢记“国之大者”，忠于中国共产党、忠于国家、忠于人民。

2. 公职人员应当保持良好的个人修养，正心修身，勇于担当，勤政爱民。

3. 公职人员应当发挥模范带头作用，明辨是非善恶，服从大局，艰苦奋斗，传播正能量。

## 四、监察监督的主要类型

### （一）廉政教育

监察机关可以通过加强廉政普法、开展廉政活动、推进廉洁文化建设等方式，对公职人员进行廉政教育。2021年《监察法实施条例》第16条规定：“监察机关应当加强对公职人员理想教育、为人民服务教育、宪法法律法规教育、优秀传统文化教育，弘扬社会主义核心价值观，深入开展警示教育，教育引导公职人员树立正确的权力观、责任观、利益观，保持为民务实清廉本色。”

1. 廉政普法

监察机关可以与审判机关、检察机关、执法部门等单位合作，开展公职人员廉政普法活动，引导公职人员正确树立“法纪”意识，深入学习贯彻习近平法治思想，提高公职人员运用法治思维和法治方式的能力，营造风清气正的良好廉政法治环境。同时，监察机关可以邀请办案人员根据自身侦办职务违法犯罪案件的经验，向公职人员讲解常见职务违法犯罪的情形、法律规定及法律后果，结合真实案例警示公职人员常怀对法律的敬畏之情，常怀律己之心。

2. 廉政活动

监察机关可以与公职人员所在单位合作，联合开展多种形式的廉政活动。（1）组织公职人员参观廉政警示教育基地；（2）定期开设廉政教育主题党课；（3）组织廉政生活会，帮助公职人员做好批评与自我批评；（4）开展“以案促改”通报活动，通报公职人员违纪、职务违法犯罪被严惩的典型案例，发挥反面案例的警示作用；（5）定期进行廉政知识大学习和大测试；（6）拍摄廉政教育微视频、微电影、纪录片等，利用新媒体开展廉政教育。实践中，纪检监察机关高度重视加强廉政教育基地建设，有助于强化不敢腐的震慑、扎牢不能腐的笼子、增强不想腐的自觉。

3. 廉洁文化建设

党的十八大以来，反腐败斗争取得压倒性胜利并全面巩固，“不敢腐”的目标初步实现，“不能腐”的笼子日益扎牢，进一步要以廉洁文化建设作为抓手，迈向“不想腐”。廉洁行为靠廉洁文化引领。加强新时代廉洁文化建设是一项系统工程。2022 年，中共中央办公厅印发的《关于加强新时代廉洁文化建设的意见》以新时代党风廉政建设取得的巨大成就为底色，明确了廉洁文化的组成内容，包括“用革命文化淬炼公而忘私、甘于奉献的高尚品格”“用社会主义先进文化培育为政清廉、秉公用权的文化土壤”“用中华优秀传统文化涵养克己奉公、清廉自守的精神境界”等方面，并且强调必须把加强廉洁文化建设作为一体推进不敢腐、不能腐、不想腐的基础性工程抓紧抓实抓好，为推进全面从严治党向纵深发展提供重要支撑。

### （二）日常监督

结合 2018 年《监察法》、2021 年《监察法实施条例》、2021 年《纪委工作条例》的规定，纪检监察机关加强日常监督的主要方式包括：收集群众反映、座谈走访，召集、参加或者列席会议，了解党内同志和社会群众反映；查阅查询相关资料和信息数据；现场调查，驻点监督；督促巡视巡察整改；谈心谈话，听取工作汇报，听取述责述廉；建立健全党员领导干部廉政档案，开展党风廉政意见回复；开展监督检查等工作。其中，值得关注的是，2021 年《纪委工作条例》将党风廉政意见回复作为日常监督的方式之一，以此强调该项工作方式的重要性。

此外，2022 年《纪检监察机关派驻机构工作规则》第 32 条还对纪检监察机关派驻机构开展日常监督的方式作出概括规定，此类方式主要包括：（1）参加会议。参加或者列席驻在单位领导班子会议等重要会议，了解学习贯彻党中央决策部署以及上级党组织决定情况和班子成员的意见态度，“三重一大”决策制度执行情况，按照规定向派出机关报告。（2）谈心谈话。同党员、干部和群众广泛谈心谈话，听取对监督对象的反映，发现监督对象存在苗头性、倾向性问题的，进行谈话提醒、批评教育。（3）听取汇报。听取驻在单位党组（党委）管理的领导班子及其成员履行管党治党责任情况的汇报，发现责任落实不到位的，进行提醒纠正。（4）查阅资料。按照规定查阅、复制驻在单位有关文件、资料、数据等材料，了解核实有关情况。（5）沟通情况。加强与驻在单位机关党委、党委办公室和组织人事、巡视巡察、法规法务、财务审计等部门的沟通，及时发现和通报问题。（6）分析研判。分析信访举报、党风廉政等情况，对典型性、普遍性问题向驻在单位提出意见建议。（7）廉政把关。建立健全、动态更新驻在单位党组（党委）管理的领导干部廉政档案，严把党风廉政意见回复关。（8）实地调查。开展驻点调研、现场核查，精准发现驻在单位存在的突出问题。（9）其他开展日常监督的方式。

### （三）专项监督

专项监督对应专项工作、专项治理，是纪检监察机关在日常监督的基础上，以重拳出击方式开展监督检查工作的重要举措。通常而言，专项监督具有针对性更强、综合施策更多、监督力度更大、监督效果更明显等特点。对此，2021 年《纪委工作条例》第 34 条第 2 款指出，纪检监察机关应当“开展专项监督，针对落实党中央决策部署中的突出问题，行业性、系统性、区域性的管党治党重点问题，形式主义、官僚主义、享乐主义和奢靡之风问题，群众反映强烈、损害群众利益的突出问题加强监督检查。必要时，可以组织、参加或者督促开展集中整治、专项治理”。

## 第二节　监察调查职责

### 一、监察调查的内涵

监察调查是监察机关的法定职责之一。根据2018年《监察法》第11条第2款规定，监察机关负责对涉嫌贪污贿赂、滥用职权、玩忽职守、权力寻租、利益输送、徇私舞弊以及浪费国家资财等职务违法和职务犯罪进行调查。

监察调查，是指监察机关为收集职务违法和职务犯罪的证据材料、查明违法犯罪事实而采取一系列措施的行为与过程。为了将监察调查与刑事侦查区分开，2018年《刑事诉讼法》第108条专门将“侦查”的概念调整表述为“‘侦查’是指公安机关、人民检察院对于刑事案件，依照法律进行的收集证据、查明案情的工作和有关的强制性措施”，改变了原法律条文中将刑事侦查界定为“专门调查工作”的表述方式。

监察调查的实施主体是监察机关。监察机关开展监察调查活动的对象，既包括涉嫌职务违法犯罪案件的公职人员，也包括不属于公职人员的涉案人员。

结合2021年《监察法实施条例》第23条、第24条的规定，理解监察机关的调查职责，还需要关注以下两个方面：其一，监察机关负责调查的职务违法行为主要是指公职人员实施的与其职务相关联虽不构成犯罪但依法应当承担法律责任的违法行为，此类违法行为涵盖利用职权实施的违法行为，利用职务上的影响实施的违法行为，履行职责不力、失职失责的违法行为，其他违反与公职人员职务相关的特定义务的违法行为。其二，监察机关既有权调查职务违法犯罪案件，也有权调查非职务违法犯罪案件。监察机关发现公职人员存在法定的若干违法行为的，也有权依法进行调查、处置。此类“违法行为”主要包括：超过行政违法追究时效，或者超过犯罪追诉时效、未追究刑事责任，但需要依法给予政务处分的违法行为；被追究行政法律责任，需要依法给予政务处分的违法行为；监察机关调查职务违法或者职务犯罪时，对被调查人实施的事实简单、清楚，需要依法给予政务处分的其他违法行为一并查核的违法行为。此外，监察机关发现公职人员成为监察对象前有上述三种违法行为，也可以依照有关规定进行调查。

## 二、监察调查的主要内容

2018年《监察法》具体列举了监察调查的主要内容，即涉嫌贪污贿赂、滥用职权、玩忽职守、权力寻租、利益输送、徇私舞弊以及浪费国家资财等职务违法和职务犯罪行为。尽管上述职务违法犯罪行为并非直接与《刑法》规定的罪名或者有关法律法规规定的违法行为一一对应，但上述职务违法犯罪行为的实质是一致的，即这些行为都侵害了公权力行使的廉洁性。[1]

### （一）贪污贿赂

贪污贿赂是较常见的职务违法犯罪行为之一。贪污贿赂，通常是指贪污、挪用、私分公共财物以及行贿受贿等破坏公权力行使廉洁性的行为。被调查人的贪污贿赂行为主要包括贪污、挪用、私分、行贿、受贿等内容。

2021年《监察法实施条例》第26条将“贪污贿赂犯罪”明确限定为19个罪名，相关罪名集中体现在2021年《刑法》第382条、第384条、第385条等条款。例如，《刑法》第382条规定，国家工作人员利用职务上的便利，侵吞、窃取、骗取或者以其他手段非法占有公共财物的，是贪污罪。

### （二）滥用职权

滥用职权，通常是指超越职权，违法决定、处理其无权决定、处理的事项，或者违反规定处理公务，致使公共财产、国家和人民利益遭受损失的行为。实践中，滥用职权的违法犯罪行为表现形式多样。

2021年《监察法实施条例》第27条列举了18个滥用职权犯罪的罪名，相关罪名集中体现在2021年《刑法》第168条、第397条、第403条等条款。例如，《刑法》第168条第1款规定：“国有公司、企业的工作人员，由于严重不负责任或者滥用职权，造成国有公司、企业破产或者严重损失，致使国家利益遭受重大损失的，处三年以下有期徒刑或者拘役；致使国家利益遭受特别重大损失的，处三年以上七年以下有期徒刑。”

---

〔1〕 参见中共中央纪律检查委员会法规室、中华人民共和国国家监察委员会法规室编写：《〈中华人民共和国监察法〉释义》，中国方正出版社2018年版，第92页。

### （三）玩忽职守

玩忽职守，通常是指公职人员严重不负责任，不履行或者不认真、不正确履行职责，致使公共财产、国家和人民利益遭受损失的行为。2021 年《监察法实施条例》第 28 条将“玩忽职守犯罪”限定为 11 个罪名，相关罪名集中体现在 2021 年《刑法》第 168 条、第 397 条等条款。例如，《刑法》第 397 条第 1 款规定：“国家机关工作人员滥用职权或者玩忽职守，致使公共财产、国家和人民利益遭受重大损失的，处三年以下有期徒刑或者拘役；情节特别严重的，处三年以上七年以下有期徒刑。本法另有规定的，依照规定。”

需要指出的是，应当充分认识玩忽职守罪与玩忽职守违法行为的异同之处。首先，二者在实质上是一致的，即均属于侵害公权力廉洁性的行为，应当受到处罚。其次，由于 2021 年《刑法》和相关法律法规的规定有别，玩忽职守罪的行为主体是国家机关工作人员，而玩忽职守违法行为的行为主体是公职人员，可见，玩忽职守违法行为的主体范围更加广泛。最后，玩忽职守罪要求犯罪行为致使公共财产、国家和人民利益遭受重大损失，但玩忽职守违法行为并不要求造成严重后果。

### （四）权力寻租

权力寻租，通常是指公职人员利用公权力，违反或者规避法律法规，谋取或者维护私利的行为。根据 2018 年《管辖规定（试行）》第 18 条第 1 款的规定，公职人员在行使公权力的过程中，违反职务廉洁等规定进行权力寻租，构成犯罪的，适用受贿罪、行贿罪、为亲友非法牟利罪等规定。

### （五）利益输送

利益输送，通常是指公职人员利用职权或者职务影响，以违反或者规避法律法规的手段，将公共财产等利益不正当授受给有关组织、个人的行为。2018 年《管辖规定（试行）》第 18 条第 1 款规定，公职人员在行使公权力的过程中，为谋取政治、经济等方面的特定利益进行利益输送，构成犯罪的，适用受贿罪、行贿罪、为亲友非法牟利罪等规定。

### （六）徇私舞弊

徇私舞弊，通常是指公职人员为了私利而用欺骗、包庇等方式从事违法犯罪的行为。

2021 年《监察法实施条例》第 29 条将“徇私舞弊犯罪”限定为 15 个罪名，相关罪名集中体现在 2021 年《刑法》第 165 条、第 166 条、第 169 条等条款。例如，《刑法》第 165 条规定：“国有公司、企业的董事、经理利用职务便利，自己经营或者为他人经营与其所任职公司、企业同类的营业，获取非法利益，数额巨大的，处三年以下有期徒刑或者拘役，并处或者单处罚金；数额特别巨大的，处三年以上七年以下有期徒刑，并处罚金。”

### （七）浪费国家资财

浪费国家资财，通常是指公职人员违反规定，挥霍公款、铺张浪费的行为。公职人员违反科学决策、民主决策、依法决策程序，违反财经制度，浪费国家资财构成犯罪的，适用贪污罪、徇私舞弊低价折股出售国有资产罪等规定。

### （八）司法工作人员渎职侵权犯罪

2018 年最高人民检察院印发《关于人民检察院立案侦查司法工作人员相关职务犯罪案件若干问题的规定》，明确了检察机关有权管辖的 14 个关于司法工作人员职务犯罪的罪名。在此背景下，2021 年《监察法实施条例》第 52 条规定，监察机关必要时可以依法调查司法工作人员利用职权实施的涉嫌非法拘禁、刑讯逼供、非法搜查等侵犯公民权利、损害司法公正的犯罪。可见，结合上述规定，监察机关在必要时有权管辖司法工作人员实施的上述 14 个罪名。相关罪名集中体现在 2021 年修订后的《刑法》第 399 条、第 400 条、第 401 条等条款。例如，《刑法》第 400 条第 1 款规定：“司法工作人员私放在押的犯罪嫌疑人、被告人或者罪犯的，处五年以下有期徒刑或者拘役；情节严重的，处五年以上十年以下有期徒刑；情节特别严重的，处十年以上有期徒刑。”

## 三、监察调查的调查措施

调查措施，是指在对涉嫌贪污贿赂、滥用职权、玩忽职守、权力寻租、利益输送、徇私舞弊以及浪费国家资财等职务违法和职务犯罪案件进行调查的过程中，为保证监察活动的顺利进行，监察机关有权对被核查人、被审查调查人以及涉案人员等采取的一系列调查手段和方式。

为保障监察机关能够及时全面地依法收集、调取证据以有效地履行调查职责，

2018 年《监察法》规定了监察机关进行监察调查的 15 项措施，它们分别是第 19 条“谈话”、第 20 条“讯问”、第 21 条“询问”、第 22 条“留置”、第 23 条“查询、冻结”、第 24 条“搜查”、第 25 条“调取、查封、扣押”、第 26 条“勘验检查”、第 27 条“鉴定”、第 28 条“技术调查”、第 29 条“通缉”、第 30 条“限制出境”。[1]

为了理解上述调查措施，根据 2018 年《监察法》、2021 年《监察法实施条例》等国家法律以及 2019 年《监督执纪工作规则》等党内法规的规定，需要注意以下三个方面的内容，即一个“8 + 7”、两个“12 + 3”。(1) 关于一个“8 + 7”，即由于监察机关的调查活动分为初步核实阶段和立案审查调查阶段，那么，在初步核实阶段，监察机关可以采取的措施有 8 项，分别是谈话、询问、查询、调取、勘验检查、鉴定、技术调查和限制出境。待监察立案后进入审查调查阶段，监察机关可以在前述 8 项措施的基础上另外采取 7 项措施，分别是讯问、留置、冻结、搜查、查封、扣押、通缉。监察机关只有在立案以后才能采取前述 7 项措施，不得在初步核实阶段采取这些措施。此外，设区的市级以下监察机关在初步核实中还不得采取技术调查措施。(2) 关于两个“12 + 3”。①第一个“12 + 3”，即有鉴于监察机关依法对职务违法和职务犯罪行为进行调查，根据调查案件的性质不同，监察机关在调查职务违法案件过程中，可以采取的措施有 12 项，分别是谈话、询问、查询、调取、勘验检查、鉴定、限制出境、留置、冻结、查封、扣押、通缉，这表明监察机关在调查职务犯罪案件过程中除了采取上述 12 项措施以外，还可以采取讯问、搜查、技术调查等 3 项措施。②关于第二个“12 + 3”，即监察机关有权自行采取并执行的措施有 12 项，分别是谈话、询问、查询、调取、勘验检查、鉴定、讯问、搜查、留置、冻结、查封、扣押，同时，监察机关需要依法采取并按照规定交有关机关执行的措施有 3 项，分别是技术调查、通缉、限制出境。

### （一）谈话

谈话措施，是指监察机关对涉嫌职务违法的监察对象，按照管理权限，可以直接或者委托有关机关、人员进行谈话，要求其如实说明情况或者作出陈述的调查活动。谈话措施可以适用于问题线索处置、初步核实和立案调查等工作中。具体而言，

---

[1] 另外，关于纪委有权采取的措施，2021 年《纪委工作条例》第 36 条第 4 款规定：“纪律审查工作应当依规依纪采取谈话、查询、调取、暂扣、封存、勘验检查、鉴定等措施，以及通过要求相关组织作出说明等方式，收集证据，查明事实，处置违纪所得。”

应当从以下八个方面理解谈话措施。

1. 谈话主体

谈话主体，即谈话人员，2018 年《监察法》、2019 年《监督执纪工作规则》和 2021 年《监察法实施条例》规定了两类谈话人员：（1）监察机关办案人员，即监察机关相关负责人或者承办部门主要负责人。而且，谈话时可以由被谈话人所在机关、组织、企业等单位党委（党组）或者纪委（纪检组）主要负责人陪同。（2）监察机关委托的有关机关、人员，即监察机关委托被谈话人所在单位党委（党组）的主要负责人。委托谈话的，受委托人应当在收到委托函后的 15 个工作日以内进行谈话。谈话结束后及时形成谈话情况材料报送监察机关，必要时附被谈话人的书面说明。

谈话应当个别进行，同时，负责谈话的人员不得少于 2 人。

2. 谈话对象

谈话对象，即被谈话人员，其范围与 2018 年《监察法》第 15 条所规定的监察对象相一致。

3. 谈话要件

谈话要件，即监察机关采取谈话措施的前提条件，是指监察对象可能实施职务违法行为。其中，“可能”的判断标准主要是指监察对象存在有相关问题线索反映或者职务违法方面的苗头性、倾向性问题等情况。

4. 谈话程序

2019 年《监督执纪工作规则》第 27 条规定，监察机关采取谈话措施需要履行相关报批程序，即应当拟订谈话方案和相关工作预案并按程序报批：（1）谈话方案一般包括以下内容，即谈话核实的问题线索，谈话对象、谈话人员及记录人，谈话的时间、地点、配合单位和人员、注意事项等；（2）工作预案一般包括以下内容，即安全、医疗、保密等突发情况的预案，以便有效处理突发情况，避免发生不良后果。

2021 年《监察法实施条例》第 71 条、第 73 条至第 74 条规定，由于调查活动的不同阶段，监察机关在开展谈话工作过程中应当注意以下事项：（1）对一般性问题线索的处置，可以采取谈话方式进行，对监察对象给予警示、批评、教育。谈话应当在工作地点等场所进行，明确告知谈话事项，注重谈清问题、取得教育效果。（2）在初步核实阶段，监察机关开展初步核实工作，一般不与被核查人接触；确有需要与被核查人谈话的，应当按规定报批。（3）对涉嫌职务违法的被调查人立案后，监察机关可以依法进行谈话。调查人员与被调查人首次谈话时，应当出示《被调查人权利义务告知书》，由其签名、捺指印。被调查人拒绝签名、捺指印的，调查人员应当在文书上记明。对于被调查人未被限制人身自由的，调查人员应当在首次谈话时出具《谈话通知书》。与涉嫌严重职务违法的被调查人进行谈话的，调查人员应当全程同步录音录像，并告知被调查人。告知情况应当在录音录像中予以反映，并在笔录中记明。

5. 谈话地点

监察机关应当保证谈话安全。监察机关在谈话前，需要全面了解谈话对象情况，综合评估安全风险，特别是应当在具备安全保障条件的场所进行谈话。对此，2021年《监察法实施条例》第71条、第75条、第76条根据对一般性问题线索的处置，以及监察立案后被调查人是否被采取留置措施或者被采取刑事强制措施，分别对谈话地点作出规定：（1）对一般性问题线索的处置，谈话应当在工作地点等场所进行。（2）立案后，调查人员与未被限制人身自由的被调查人谈话的，应当在具备安全保障条件的场所进行。调查人员按规定通知被调查人所在单位派员或者被调查人家属陪同被调查人到指定场所的，应当与陪同人员办理交接手续，填写《陪送交接单》。（3）调查人员与被留置的被调查人谈话的，按照法定程序在留置场所进行。（4）与在押的犯罪嫌疑人、被告人谈话的，应当持以监察机关名义出具的介绍信、工作证件，商请有关案件主管机关依法协助办理。（5）与在看守所、监狱服刑的人员谈话的，应当持以监察机关名义出具的介绍信、工作证件办理。

6. 谈话时间

2021年《监察法实施条例》第77条规定，监察机关调查人员与被调查人进行谈话，应当合理安排时间、控制时长，保证其饮食和必要的休息时间。

7. 谈话笔录

监察机关直接进行谈话时应当制作谈话笔录。另外，委托谈话的，受委托党组织可以制作工作记录。

2021年《监察法实施条例》第78条规定：（1）谈话笔录应当在谈话现场制作。笔录应当详细具体，如实反映谈话情况。（2）笔录制作完成后，应当交给被调查人核对。被调查人没有阅读能力的，应当向其宣读。（3）笔录记载有遗漏或者差错的，应当补充或者更正，由被调查人在补充或者更正处捺指印。被调查人核对无误后，应当在笔录中逐页签名、捺指印。被调查人拒绝签名、捺指印的，调查人员应当在笔录中记明。调查人员也应当在笔录中签名。

8. 谈话结果

2019 年《监督执纪工作规则》第 30 条规定，监察机关的承办部门应当在谈话结束或者收到函询回复后 1 个月内写出情况报告和处置意见，按程序报批。根据不同情形作出相应处理：（1）反映不实，或者没有证据证明存在问题的，予以采信了结，并向被函询人发函反馈。（2）问题轻微，不需要追究纪律责任的，采取谈话提醒、批评教育、责令检查、诫勉谈话等方式处理。（3）反映问题比较具体，但被反映人予以否认且否认理由不充分具体的，或者说明存在明显问题的，一般应当再次谈话或者函询；发现被反映人涉嫌违纪或者职务违法、职务犯罪问题需要追究纪律和法律责任的，应当提出初步核实的建议。（4）对诬告陷害者，依规依纪依法予以查处。

必要时，监察机关可以对被反映人谈话函询的说明情况进行抽查核实。此外，监察机关应当将谈话函询材料存入廉政档案。

### （二）讯问

讯问，是指监察机关通过直接提问或者由被调查人回答的方式，为取得印证被调查人有关职务犯罪事实的供述和辩解及其他证据材料而进行的调查活动。2018 年《监察法》第 20 条第 2 款规定，监察机关可以对涉嫌贪污贿赂、失职渎职等职务犯罪的被调查人进行讯问，要求其如实供述涉嫌犯罪的情况。具体而言，应当从以下七个方面理解讯问措施。

1. 讯问主体

调查中的讯问主体是监察机关的监察人员。应当强调的是，讯问主体不得将讯问权委托给其他机关、个人。这是讯问措施不同于谈话措施的重要方面。

讯问应当个别进行，调查人员不得少于 2 人。

2. 讯问对象

讯问对象是已经被依法决定监察立案的涉嫌职务犯罪的被调查人。

对涉嫌共同违法犯罪的被调查人，监察机关应当分别单独讯问，防止串供或者相互影响。

3. 讯问条件

只有在被调查人涉嫌贪污贿赂、失职渎职等职务犯罪并且经监察机关立案之后，监察机关才有权依法采取讯问措施。

4. 讯问时全程录音录像

讯问被调查人是重要的调查取证活动，对此，监察机关应当对讯问全过程进行录音录像。而且，为了保证被调查人的知情权，讯问时，调查人员应当告知被讯问人将进行全程同步录音录像。告知情况应当在录音录像中予以反映，并在笔录中记明。

5. 讯问时间

监察机关讯问被留置人员应当合理安排讯问时间和时长。讯问笔录由被讯问人阅看后签名。

6. 首次讯问的告知要求

首次讯问时，应当向被讯问人出示《被调查人权利义务告知书》，由其签名、捺指印。

被讯问人拒绝签名、捺指印的，调查人员应当在文书上记明。

被讯问人未被限制人身自由的，应当在首次讯问时向其出具《讯问通知书》。

7. 讯问方式及其顺序

（1）核实被讯问人的基本情况，包括姓名、曾用名、出生年月日、户籍地、身份证件号码、民族、职业、政治面貌、文化程度、工作单位及职务、住所、家庭情况、社会经历，是否属于党代表大会代表、人大代表、政协委员，是否受到过党纪政务处分，是否受到过刑事处罚等；

（2）告知被讯问人如实供述自己罪行可以依法从宽处理和认罪认罚的法律规定；

（3）讯问被讯问人是否有犯罪行为，让其陈述有罪的事实或者无罪的辩解，应当允许其连贯陈述。

调查人员的提问应当与调查的案件相关。被讯问人对调查人员的提问应当如实回答。调查人员对被讯问人的辩解，应当如实记录，认真查核。

### （三）询问

询问是指监察机关按规定报批后，依法对证人、被害人等人员进行的，了解核实有关问题或者案件情况的调查活动。具体而言，应当从以下七个方面理解询问措施。

1. 询问对象

监察机关采取询问措施的对象主要是证人、被害人、鉴定人以及重要涉案人员等人员。

2. 询问地点

证人未被限制人身自由的，可以在其工作地点、住所或者其提出的地点进行询问，也可以通知其到指定地点接受询问。到证人提出的地点或者调查人员指定的地点进行询问的，应当在笔录中记明。

此外，调查人员认为有必要或者证人提出需要由所在单位派员或者其家属陪同到询问地点的，应当办理交接手续并填写《陪送交接单》。其中，指定地点既可以是监察机关的办案场所，也可以是其他的临时谈话场所。

3. 询问要求

询问应当个别进行。负责询问的调查人员不得少于2人。

询问时，监察机关应当核实证人、被害人的身份，问明证人、被害人的基本情况，告知证人、被害人应当如实提供证据、证言，以及作伪证或者隐匿证据应当承担的法律责任。

4. 首次询问时的文书

监察机关在首次询问时，应当向证人出示《证人权利义务告知书》，由其签名、捺指印。证人拒绝签名、捺指印的，调查人员应当在文书上记明。证人未被限制人身自由的，监察机关应当在首次询问时向其出具《询问通知书》。

5. 询问过程全程同步录音录像

监察机关询问重大或者有社会影响案件的重要证人、被害人，应当对询问过程全程同步录音录像，并告知证人、被害人。告知情况应当在录音录像中予以反映，并在笔录中记明。

6. 监察机关可以依申请或者依职权采取必要的保护措施

证人、鉴定人、被害人因作证，本人或者近亲属人身安全面临危险，向监察机关请求保护的，监察机关应当受理并及时进行审查；对于确实存在人身安全危险的，监察机关应当采取必要的保护措施。监察机关发现存在上述情形的，应当主动采取保护措施。

监察机关可以采取下列一项或者多项保护措施：（1）不公开真实姓名、住址和工作单位等个人信息；（2）禁止特定的人员接触证人、鉴定人、被害人及其近亲属；（3）对人身和住宅采取专门性保护措施；（4）其他必要的保护措施。

监察机关采取保护措施需要协助的，可以提请公安机关等有关单位和要求有关个人依法予以协助。

7. 询问未成年人、聋哑人的特定要求

监察机关询问未成年人，应当通知其法定代理人到场。无法通知或者法定代理人不能到场的，应当通知未成年人的其他成年亲属或者所在学校、居住地基层组织的代表等有关人员到场。询问结束后，由法定代理人或者有关人员在笔录中签名。调查人员应当将到场情况记录在案。

监察机关询问聋、哑人，应当有通晓聋、哑手势的人员参加。调查人员应当在笔录中记明证人的聋、哑情况，以及翻译人员的姓名、工作单位和职业。询问不通晓当地通用语言、文字的证人，应当有翻译人员。询问结束后，由翻译人员在笔录中签名。

### （四）留置

2018 年《监察法》第 22 条赋予监察机关依法采取留置措施的权力。留置措施，是指监察机关调查涉嫌贪污贿赂、失职渎职等严重职务违法或者职务犯罪时，已经掌握被调查人部分违法犯罪事实及证据，仍有重要问题需要进一步调查，并且具备法定情形，经依法审批后，将被调查人带至并留在特定场所，使其就案件所涉及的问题配合调查而进行的调查活动。留置是一种依法剥夺人身自由的调查措施，其目的是保障监察活动尤其是审查调查工作的顺利进行。对此，2018 年《监察法》第 43 条、第 44 条以及 2021 年《监察法实施条例》第 92 条至第 103 条进一步规定了留置措施的程序要求。具体而言，应当从以下 11 个方面理解留置措施。

1. 留置措施的决定机关与审批或者备案程序

留置措施由监察机关依法决定、审批、实施。采取留置措施时，调查人员不得少于 2 人，应当向被留置人员宣布《留置决定书》，告知被留置人员权利义务，要求其在《留置决定书》上签名、捺指印。被留置人员拒绝签名、捺指印的，调查人员应当在文书上记明。

监察机关采取留置措施的，应当由监察机关领导人员集体研究决定。设区的市级以下监察机关采取留置措施，应当报上一级监察机关批准。省级监察机关采取留置措施，应当报国家监察委员会备案。

2. 公安机关协助采取留置措施

监察机关采取留置措施，可以根据工作需要提请公安机关配合，对此，公安机关应当依法予以协助。

县级以上监察机关需要提请公安机关协助采取留置措施的，应当按规定报批，请同级公安机关依法予以协助。提请协助时，监察机关应当出具《提请协助采取留置措施函》，列明提请协助的具体事项和建议，协助采取措施的时间、地点等内容，附《留置决定书》复印件。

因保密需要，不适合在采取留置措施前向公安机关告知留置对象姓名的，监察机关可以作出说明，进行保密处理。此外，监察机关需要提请异地公安机关协助采取留置措施的，应当按规定报批，向协作地同级监察机关出具协作函件和相关文书，由协作地监察机关提请当地公安机关依法予以协助。

实践中，监察机关对被调查人采取留置措施，将其带至留置场所，可能需要公安机关配合执行，以防止相关单位或个人的阻挠，保障留置措施的顺利采取。而且，监察机关将被调查人留置在特定场所后，也可能需要公安机关派人进行看护，以保证被留置人员的安全，保障留置期间讯问等相关调查工作的顺利进行。

3. 留置措施的适用对象

留置对象，又称被留置人员，分为两种：（1）一般留置对象，即符合留置要件的涉嫌贪污贿赂、失职渎职等严重职务违法或者职务犯罪的被调查人；（2）其他留置对象，符合留置要件的涉嫌行贿犯罪或者共同职务犯罪的涉案人员。可见，被留置人员的范围并不完全等同于监察对象的范围。

此外，2021 年《监察法实施条例》第 96 条规定了对下列人员不得采取留置措施：（1）患有严重疾病、生活不能自理的；（2）怀孕或者正在哺乳自己婴儿的妇女；（3）系生活不能自理的人的唯一扶养人。上述情形消除后，根据调查需要可以对相关人员采取留置措施。

4. 留置措施的适用条件

根据 2018 年《监察法》第 22 条的规定，监察机关采取留置措施，应当保证该案件同时满足以下三个条件：（1）涉案要件。留置措施只适用于被调查人涉嫌贪污贿赂、失职渎职等严重职务违法或者职务犯罪的案件。（2）证据要件。监察机关采取留置措施应当已经掌握部分违法犯罪事实及证据，且仍有重要问题需要进一步调查。（3）情形要件。监察机关拟留置的被调查人应当至少具备下列法定情形之一：①涉及案情重大、复杂的；②可能逃跑、自杀的；③可能串供或者伪造、隐匿、毁灭证据的；④可能有其他妨碍调查行为的。此外，对于仅有违纪行为或者未行使公权力而实施的违法犯罪行为，监察机关一般不得适用留置措施。

在 2018 年《监察法》第 22 条的基础上，2021 年《监察法实施条例》第 92 条至第 95 条进一步细化了相关规定：

“严重职务违法”是指根据监察机关已经掌握的事实及证据，被调查人涉嫌的职务违法行为情节严重，可能被给予撤职以上政务处分。

“重要问题”是指对被调查人涉嫌的职务违法或者职务犯罪，在定性处置、定罪量刑等方面有重要影响的事实、情节及证据。

“已经掌握其部分违法犯罪事实及证据”是指同时具备下列情形：（1）有证据证明发生了违法犯罪事实；（2）有证据证明该违法犯罪事实是被调查人实施；（3）证明被调查人实施违法犯罪行为的证据已经查证属实。此外，部分违法犯罪事实，既可以是单一违法犯罪行为的事实，也可以是数个违法犯罪行为中任何一个违法犯罪行为的事实。

“可能逃跑、自杀”是指具有下列情形之一的：（1）着手准备自杀、自残或者逃跑的；（2）曾经有自杀、自残或者逃跑行为的；（3）有自杀、自残或者逃跑意图的；（4）其他可能逃跑、自杀的情形。

“可能串供或者伪造、隐匿、毁灭证据”是指具有下列情形之一的：（1）曾经或者企图串供，伪造、隐匿、毁灭、转移证据的；（2）曾经或者企图威逼、恐吓、利诱、收买证人，干扰证人作证的；（3）有同案人或者与被调查人存在密切关联违法犯罪的涉案人员在逃，重要证据尚未收集完成的；（4）其他可能串供或者伪造、隐匿、毁灭证据的情形。

“可能有其他妨碍调查行为”是指具有下列情形之一的：（1）可能继续实施违法犯罪行为的；（2）有危害国家安全、公共安全等现实危险的；（3）可能对举报人、控告人、被害人、证人、鉴定人等相关人员实施打击报复的；（4）无正当理由拒不到案，严重影响调查的；（5）其他可能妨碍调查的行为。

5. 留置场所

2018 年《监察法》第 22 条第 3 款规定：“留置场所的设置、管理和监督依照国家有关规定执行。”随后，2021 年《监察法实施条例》第 103 条第 1 款规定：“留置场所应当建立健全保密、消防、医疗、餐饮及安保等安全工作责任制，制定紧急突发事件处置预案，采取安全防范措施。”

目前，关于留置场所设置的相关规范尚未明确。实践中，留置场所的设置方式主要包括：（1）把纪检监察机关原办案点特别是原“两规”场所作为留置场所，并对其进行升级改造；（2）对公安机关管理的看守所部分设施进行改造，建设留置专区；（3）建立全新的留置场所；（4）在党风廉政教育中心设置留置专区，等等。

关于留置场所的法律地位的讨论，主要涉及留置场所是否属于监管机构。一方面，留置是剥夺被留置人员的人身自由的调查措施，留置场所的设置、管理和监督依照国家有关规定执行。另一方面，根据《监狱法》《禁毒法》《看守所条例》及有关法律法规的规定，监管机构主要包括监狱、看守所、拘留所等。可见，从现有规定来看，留置场所尚不宜被归入监管机构范畴。

6. 留置期间的权利保障

在留置期间，监察机关应当保障留置对象的饮食、休息和安全，尊重其人格和民族习俗，对患有疾病或者身体不适的，应当及时提供医疗服务。监察机关讯问被留置人，应当合理安排讯问时间和时长。一般情况下，监察机关应当尽量将讯问时间安排在白天或者0时之前。而且，监察机关的讯问时间也不得持续过长。这既是保障被留置人的合法权益，也有利于保证调查工作的顺利进行。

7. 留置期限及其延长

留置时间不得超过3个月，自向被留置人员宣布之日起算。

2018年《监察法》第43条规定，在特殊情况下，可以延长一次留置期限，延长时间不得超过3个月。其中，对于何谓“特殊情况”，2021年《监察法实施条例》第101条规定，具有下列情形之一的，经审批可以延长一次，延长时间不得超过3个月：（1）案情重大，严重危害国家利益或者公共利益的；（2）案情复杂，涉案人员多、金额巨大，涉及范围广的；（3）重要证据尚未收集完成，或者重要涉案人员尚未到案，导致违法犯罪的主要事实仍须继续调查的；（4）其他需要延长留置时间的情形。

为了保证被留置人员的合法权益，对于需要延长留置时间的，监察机关应当依法在留置期满前的当日或者前一日，向被留置人员宣布延长留置时间的决定。监察机关应当要求被留置人员在《延长留置时间决定书》上签名、捺指印。被留置人员拒绝签名、捺指印的，调查人员应当在文书上记明。

省级以下监察机关采取留置措施的，延长留置时间应当报上一级监察机关批准。

8. 留置措施的解除

在留置期间，监察机关发现采取留置措施不当的，应当及时解除。对此，2021年《监察法实施条例》第102条作出细化规定：第一，调查人员应当向被留置人员宣布解除留置措施的决定，由其在《解除留置决定书》上签名、捺指印。被留置人员拒绝签名、捺指印的，调查人员应当在文书上记明。第二，解除留置措施的，调查人员应当及时通知被留置人员所在单位或者家属。调查人员应当与交接人办理交接手续，并由其在《解除留置通知书》上签名。无法通知或者有关人员拒绝签名的，调查人员应当在文书上记明。第三，案件依法移送检察机关审查起诉的，留置措施自犯罪嫌疑人被执行拘留时自动解除，不再办理解除法律手续。在此基础上，2022年《纪检监察机关监督检查审查调查措施使用规定》增加了关于撤销留置措施的适用情形和审批程序的规定，不断提高纪检监察工作规范化、法治化、正规化水平。

9. 留置措施的刑期折抵

根据2018年《监察法》第44条第3款的规定，被留置人员涉嫌犯罪移送司法机关后，被依法判处管制、拘役和有期徒刑的，留置1日折抵管制2日，折抵拘役、有期徒刑1日。

10. 留置措施的通知

根据2018年《监察法》和2021年《监察法实施条例》的相关规定，监察机关对被调查人采取留置措施后，原则上应当在24小时以内，通知被留置人员的所在单位和家属，当面通知的，由有关人员在《留置通知书》上签名。无法当面通知的，监察机关可以先以电话等方式通知，并通过邮寄、转交等方式送达《留置通知书》，要求有关人员在《留置通知书》上签名。不过，因可能毁灭、伪造证据，干扰证人作证或者串供等有碍调查情形而不宜通知的，监察机关应当按规定报批，记录在案。有碍调查的情形消失后，监察机关应当立即通知被留置人员所在单位和家属。

通知被留置人员所在单位是监察机关依法应当承担的职责义务。这表明无论被留置人员所在单位是公职单位、私企单位还是其他单位，监察机关均应当向该单位送达书面通知。而且，2021年《监察法实施条例》新增了监察机关在延长留置时通知留置对象家属、解除留置时通知其所在单位或者家属的工作要求，进一步强化保障被留置人员的家属的知情权。

11. 其他规定

留置期间发生被留置人员死亡、伤残、脱逃等办案安全事故、事件的，监察机关应当及时做好处置工作。监察机关有关部门调查人员应当立即将相关情况向监察机关主要负责人报告。监察机关应当在24小时以内逐级上报至国家监察委员会。

### （五）查询、冻结

为了确保监察机关有序有效地收集、保全财产性证据，防止证据流失或者被隐匿，确保后续顺利依法处置违法犯罪所得，2018年《监察法》赋予监察机关依法采取查询、冻结措施的权力。查询、冻结措施是指监察机关调查严重职务违法或者职务犯罪，根据工作需要，按规定报批后，可以依法对涉案单位和个人的存款、汇款、债券、股票、基金份额等财产进行的调查活动。对此，有关单位和个人应当依法给予配合协助。具体而言，应当从以下七个方面理解查询、冻结措施。

1. 查询、冻结的有权主体

监察机关是有权采取查询、冻结措施的国家机关。查询、冻结财产时，调查人员不得少于2人。

调查人员可以根据需要对查询结果进行打印、抄录、复制、拍照，要求相关单位在有关材料上加盖证明印章。对查询结果有疑问的，可以要求相关单位进行书面解释并加盖印章。

监察机关对查询信息应当加强管理，规范信息交接、调阅、使用程序和手续，防止滥用和泄露。调查人员不得查询与案件调查工作无关的信息。

2. 查询、冻结的相关文书

监察机关的调查人员应当出具《协助查询财产通知书》或者《协助冻结财产通知书》，送交银行或者其他金融机构、邮政部门等单位执行。有关单位和个人应当予以配合，并严格保密。

监察机关查询财产，应当在《协助查询财产通知书》中填写查询账号、查询内容等信息。没有具体账号的，应当填写足以确定账户或者权利人的自然人姓名、身份证件号码或者企业法人名称、统一社会信用代码等信息。

监察机关冻结财产，应当在《协助冻结财产通知书》中填写冻结账户名称、冻结账号、冻结数额、冻结期限起止时间等信息。冻结数额应当具体、明确，暂时无法确定具体数额的，应当在《协助冻结财产通知书》上明确写明"只收不付"。冻结证券和交易结算资金时，应当明确冻结的范围是否及于孳息。

监察机关冻结财产，应当通知权利人或者其法定代理人、委托代理人，要求其在《冻结财产告知书》上签名。冻结股票、债券、基金份额等财产，应当告知权利人或者其法定代理人、委托代理人有权申请出售。

应当注意的是，监察机关冻结财产，应当为被调查人及其所扶养的亲属保留必需的生活费用。

3. 查询、冻结对象

查询、冻结对象是单位和个人的存款、汇款、债券、股票、基金份额等财产。监察机关应当全面客观地进行查询、冻结，既要收集、冻结能够证明被调查人有（无）违法犯罪行为的书证、物证，也要收集、冻结能够证明被调查人法律责任重（轻）的书证、物证。

4. 查询、冻结措施的适用条件

监察机关采取查询、冻结措施应当满足两个条件，即涉案条件和必要性条件：

（1）涉案条件，是指查询、冻结措施仅适用于监察机关正在调查的严重职务违法或者职务犯罪的案件；（2）必要性条件，是指监察机关采取查询、冻结措施，必须“根据工作需要”，即涉案单位和个人为达到伪造、隐匿、毁灭证据的目的，存在可能提取、转移财产以及其他情形，不采取查询、冻结措施不足以防止这些情形的发生。

5. 冻结财产的期限

冻结财产的期限不得超过6个月。冻结期限到期未办理续冻手续的，冻结自动解除。

有特殊原因需要延长冻结期限的，监察机关应当在到期前按原程序报批，办理续冻手续。每次续冻期限不得超过6个月。

6. 对已被冻结财产的轮候冻结、续行冻结

在轮候冻结方面，对于已被冻结的财产，监察机关、司法机关、执法部门可以轮候冻结，但不得重复冻结。轮候冻结的，监察机关应当要求有关银行或者其他金融机构等单位在解除冻结或者作出处理前予以通知。

在续行冻结方面，监察机关接受司法机关、其他监察机关等国家机关移送的涉案财物后，该国家机关采取的冻结期限届满，监察机关续行冻结的顺位与该国家机关冻结的顺位相同。

7. 对于冻结的财产的核查与解除

对于冻结的财产，监察机关应当及时核查。

经查明与案件无关的，监察机关经审批，应当在查明后3日以内将《解除冻结财产通知书》送交有关单位执行。其中，“与案件无关”是指冻结的财产既不是违法犯罪所得，又不是能证明被调查人有（无）违法犯罪行为或者违法犯罪行为重（轻）的证据。

监察机关应当将解除情况告知被冻结财产的权利人或者其法定代理人、委托代理人。

### （六）搜查

2018年《监察法》赋予监察机关搜查权，同时规范了相应的搜查程序，以确保搜查严格依法进行，防止搜查权被滥用。搜查措施，是指监察机关在调查职务犯罪案件过程中，为了收集犯罪证据、查获被调查人，按规定报批后，可以依法对涉嫌职务犯罪的被调查人以及可能隐藏被调查人或者犯罪证据的人的身体、物品、住处

和其他有关地方采取的调查活动。具体而言，应当从以下六个方面理解搜查措施。

1. 搜查主体

监察机关有权依法实施搜查。监察机关的调查人员主持搜查活动。参与搜查的调查人员不得少于2人。其中，搜查女性的身体，由女性工作人员进行。

搜查人员应当服从指挥、文明执法，不得擅自变更搜查对象和扩大搜查范围。对于搜查的具体时间、方法，搜查人员在实施前应当严格保密。

根据工作需要，监察机关可以商请公安机关或者有关单位协助进行，公安机关或者有关单位应当予以配合。

2. 搜查范围

搜查范围是人身、物品和场所，具体包括：（1）涉嫌职务犯罪的被调查人的身体、物品和住处；（2）可能隐藏被调查人或者犯罪证据的人的身体、物品、住处；（3）其他被调查人可能藏身或者隐匿犯罪证据的地方。

3. 搜查要件

监察机关采取搜查措施应当满足两个要件：（1）涉案要件，即搜查措施只能适用于职务犯罪案件；（2）目的要件，即监察机关进行搜查的目的只能收集犯罪证据、查获涉嫌职务犯罪的被调查人。

4. 搜查的程序要求

（1）搜查时，监察机关应当依法出示搜查证。搜查证应当载明被搜查人的有关信息、搜查的目的、搜查机关、执行人员以及搜查日期等内容。但是当遇到紧急情况时，监察机关可以先实施搜查，然后按照规定及时补办相关审批手续。

（2）搜查时，应当有被搜查人或者其家属、其所在单位工作人员或者其他见证人在场。需要注意的是，见证人应当是与案件不存在利害关系的第三人，因此，监察人员不得作为见证人，此外，如若监察机关商请公安机关协助采取搜查措施的，那么，参与协助搜查工作的警察也不宜成为见证人。调查人员应当向被搜查人或者其家属、见证人出示《搜查证》，要求其签名。被搜查人或者其家属不在场，或者拒绝签名的，调查人员应当在文书上记明。

（3）监察机关应当按照搜查顺序，如实记录搜查情况，制作《搜查笔录》。《搜查笔录》应当载明搜查的时间、地点、过程，发现的证据等有关犯罪的线索等内容。搜查笔录由调查人员和被搜查人或者被搜查人亲属、其他见证人签名或者盖章。被搜查人在逃，其亲属拒不到场，或者拒绝签名、盖章的，调查人员应当在笔录中注明。

(4) 对于查获的重要书证、物证、视听资料、电子数据及其放置、存储地点，监察机关应当拍照，并且《搜查笔录》中对有关情况作出文字说明。

(5) 对搜查取证工作，监察机关应当全程同步录音录像。

(6) 搜查时，监察机关应当避免未成年人或者其他不适宜在搜查现场的人在场。

5. 监察机关需要提请公安机关依法协助采取搜查措施

县级以上监察机关需要提请公安机关依法协助采取搜查措施的，应当按规定报批，请同级公安机关予以协助。提请协助时，监察机关应当出具《提请协助采取搜查措施函》，列明提请协助的具体事项和建议，搜查时间、地点、目的等内容，附《搜查证》复印件。

需要提请异地公安机关协助采取搜查措施的，监察机关应当按规定报批，向协作地同级监察机关出具协作函件和相关文书，由协作地监察机关提请当地公安机关予以协助。

6. 阻碍搜查的法律责任

搜查时，监察机关的调查人员应当要求在场人员予以配合，不得进行阻碍。对以暴力、威胁等方法阻碍搜查的，调查人员应当依法制止。对阻碍搜查构成违法犯罪的，监察机关或者有关机关依法追究行为人的法律责任。

### (七) 调取

调取措施，是指监察机关按规定报批后，可以依法向有关单位和个人调取用以证明职务违法犯罪案件事实的证据材料的调查活动。具体而言，应当从以下五个方面理解调取措施。

1. 监察机关采取调取措施的文书规定

调取证据材料时，调查人员不得少于2人。

调查人员应当依法出具《调取证据通知书》，必要时附《调取证据清单》。

有关单位和个人配合监察机关调取证据，应当严格保密。

2. 调取原物、原件的基本要求

监察机关调取物证，应当调取原物。原物不便搬运、保存，或者依法应当返还，或者因保密工作需要不能调取原物的，监察机关可以将原物封存，并拍照、录像。对原物拍照或者录像时，应当足以反映原物的外形、内容。

监察机关调取书证、视听资料，应当调取原件。取得原件确有困难或者因保密工作需要不能调取原件的，监察机关可以调取副本或者复制件。

监察机关调取物证的照片、录像和书证、视听资料的副本、复制件的，应当书面记明不能调取原物、原件的原因，原物、原件存放地点，制作过程，是否与原物、原件相符，并由调查人员和物证、书证、视听资料原持有人签名或者盖章。持有人无法签名、盖章或者拒绝签名、盖章的，监察机关应当在笔录中记明，由见证人签名。

3. 调取外文材料

监察机关调取外文材料并将其作为证据使用的，应当交由具有资质的机构和人员出具中文译本。中文译本应当加盖翻译机构公章。

4. 收集、提取电子数据

监察机关收集、提取电子数据，能够扣押原始存储介质的，应当予以扣押、封存并在笔录中记录封存状态。无法扣押原始存储介质的，监察机关可以提取电子数据，但应当在笔录中记明不能扣押的原因、原始存储介质的存放地点或者电子数据的来源等情况。

由于客观原因无法或者不宜采取前款规定方式收集、提取电子数据的，监察机关可以采取打印、拍照或者录像等方式固定相关证据，并在笔录中说明原因。

收集、提取的电子数据，足以保证完整性，无删除、修改、增加等情形的，可以作为证据使用。

监察机关收集、提取电子数据，应当制作笔录，记录案由、对象、内容，收集、提取电子数据的时间、地点、方法、过程，并附电子数据清单，注明类别、文件格式、完整性校验值等，由调查人员、电子数据持有人（提供人）签名或者盖章；电子数据持有人（提供人）无法签名或者拒绝签名的，应当在笔录中记明，由见证人签名或者盖章。有条件的，应当对相关活动进行录像。

5. 退还调取的原件

对于调取的物证、书证、视听资料等原件，监察机关查明与案件无关的，经审批，应当在查明后 3 日以内退还，并办理交接手续。

### （八）查封、扣押

查封、扣押措施，是指监察机关在调查过程中，按规定报批后，可以依法针对用以证明被调查人涉嫌违法犯罪以及情节轻重的财物、文件、电子数据等证据材料，以及被调查人到案时随身携带的物品、被调查人或者其他相关人员主动上交的财物和文件进行的调查活动。具体而言，应当从以下九个方面理解查封、扣押措施。

1. 查封、扣押的有权机关

查封、扣押时，监察机关的调查人员不得少于 2 人。持有人拒绝交出应当查封、扣押的财物和文件的，监察机关可以依法强制查封、扣押。

监察机关查封、扣押财物，应当为被调查人及其所扶养的亲属保留必需的生活费用和物品。

2. 查封、扣押的适用范围

查封、扣押措施的适用范围是用以证明被调查人涉嫌职务违法犯罪的财物、文件和电子数据等证据材料，即指能够证明被调查人有（无）违法犯罪行为、违法犯罪行为重（轻）的物证、书证、视听资料及电子数据信息等证据材料。其中，财物是指可作为证据使用的财产和物品，包括动产和不动产。

值得注意的是，被调取、查封、扣押的财物、文件和电子数据等信息应当是调查过程中发现的，并且必须与监察机关调查的职务违法犯罪行为有关联，即能够或者有可能证明该违法犯罪行为的真实情况。

3. 查封、扣押的文书规定

查封、扣押时，监察机关应当出具《查封/扣押通知书》。其中，监察机关查封、扣押不动产和置于该不动产上不宜移动的设施、家具和其他相关财物，以及车辆、船舶、航空器和大型机械、设备等财物，应当将《查封/扣押通知书》送达不动产、生产设备或者车辆、船舶、航空器等财物的登记、管理部门，告知其在查封期间禁止办理抵押、转让、出售等权属关系变更、转移登记手续。

调查人员对于查封、扣押的财物和文件，应当会同在场见证人和被查封、扣押财物持有人进行清点核对，开列《查封/扣押财物、文件清单》，由调查人员、见证人和持有人签名或者盖章。持有人不在场或者拒绝签名、盖章的，调查人员应当在清单上记明。

4. 查封、扣押证据材料的启封与重新密封

对于需要启封的财物和文件，应当由 2 名以上调查人员共同办理。重新密封时，由 2 名以上调查人员在密封材料上签名、记明时间。

5. 对查封、扣押证据材料的保管和管理

监察机关查封、扣押涉案财物，应当按规定将涉案财物详细信息、《查封/扣押财物、文件清单》录入并上传监察机关涉案财物信息管理系统。

对于涉案款项，监察机关应当在采取措施后 15 日以内存入监察机关指定的专用

账户。

对于涉案物品，监察机关应当在采取措施后30日以内移交涉案财物保管部门保管。

因特殊原因不能按时存入专用账户或者移交保管的，监察机关调查人员应当按规定报批，可以由承办部门自行保管，但也应该符合各项保管要求，同时，将保管情况录入涉案财物信息管理系统，在原因消除后及时存入或者移交。

6. 监察机关调查人员对涉案财物的调用制度

2021年《监察法实施条例》首次规定了监察机关调查人员对涉案财物的调用制度。该制度是相对于2019年《监督执纪工作规则》第47条第3款关于涉案财物的调取而言的，不过，调用的概念与功能显然要比调取的内容更加丰富。2021年《监察法实施条例》第131条规定："对于已移交涉案财物保管部门保管的涉案财物，根据调查工作需要，经审批可以临时调用，并应当确保完好。调用结束后，应当及时归还。调用和归还时，调查人员、保管人员应当当面清点查验。保管部门应当对调用和归还情况进行登记，全程录像并上传涉案财物信息管理系统。"可见，调查人员可以临时调用的法定情形是"根据调查工作需要"，同时，为了避免因不当调用产生的风险，2021年《监察法实施条例》健全了相应的内部规范管理规则，包括及时归还、当面清点查验、进行登记与全程录像并上传系统等方面。

7. 涉案财物移送的续行查封、扣押

监察机关接受司法机关、其他监察机关等国家机关移送的涉案财物后，该国家机关采取的查封、扣押期限届满，监察机关续行查封、扣押的顺位与该国家机关查封、扣押的顺位相同。

8. 解除查封、扣押

对查封、扣押的财物和文件，监察机关应当及时进行核查。监察机关经过调查核实，查明被查封、扣押的财物、文件与案件无关的，经审批，应当在查明后3日以内解除查封、扣押，予以退还。

监察机关解除查封、扣押的，应当向有关单位、原持有人或者近亲属送达《解除查封/扣押通知书》，附《解除查封/扣押财物、文件清单》，要求其签名或者盖章。

9. 对监察对象及相关人员在立案调查之前主动上交的涉案财物的处理

由于2018年《监察法》规定监察机关只能在监察立案后采取查封、扣押措施，那么，如何处理监察对象及相关人员在立案调查之前主动上交的涉案财物？对此，

2021 年《监察法实施条例》第 135 条予以明确规定：第一，在立案调查之前，对监察对象及相关人员主动上交的涉案财物，监察机关经审批可以接收。第二，应当由 2 名以上监察机关调查人员接收此类涉案财物，而且，调查人员会同涉案财物持有人和见证人进行清点核对，当场填写《主动上交财物登记表》。调查人员、持有人和见证人应当在登记表上签名或者盖章。第三，对于主动上交的财物，监察机关应当根据立案及调查情况及时决定是否依法查封、扣押。

### （九）勘验检查

2018 年《监察法》赋予监察机关可以依法采取勘验检查措施的权力。勘验检查措施，是指监察机关在调查职务违法犯罪案件的过程中，按规定报批后，可以依法直接或者指派、聘请具有专门知识、资格的人员在调查人员主持下，对与违法犯罪有关的场所、物品、人身、尸体、电子数据等进行的调查活动。具体而言，应当从以下九个方面理解勘验检查措施。

1. 勘验检查的对象

监察机关实施勘验检查的对象是与违法犯罪有关的场所、物品、人身、尸体、电子数据等。

2. 勘验检查的实施主体

勘验检查的实施主体分为两种：（1）监察机关的调查人员。调查人员直接实施勘验检查时，邀请与案件无关的见证人在场。实践中，监察机关应当根据案件的性质和重要程度，指派相应级别的调查人员主持指挥勘验检查活动。监察机关应当将勘验检查情况制作笔录，并由参加勘验检查人员和见证人在笔录上签名。（2）被监察机关指派或者聘请的具有专门知识的人。为了保证勘验检查结果的准确性和可靠性，必要时，监察机关可以指派或者聘请具有专门知识的人实施勘验检查。

3. 勘验检查的方式

勘验检查的具体方式包括现场勘验，物证、书证检验，人身检查，辨认，调查实验等。

4. 勘验检查的文书规定

对于依法需要勘验检查的，监察机关应当制作《勘验检查证》。

对于需要委托勘验检查的，监察机关应当出具《委托勘验检查书》，送具有专门知识、勘验检查资格的单位（人员）办理。

5. 对勘验检查的全程同步录音录像

勘验检查现场、拆封电子数据存储介质应当全程同步录音录像。

进行调查实验，应当全程同步录音录像，制作调查实验笔录，由参加实验的人签名。

6. 勘验检查中的人身检查

为了确定被调查人或者相关人员的某些特征、伤害情况或者生理状态，监察机关可以依法对其人身进行检查。必要时，监察机关可以聘请法医或者医师进行人身检查。

检查女性身体，应当由女性工作人员或者医师进行。

被调查人拒绝检查的，可以依法强制检查。人身检查不得采用损害被检查人生命、健康或者贬低其名誉、人格的方法。对人身检查过程中知悉的个人隐私，应当严格保密。

对人身检查的情况应当制作笔录，由参加检查的调查人员、检查人员、被检查人员和见证人签名。被检查人员拒绝签名的，调查人员应当在笔录中记明。

7. 勘验检查中的调查实验

调查实验，是指监察机关针对特定的职务违法犯罪案件的行为、现象或者过程等事项，出于查明事实真相的目的，经审批后采取的旨在模拟与重现的调查方式。

监察机关进行调查实验，应当制作调查实验笔录，由参加实验的人签名。

监察机关进行调查实验，禁止一切足以造成危险、侮辱人格的行为。

8. 勘验检查中的辨认

调查人员在必要时，可以依法让被害人、证人和被调查人对与违法犯罪有关的物品、文件、尸体或者场所进行辨认，也可以让被害人、证人对被调查人进行辨认，或者让被调查人对涉案人员进行辨认。

辨认工作应当由 2 名以上调查人员主持进行。辨认人员时，被辨认的人数不得少于 7 人，照片不得少于 10 张。组织辨认物品时一般应当辨认实物。辨认物品时，同类物品不得少于 5 件，照片不得少于 5 张。

辨认人不愿公开进行辨认时，监察机关应当在不暴露辨认人的情况下进行辨认，并为其保守秘密。

辨认笔录具有辨认开始前使辨认人见到辨认对象、辨认活动没有个别进行等情形的，不得作为认定案件的依据。辨认笔录存在其他瑕疵的，应当结合全案证据审查其真实性和关联性，作出综合判断。

9. 勘验检查现场的其他要求

监察机关勘验检查现场，应当对现场情况拍摄现场照片、制作现场图，并由勘验检查人员签名。

### （十）鉴定

为了解决职务违法犯罪案件中的专门性问题，对相关案件事实作出科学的判断，监察机关有权依法采取鉴定措施。鉴定措施，是指监察机关在调查过程中，对于案件中的专门性问题，按规定报批后，可以依法指派、聘请有专门知识的鉴定人解决案件专门性问题的调查活动。具体而言，应当从以下五个方面理解鉴定措施。

1. 鉴定人

鉴定人是监察机关依法指派、聘请的具备法律法规规定条件的有专门知识的人。鉴定人分为两种：（1）公安机关等侦查机关的刑事技术人员或其他专职人员；（2）其他具有专门知识的鉴定人。

为了保证鉴定结果的公正客观，鉴定人应当与案件无利害关系。

监察机关应当为鉴定提供必要条件，向鉴定人送交有关检材和对比样本等原始材料，介绍与鉴定有关的情况。调查人员应当明确提出要求鉴定事项，但不得暗示或者强迫鉴定人作出某种鉴定意见。

2. 鉴定对象

鉴定对象是职务违法犯罪案件中的专门性问题，即监察机关在调查过程中遇到的必须运用专门的知识和经验作出科学判断的问题。鉴定人只能就案件中的专门性问题作出结论，不能就法律适用问题作出结论。

对于下列事项，监察机关可以依法开展鉴定：（1）对笔迹、印刷文件、污损文件、制成时间不明的文件和以其他形式表现的文件等进行鉴定；（2）对案件中涉及的财务会计资料及相关财物进行会计鉴定；（3）对被调查人、证人的行为能力进行精神病鉴定；（4）对人体造成的损害或者死因进行人身伤亡医学鉴定；（5）对录音录像资料进行鉴定；（6）对因电子信息技术应用而出现的材料及其派生物进行电子证据鉴定；（7）其他可以依法进行的专业鉴定。

3. 鉴定人应当出具鉴定意见、出庭作证

鉴定意见，是指鉴定人仅就案件中的专门性问题作出的意见。鉴定人应当在出具的鉴定意见上签名，并附鉴定机构和鉴定人的资质证明或者其他证明文件。

多个鉴定人的鉴定意见不一致的，应当在鉴定意见上记明分歧的内容和理由，并且分别签名。

监察机关对于法庭审理中依法决定鉴定人出庭作证的，应当予以协调。

对于鉴定人故意作虚假鉴定的，有关单位应当依法追究鉴定人的法律责任。

4. 监察机关对鉴定意见进行审查

监察机关的调查人员应当对鉴定意见进行审查。对经审查作为证据使用的鉴定意见，监察机关应当告知被调查人及相关单位、人员，送达《鉴定意见告知书》。

对鉴定意见告知情况，监察机关可以制作笔录，载明告知内容和被告知人的意见等。

5. 补充鉴定或者重新鉴定

监察机关经审查后，可以提出补充鉴定或者重新鉴定的意见。

被调查人或者相关单位、人员提出补充鉴定或者重新鉴定的申请。对此，监察机关经审查后认为申请符合法定要求的，应当按规定报批，进行补充鉴定或者重新鉴定。

经审查具有下列情形之一的，应当补充鉴定：（1）鉴定内容有明显遗漏的；（2）发现新的有鉴定意义的证物的；（3）对鉴定证物有新的鉴定要求的；（4）鉴定意见不完整，委托事项无法确定的；（5）其他需要补充鉴定的情形。

经审查具有下列情形之一的，应当另行确定鉴定机构和鉴定人进行重新鉴定：（1）鉴定程序违法或者违反相关专业技术要求的；（2）鉴定机构、鉴定人不具备鉴定资质和条件的；（3）鉴定人故意作出虚假鉴定或者违反回避规定的；（4）鉴定意见依据明显不足的；（5）检材虚假或者被损坏的；（6）其他应当重新鉴定的情形。

### （十一）技术调查

技术调查措施，是指监察机关根据调查涉嫌重大贪污贿赂等职务犯罪需要，依照规定的权限和程序报经批准，可以依法采取的，并按照规定交国家有关机关依法执行的调查活动。具体而言，应当从以下十个方面理解技术调查措施。

1. 技术调查措施的决定与执行

监察机关有权依法批准决定采取技术调查措施，不过，技术调查由公安机关或者国家有关执法机关依法执行。

2. 技术调查措施的涉案要件

涉案要件，即适用的案件范围。适用技术调查措施的案件类型应当符合以下条件：（1）涉嫌重大贪污贿赂等职务犯罪案件；（2）确有必要采取技术调查措施的其他重大职务犯罪案件。

其中，根据2021年《监察法实施条例》第153条第2款的规定，“重大贪污贿赂等职务犯罪”是指具有下列情形之一：(1) 案情重大复杂，涉及国家利益或者重大公共利益的；(2) 被调查人可能被判处十年以上有期徒刑、无期徒刑或者死刑的；(3) 案件在全国或者本省、自治区、直辖市范围内有较大影响的。

3. 技术调查措施的审批决定

经过严格的审批手续，监察机关方可采取技术调查措施。监察机关作出的批准决定应当明确采取技术调查措施的种类和适用对象。

而且，2021年《监察法实施条例》第154条中进一步规定：“依法采取技术调查措施的，监察机关应当出具《采取技术调查措施委托函》《采取技术调查措施决定书》和《采取技术调查措施适用对象情况表》，送交有关机关执行。”

4. 技术调查措施的适用时间

在调查阶段，监察机关可以根据案件调查实际情况决定适用技术调查措施，这意味着通常情况下，监察机关在初步核实阶段、监察立案后均可以采取技术调查措施。

但需要注意的是，根据2021年《监察法实施条例》第55条、第154条的规定，结合监察调查活动的不同阶段，一方面，设区的市级以下监察机关在初步核实中不得采取技术调查措施；另一方面，设区的市级以下监察机关委托有关执行机关采取技术调查措施，还应当提供《立案决定书》。可见，设区的市级以下监察机关只有在作出监察立案决定后，才可以批准决定采取技术调查措施。

5. 技术调查措施的期限

技术调查措施的期限按照2018年《监察法》的规定执行，即自批准决定签发之日起3个月。

6. 技术调查措施的延长

对于复杂、疑难案件，期限届满仍有必要继续采取技术调查措施的，经过批准，有效期可以延长，每次不得超过3个月。

7. 技术调查措施的变更

对于需要依法变更技术调查措施种类或者增加适用对象的，监察机关应当重新办理报批和委托手续，依法送交有关机关执行。

8. 技术调查措施的解除

对于不需要继续采取技术调查措施的，监察机关应当按规定及时报批，将《解除技术调查措施决定书》送交有关机关执行。

期限届满前未办理延期手续的，到期自动解除。

9. 采取技术调查措施收集的证据材料的使用

以 2018 年《监察法》第 33 条为依据，2021 年《监察法实施条例》第 156 条细化了对于采取技术调查措施收集的相关材料的使用规则：其一，对于采取技术调查措施收集的信息和材料，依法需要作为刑事诉讼证据使用的，监察机关应当按规定报批，出具《调取技术调查证据材料通知书》向有关执行机关调取。其二，对于采取技术调查措施收集的物证、书证及其他证据材料，监察机关应当制作书面说明，写明获取证据的时间、地点、数量、特征以及采取技术调查措施的批准机关、种类等。调查人员应当在书面说明上签名。其三，对于采取技术调查措施获取的证据材料，如果使用该证据材料可能危及有关人员的人身安全，或者可能产生其他严重后果的，应当采取不暴露有关人员身份、技术方法等保护措施。必要时，可以建议由审判人员在庭外进行核实。

10. 调查人员的履职要求

在 2018 年《监察法》第 18 条的基础上，2021 年《监察法实施条例》第 157 条专门规定了调查人员的特定履职要求：其一，调查人员对采取技术调查措施过程中知悉的国家秘密、商业秘密、个人隐私，应当严格保密。其二，采取技术调查措施获取的证据、线索及其他有关材料，只能用于对违法犯罪的调查、起诉和审判，不得用于其他用途。其三，对采取技术调查措施获取的与案件无关的材料，应当经审批及时销毁。对销毁情况应当制作记录，由调查人员签名。

### （十二）通缉

监察机关有权决定在本行政区域内通缉依法应当留置但尚在潜逃的被调查人，由公安机关发布通缉令，追捕归案。通缉范围超出本行政区域的，监察机关应当报请有权决定的上级监察机关决定。具体而言，应当从以下五个方面理解通缉措施。

1. 通缉的决定与执行

县级以上监察机关对在逃的应当被留置人员，依法决定在本行政区域内通缉的，应当按规定报批，送交同级公安机关执行。送交执行时，监察机关应当出具《通缉决定书》，附《留置决定书》等法律文书和被通缉人员信息，以及承办单位、承办人员等有关情况。

通缉范围超出本行政区域的，监察机关应当报有决定权的上级监察机关出具

《通缉决定书》，并附《留置决定书》及相关材料，送交同级公安机关执行。

2. 通缉对象

通缉对象分为两种：（1）应当依法留置，但下落不明的涉嫌职务违法犯罪的被调查人、涉案人员；（2）已经被依法留置，但逃跑的被调查人、涉案人员。

3. 通缉与网上追逃

国家监察委员会依法需要提请公安部对在逃人员发布公安部通缉令的，应当先提请公安部采取网上追逃措施。如情况紧急，国家监察委员会可以向公安部同时出具《通缉决定书》和《提请采取网上追逃措施函》。

省级以下监察机关报请国家监察委员会提请公安部发布公安部通缉令的，应当先提请本地公安机关采取网上追逃措施。

4. 公安机关抓获被通缉人员后的交接与协助工作

监察机关接到公安机关抓获被通缉人员的通知后，应当立即核实被抓获人员身份，并在接到通知后 24 小时以内派员办理交接手续。边远或者交通不便地区，至迟不得超过 3 日。

公安机关在移交前，将被抓获人员送往当地监察机关留置场所临时看管的，当地监察机关应当接收，并保障临时看管期间的安全，对工作信息严格保密。

监察机关需要提请公安机关协助将被抓获人员带回的，应当按规定报批，请本地同级公安机关依法予以协助。提请协助时，监察机关应当出具《提请协助采取留置措施函》，附《留置决定书》复印件及相关材料。

5. 撤销通缉

监察机关对于被通缉人员已经归案、死亡，或者依法撤销留置决定以及发现有其他不需要继续采取通缉措施情形的，应当经审批出具《撤销通缉通知书》，送交协助采取原措施的公安机关执行。

### （十三）限制出境

监察机关为防止被调查人及相关人员逃匿境外，按规定报批后，可以依法决定采取限制出境措施，交由移民管理机构依法执行。具体而言，应当从以下五个方面理解限制出境措施。

1. 限制出境的决定与执行

监察机关可以依法决定采取限制出境措施，交由移民管理机构依法执行。监察机关采取限制出境措施应当出具有关函件，与《采取限制出境措施决定书》一并送交移民管理机构执行。其中，采取边控措施的，监察机关应当附《边控对象通知书》；采取法定不批准出境措施的，应当附《法定不准出境人员报备表》。

县级以上监察机关在重要紧急情况下，经审批可以依法直接向口岸所在地口岸移民管理机构提请办理临时限制出境措施。

2. 限制出境的对象

限制出境的对象是可能逃往境外的被调查人以及涉嫌行贿犯罪、共同职务犯罪的涉案人员等相关人员。为此，监察机关不得对没有外逃风险的涉案人员以及案件无关人员采取限制出境措施。

3. 限制出境措施有效期

2018 年《监察法》没有对限制出境有效期措施作出明确规定，2021 年《监察法实施条例》对监察机关提出了更严格的工作要求，规定限制出境措施有效期不超过 3 个月，到期自动解除。到期后仍有必要继续采取措施的，监察机关应当按原程序报批。承办部门应当出具有关函件，在到期前与《延长限制出境措施期限决定书》一并送交移民管理机构执行。延长期限每次不得超过 3 个月。

4. 限制出境措施的解除

对于不需要继续采取限制出境措施的，监察机关应当按规定报批，及时予以解除。承办部门应当出具有关函件，与《解除限制出境措施决定书》一并送交移民管理机构执行。

5. 限制出境与通缉的衔接适用

根据 2018 年《监察法》第 29 条、第 30 条等规定，监察机关既可以决定在本行政区域内通缉，由公安机关发布通缉令，又可以经省级以上监察机关批准，对被调查人及相关人员采取限制出境措施，由公安机关依法执行，那么，监察机关在决定通缉的同时是否必须采取限制出境措施。对此，考虑到限制出境措施与通缉措施在法定功能、适用条件等方面存在显著差别，监察机关应当根据案件实际情况判断依法应当被留置的人员是否存在逃匿境外的风险。对于存在逃匿境外风险的被调查人，监察机关才需要对被调查人采取限制出境措施。可见，限制出境措施和通缉措施并非必须同步适用。

## 第三节　监察处置职责

### 一、监察处置的内涵

"处置"一词前后共14次出现于2018年《监察法》中，分别涉及第11条、第13条、第33条、第34条、第36条、第37条、第38条、第45条、第61条、第65条等条文。"处置"一词在各条文中的具体含义不尽相同。第11条、第13条、第33条、第34条、第45条规定的"处置"是作为监察机关三大职责之一的监察处置职责，第36条、第37条、第38条规定的"处置"专指监察机关对问题线索的处理。除此之外，"处置"一词也指对涉案财物的处理和对案件本身的处理等。

可见，处置有广义与狭义之分。狭义的处置是指监察机关依法行使的处置权限，即监察机关依法对监察对象及其所在单位、相关人员作出处理的监察活动。广义的处置还包括对涉案财物的处置、对问题线索的处置等。本节所讨论的监察处置仅指监察机关的处置权限。

### 二、监察处置的特点

#### （一）综合性

1. 处置权力的综合性

处置权力的综合性源于监察权自身的综合性。监察权包括监督、调查和处置三项权能，在纪委监委合署办公的制度安排下，上述三项权能涵盖了党纪监察、政务监察等事项内容。由此可见，作为行使国家监察职能的专责机关，监察机关行使的监察权的综合性，决定了处置权具有预防、处理及惩治的多重性质和功能。

2. 处置方式的多样性

根据2018年《监察法》第45条的规定，监察处置的方式主要包括：（1）对违法的公职人员依照法定程序作出政务处分决定；（2）对不履行或者不正确履行职责负有责任的领导人员作出问责决定，或者向有权作出问责决定的机关提出问责建议；（3）将涉嫌职务犯罪的公职人员移送人民检察院依法审查、提起公诉；（4）对监察对象所在单位提出监察建议。除此之外，对有职务违法行为但情节较轻的公职人员，监察机关可以按照管理权限，直接或者委托有关机关、人员，进行谈话提醒、批评教育、责令检查，或者予以诫勉。

对没有证据证明被调查人存在违法犯罪行为的，监察机关应当撤销案件，并通知被调查人所在单位。

（二）强制性

无论是政务处分、问责或者问责建议、移送审查起诉还是监察建议，都具有强制性法律拘束力。监察处置方式的强制性是提高监督实效性和严肃性的重要保证，真正有利于提高一体推进不敢腐、不能腐、不想腐的能力和水平。

（三）预防性

监察处置的方式除包括政务处分、问责、移送审查起诉外，还包括谈话提醒、批评教育、责令检查、予以诫勉等。这一规定充分体现了宽严相济原则。在作出处置时，监察机关要综合运用监督执纪“四种形态”，坚持惩戒与教育相结合。

## 三、监察处置的方式

（一）政务处分

政务处分，是指监察机关为了加强对公职人员的监督、教育和管理，依照2020年《政务处分法》等法律规定，按照管理权限，给予违法的公职人员的警告、记过、记大过、降级、撤职、开除等处分。

1. 作出政务处分的主体

根据2020年《政务处分法》，有权作出政务处分的主体为监察机关。根据2018年《监察法》第11条、第13条、第45条的规定，有权作出政务处分的监察机关除包括各级监察委员会外，还包括监察委员会派驻的监察机构。但是，监察委员会派驻的监察机构作出政务处分必须根据授权，按照法定程序进行。

2. 从轻、减轻处分的情形

根据2020年《政务处分法》第11条、第12条的规定，公职人员有下列情形之一的，可以从轻或者减轻给予政务处分：（1）主动交代本人应当受到政务处分的违法行为的；（2）配合调查，如实说明本人违法事实的；（3）检举他人违纪违法行为，经查证属实的；（4）主动采取措施，有效避免、挽回损失或者消除不良影响的；（5）在共同违法行为中起次要或者辅助作用的；（6）主动上交或者退赔违法所得的；（7）法律、法规规定的其他从轻或者减轻情节。

公职人员违法行为情节轻微，且具有以上从轻或者减轻情形之一的，监察机关可以直接或者委托有关机关、人员对其进行谈话提醒、批评教育、责令检查或者予以诫勉，免予或者不予政务处分。公职人员因不明真相被裹挟或者被胁迫参与违法活动，经批评教育后确有悔改表现的，可以减轻、免予或者不予政务处分。

3. 从重处分的情形

根据2020年《政务处分法》第13条的规定，公职人员有下列情形之一的，应当从重给予政务处分：（1）在政务处分期内再次故意违法，应当受到政务处分的；（2）阻止他人检举、提供证据的；（3）串供或者伪造、隐匿、毁灭证据的；（4）包庇同案人员的；（5）胁迫、唆使他人实施违法行为的；（6）拒不上交或者退赔违法所得的；（7）法律、法规规定的其他从重情节。

开除是最重的政务处分。根据2020年《政务处分法》第14条的规定，公职人员犯罪，有下列情形之一的，予以开除：（1）因故意犯罪被判处管制、拘役或者有期徒刑以上刑罚（含宣告缓刑）的；（2）因过失犯罪被判处有期徒刑，刑期超过三年的；（3）因犯罪被单处或者并处剥夺政治权利的。值得注意的是，因过失犯罪被判处管制、拘役或者3年以下有期徒刑的，一般应当予以开除；如果案件情况特殊，予以撤职更为适当的，可以不予开除，但是应当报请上一级机关批准。公职人员因犯罪被单处罚金，或者犯罪情节轻微，人民检察院依法作出不起诉决定或者人民法院依法免予刑事处罚的，可以不予以开除，而予以撤职；但造成不良影响的，予以开除。

4. 回避情形

根据2020年《政务处分法》第47条、第48条的规定，参与公职人员违法案件调查、处理的人员有下列情形之一的，应当自行回避，被调查人、检举人及其他有关人员也有权要求其回避：（1）是被调查人或者检举人的近亲属的；（2）担任过本案的证人的；（3）本人或者其近亲属与调查的案件有利害关系的；（4）可能影响案件公正调查、处理的其他情形。

监察机关负责人的回避，由上级监察机关决定；其他参与违法案件调查、处理人员的回避，由监察机关负责人决定。监察机关或者上级监察机关发现参与违法案件调查、处理人员有应当回避情形的，可以直接决定该人员回避。

5. 监察机关作出政务处分的程序

根据2020年《政务处分法》第42条至第54条的规定，监察机关对涉嫌违法的公职人员进行调查时，应当由2名以上工作人员进行。监察机关有权依法向有关单位和个人了解情况，收集、调取证据，但必须遵守法定程序，严禁以威胁、引诱、欺骗及其他非法方式收集证据。

（1）调查

根据2018年《监察法》第11条的规定，监察委员会依法履行调查职责，对涉嫌贪污贿赂、滥用职权、玩忽职守、权力寻租、利益输送、徇私舞弊以及浪费国家资财等职务违法和职务犯罪进行调查。

（2）听取被调查人的陈述和申辩

作出政务处分决定前，监察机关应当将调查认定的违法事实及拟给予政务处分的依据告知被调查人，听取被调查人的陈述和申辩，并对其陈述的事实、理由和证据进行核实，记录在案。被调查人提出的事实、理由和证据成立的，应予采纳。不得因被调查人的申辩而加重政务处分。

（3）作出处理

调查终结后，监察机关应当根据下列不同情况，分别作出处理：确有应受政务处分的违法行为的，根据情节轻重，按照政务处分决定权限，履行规定的审批手续后，作出政务处分决定；违法事实不能成立的，撤销案件；符合免予、不予政务处分条件的，作出免予、不予政务处分决定；被调查人涉嫌其他违法或者犯罪行为的，依法移送主管机关处理。

（4）制作政务处分决定书

决定给予政务处分的，应当制作政务处分决定书。政务处分决定书应当载明下列事项：被处分人的姓名、工作单位和职务；违法事实和证据；政务处分的种类和依据；不服政务处分决定，申请复审、复核的途径和期限；作出政务处分决定的机关名称和日期；政务处分决定书应当盖有作出决定的监察机关的印章。

（5）宣布政务处分决定

政务处分决定书应当及时送达被处分人和被处分人所在机关、单位，并在一定范围内宣布。作出政务处分决定后，监察机关应当根据被处分人的具体身份书面告知相关的机关、单位。

（6）存档

公职人员受到政务处分的，应当将政务处分决定书存入其本人档案。对于受到降级以上政务处分的，应当由人事部门按照管理权限在作出政务处分决定后1个月内办理职务、工资及其他有关待遇等的变更手续；特殊情况下，经批准可以适当延长办理期限，但是最长不得超过6个月。

公职人员涉嫌违法，已经被立案调查，不宜继续履行职责的，公职人员任免机关、单位可以决定暂停其履行职务。公职人员在被立案调查期间，未经监察机关同意，不得出境、辞去公职；被调查公职人员所在机关、单位及上级机关、单位不得对其交流、晋升、奖励、处分或者办理退休手续。

（7）其他程序要求

监察机关对经各级人民代表大会、县级以上各级人民代表大会常务委员会选举或者决定任命的公职人员予以撤职、开除的，应当先依法罢免、撤销或者免去其职务，再依法作出政务处分决定。

监察机关对经中国人民政治协商会议各级委员会全体会议或者其常务委员会选举或者决定任命的公职人员予以撤职、开除的，应当先依章程免去其职务，再依法作出政务处分决定。

监察机关对各级人民代表大会代表、中国人民政治协商会议各级委员会委员给予政务处分的，应当向有关的人民代表大会常务委员会，乡、民族乡、镇的人民代表大会主席团或者中国人民政治协商会议委员会常务委员会通报。

对于已经依法受到刑事责任追究的公职人员，监察机关应当根据司法机关的生效判决、裁定、决定及其认定的事实和情节，依照2020年《政务处分法》的规定给予政务处分。对于已经依法受到行政处罚并且应当受到政务处分的公职人员，监察机关可以根据行政处罚决定认定的事实和情节，经立案调查核实后，依照2020年《政务处分法》给予政务处分。在上述情况下，监察机关作出政务处分后，司法机关、行政机关依法改变原生效判决、裁定、决定等，对原政务处分决定产生影响的，监察机关应当根据改变后的判决、裁定、决定等重新作出相应处理。

下级监察机关根据上级监察机关的指定管辖决定进行调查的案件，调查终结后，对不属于本监察机关管辖范围内的监察对象，应当交有管理权限的监察机关依法作出政务处分决定。

监察机关在调查中发现公职人员受到不实检举、控告或者诬告陷害，造成不良影响的，应当按照规定及时澄清事实，恢复名誉，消除不良影响。

6. 被处分人的救济

根据2020年《政务处分法》第55条至第60条的规定，公职人员对监察机关作出的涉及本人的政务处分决定不服的，可以依法向作出决定的监察机关申请复审；公职人员对复审决定仍不服的，可以向上一级监察机关申请复核。监察机关发现本机关或者下级监察机关作出的政务处分决定确有错误的，应当及时予以纠正或者责令下级监察机关及时予以纠正。复审、复核期间，不停止原政务处分决定的执行。公职人员不因提出复审、复核而被加重政务处分。

（1）撤销原政务处分决定

有下列情形之一的，复审、复核机关应当撤销原政务处分决定，重新作出决定或者责令原作出决定的监察机关重新作出决定：①政务处分所依据的违法事实不清或者证据不足的；②违反法定程序，影响案件公正处理的；③超越职权或者滥用职权作出政务处分决定的。

（2）变更原政务处分决定

有下列情形之一的，复审、复核机关应当变更原政务处分决定，或者责令原作出决定的监察机关予以变更：①适用法律、法规确有错误的；②对违法行为的情节认定确有错误的；③政务处分不当的。

（3）维持原政务处分决定

复审、复核机关认为政务处分决定认定事实清楚，适用法律正确的，应当予以维持。

公职人员的政务处分决定被变更，需要调整该公职人员的职务、职级、衔级、级别、岗位和职员等级或者薪酬待遇等的，应当按照规定予以调整。政务处分决定被撤销的，应当恢复该公职人员的级别、薪酬待遇，按照原职务、职级、衔级、岗位和职员等级安排相应的职务、职级、衔级、岗位和职员等级，并在原政务处分决定公布范围内为其恢复名誉。没收、追缴财物错误的，应当依法予以返还、赔偿。公职人员被撤销政务处分或者减轻政务处分的，应当对其薪酬待遇受到的损失予以补偿。

### （二）监察问责

我国既有党内问责也有监察问责。其中，监察问责，是指监察机关根据监督、调查结果，在追究违法的公职人员直接责任的同时，按照管理权限，依法对履行职责不力、失职失责，造成严重后果或者恶劣影响的领导人员予以问责或者向有权作出问责决定的机关提出问责建议的监察活动。2018 年《监察法》是监察问责工作的基本法律依据。2019 年《中国共产党问责条例》（以下简称 2019 年《问责条例》）是党内问责工作的基础性法规。2018 年《监察法》、2019 年《问责条例》、2021 年《监察法实施条例》等党内法规和法律规范是准确把握党内问责与监察问责的关系，以及理解监察问责的问责对象、问责主体和问责方式等内容的重要依据。

1. 党内问责与监察问责的关系

问责是全面从严治党的重要手段。问责工作是健全党和国家监督体系的重要内容。党内问责和监察问责是我国纪检监察领域问责制度的核心组成部分，体现了党内监督和国家监察的有机统一。虽然党内问责和监察问责在适用对象、问责主体、问责方式等方面存在不同，但二者相辅相成且贯通协调、有序衔接，实现了政治效果、纪法效果、社会效果的融合和最大化。

2. 监察问责的适用对象

党内问责的对象为党组织和党的领导干部。根据2019年《问责条例》第4条、第5条的规定，党内问责的问责对象是党组织和党的领导干部，重点是党委（党组）、党的工作机关及其领导成员，纪委、纪委派驻（派出）机构及其领导成员。因此，党内问责在于追究在党的建设、党的事业中失职失责的党组织和党的领导干部的主体责任、监督责任、领导责任。

监察问责的对象是公职领导人员。根据2018年《监察法》第11条、第45条的规定，监察问责的问责对象是领导人员。因此，监察问责的目的在于追究行使公权力过程中履行职责不力、失职失责的领导人员的责任。

从问责对象来看，监察问责的问责对象的范围与党内问责的问责对象的范围之间是交叉重叠的关系。监察问责与党内问责共同的问责对象是党员领导干部，突出针对领导干部这个“关键少数”群体进行问责。但是，除了共同的问责对象外，监察问责的问责对象还包括行使公权力的非党员领导干部，党内问责的对象还包括失职失责的党组织。因此，党内问责与监督问责虽然各有侧重、相互补充，但都针对领导干部这一“关键少数”。其中，“一把手”是“关键少数”中的关键，是党内监督的重中之重。

3. 监察问责的适用情形

2018年《监察法》第11条第3项将问责适用于领导人员存在“履行职责不力、失职失责”的情形。对此，2021年《监察法实施条例》细化了相关条件，即2021年《监察法实施条例》第34条第1款规定：“监察机关在追究违法的公职人员直接责任的同时，依法对履行职责不力、失职失责，造成严重后果或者恶劣影响的领导人员予以问责。”

4. 监察问责的有权主体

根据2018年《监察法》第45条的规定，对不履行或者不正确履行职责负有责任的领导人员，监察机关按照管理权限对其直接作出问责决定，或者向有权作出问责决定的机关提出问责建议。

5. 监察问责的主要方式

根据2019年《问责条例》第8条的规定，就党内问责而言，对党组织进行问责的方式主要包括检查、通报和改组，对党的领导干部进行问责的方式主要包括通报、诫勉、组织调整或者组织处理、纪律处分。以上问责方式，可以单独使用，也可以依据规定合并使用。问责方式有影响期的，按照有关规定执行。

2018年《监察法》第45条虽然规定了监察问责属于监察机关处置职责之一，但并未列出具体的问责方式。2021年《监察法实施条例》第204条明确了监察问责的方式，即“监察机关对不履行或者不正确履行职责造成严重后果或者恶劣影响的领导人员，可以按照管理权限采取通报、诫勉、政务处分等方式进行问责；提出组织处理的建议”。对此，监察机关应当组成调查组依法开展问责调查，调查结束后经集体讨论形成调查报告。而且，监察机关开展问责调查，根据具体情况可以依法采取相关监察措施。

### （三）案件移送审查起诉

对涉嫌职务犯罪的，监察机关经调查认为犯罪事实清楚，证据确实、充分的，制作起诉意见书，连同案卷材料、证据一并移送人民检察院依法审查、提起公诉。

1. 移送职务犯罪案件审查起诉的国家机关和接受移送的国家机关

移送案件的主体是监察机关，包括根据上级监察机关的指定而开展调查的监察机关。

接受移送案件的主体是检察机关。

2. 移送的条件

案件移送审查起诉的条件是监察机关经调查认为犯罪事实清楚，证据确实、充分。因此，在案件调查过程中，监察机关应严格按照起诉和审判标准收集证据，准确锁定关键证据，完善证据链。

3. 从宽处罚建议

根据2018年《监察法》第31条的规定，涉嫌职务犯罪的被调查人主动认罪认罚，有下列情形之一的，监察机关经领导人员集体研究，并报上一级监察机关批准，可以在移送人民检察院时提出从宽处罚的建议：（1）自动投案，真诚悔罪悔过的；（2）积极配合调查工作，如实供述监察机关还未掌握的违法犯罪行为的；（3）积极退赃，减少损失的；（4）具有重大立功表现或者案件涉及国家重大利益等情形的。

根据2018年《监察法》第32条的规定，职务违法犯罪的涉案人员揭发有关被调查人职务违法犯罪行为，查证属实的，或者提供重要线索，有助于调查其他案件的，监察机关经领导人员集体研究，并报上一级监察机关批准，可以在移送人民检察院时提出从宽处罚的建议。

### （四）监察建议

在纪委监委合署办公的制度安排下，纪检监察建议工作是纪检监察机关履行监督职责的重要手段。根据适用对象不同，相关建议可分为纪律检查建议、监察建议和纪检监察建议。其中，监察建议，是指监察机关根据监督、调查结果，向监察对象所在单位就廉政建设和履行职责等方面的问题，提出的具有一定法律效力的建议。在2018年《监察法》第11条、第45条的基础上，2021年《监察法实施条例》第36条第1款进一步明确监察建议的适用情形，即"监察机关根据监督、调查结果，发现监察对象所在单位在廉政建设、权力制约、监督管理、制度执行以及履行职责等方面存在问题需要整改纠正的，依法提出监察建议"。

监察建议具有较强的法律效力。2018年《监察法》第62条规定，有关单位无正当理由拒不采纳监察建议的，由其主管部门、上级机关责令改正，对单位给予通报批评；对负有责任的领导人员和直接责任人员依法给予处理。可见，监察建议以国家强制力为后盾，具有较强的法律效力。被提出监察建议的单位应当认真履行监察建议的要求，及时整改、纠正在廉政建设和履行职责等方面存在的问题。

# 第九章　监 察 程 序

## 第一节　监察程序概述

监察程序，又称监察机关办案程序，是指监察机关在依法履行监督、调查、处置等法定职责过程中，应当遵循的各种方式与具体步骤。监察程序有广义和狭义之分：广义的监察程序包括监督程序、调查程序和处置程序；狭义的监察程序通常包括调查程序和处置程序。本章侧重从狭义层面讨论监察程序。

2018 年《监察法》专设的“第 5 章　监察程序”共计十五个条文，包含问题线索受理和处置程序、监察立案程序、监察调查程序、监察处置程序、复审复核程序等。此外，2018 年《监察法》的其他章节也涉及监察机关行使职权的程序规定，例如，该法第 19 条是关于谈话程序的要求。结合 2018 年《监察法》以及 2021 年《监察法实施条例》的规定，监察程序总体上可以分为线索处置、初步核实、立案、调查、审理、处置、移送审查起诉等。

概括而言，监察程序的规范化与法治化水平不仅关乎监察措施的正当性、合法性，而且直接影响国家监察体制改革的实际成效。构建集中统一、权威高效的中国特色国家监察体制，实现对所有行使公权力的公职人员的监察全面覆盖，离不开严格、规范的监察程序及其具体制度机制的保障。

## 第二节　线 索 处 置

### 一、线索处置的内涵

线索处置，即问题线索的处置程序及其具体规则。问题线索是监察机关监督检查、审查调查的源头和基础。作为监督执纪的基础环节，线索处置属于监察机关开展工作的前提。2022 年，中央纪律检查委员会印发《纪检监察机关问题线索管理办法》，贯彻“全周期管理”理念，对问题线索归口受理、集中管理、分类处置、及时办理、定期清理、安全保密等各项工作提出了具体要求，推动纪检监察机关有关部门在问题线索管理工作中各司其职、相互协调、相互制约，进一步健全内控机制。2022 年《纪检监察机关问题线索管理办法》是一部专门规范线索管理工作的党内法规，是各级纪检监察机关管理问题线索的基本遵循。

明确规定问题线索处置的具体程序及其要求，有利于监察机关加强对问题线索处置各个环节的监督和制约，实现对问题线索的有效管控。同时，科学确定问题线索处置方式，严格执行问题线索处理与流转程序，是监察机关有效开展各项工作的重要抓手，也是高质量履行监督执纪问责和监督调查处置职责的重要保障。

## 二、问题线索的来源

2018 年《监察法》第 35 条规定：“监察机关对于报案或者举报，应当接受并按照有关规定处理。对于不属于本机关管辖的，应当移送主管机关处理。”实践中，问题线索的来源通常可以分为四个主要渠道：（1）信访举报，包括群众来信、来访、电话举报、网络举报等；（2）监察机关监督执法过程中发现的问题线索；（3）巡视组移交的问题线索；（4）其他单位移交的问题线索，包括审计部门的审计要情反映，以及执法机关、司法机关等其他机关移送的问题线索等。[1] 其中，信访举报是问题线索来源的“主渠道”。为此，2020 年《处理检举控告工作规则》和 2020 年《关于做好失实检举控告澄清工作的意见》对处理信访举报作出专门规定。2021 年《纪委工作条例》第 35 条第 1 款规定，纪委应当畅通信访举报渠道，依规依纪受理党员群众的信访举报，健全分办、交办、督办、反馈等工作机制。

纪检监察机关按照管理权限受理的信访举报主要包括以下类型：（1）对党组织、党员违反党的纪律行为的检举控告；（2）对不依法履职、违反秉公用权、廉洁从政从业以及职业操守等规定，涉嫌职务违法、职务犯罪行为等的检举控告；（3）对党纪处分或者纪律检查机关所作处理决定不服，提出的申诉；（4）对监察机关作出的涉及本人的处理决定不服，提出的申诉，以及被调查人及其近亲属对监察机关及其工作人员违反法律法规、侵害被调查人合法权益的行为，提出的申诉；

---

〔1〕 参见《中央纪委研究室：问题线索的来源是什么？如何管理问题线索?》，载中央纪委国家监委网 2017 年 3 月 1 日，http：//www. ccdi. gov. cn/djfg/ywgw/201703/t20170301_ 114696. html。

（5）对党风廉政建设和反腐败工作的批评建议，等等。[1]

## 三、问题线索的管理

对问题线索集中管理、动态更新、定期汇总核对，是提高监察机关线索管理、处置科学化和规范化水平的总要求。对此，监察机关应当对问题线索归口受理、集中管理、分类处置、定期清理。

### （一）归口受理

问题线索来源广泛、数量庞大，必须实现“多头移交、归口统管”。各级纪检监察机关根据分级负责制原则，对属于本机关受理范围的信访举报和问题线索材料进行甄别、筛选。根据2018年《监察法》、2021年《监察法实施条例》、2022年《纪检监察机关问题线索管理办法》的规定，问题线索的归口管理体现在以下三个方面：

1. 监察机关的信访举报部门归口受理本机关管辖监察对象涉嫌职务违法和职务犯罪问题的检举控告，统一接收有关监察机关以及其他单位移送的相关检举控告，移交本机关监督检查部门或者相关部门，并将移交情况通报案件监督管理部门。可见，通常情况下，信访举报部门承担问题线索的归口受理职责。

2. 监察机关的案件监督管理部门统一接收巡视巡察机构和审计机关、执法机关、司法机关等其他机关移送的职务违法和职务犯罪问题线索，按程序移交本机关监督检查部门或者相关部门办理。

3. 监察机关的监督检查部门、调查部门在工作中发现的相关问题线索，属于本部门受理范围的，应当报送案件监督管理部门备案；属于本机关其他部门受理范围的，经审批后移交案件监督管理部门分办。

归口管理有利于促使监察机关对线索材料加强甄别，精准处置价值高的问题线索。特别是监察机关的信访部门、案件监督管理部门紧把入口关，监督检查部门进行二次筛选，切实降低线索处置中谈话函询过多过频对公职人员工作积极性带来的消极影响。

---

〔1〕参见中共中央纪律检查委员会法规室、中华人民共和国国家监察委员会法规室编写：《〈中国共产党纪律检查机关监督执纪工作规则〉释义》，中国方正出版社2019年版，第94～95页。

### （二）集中管理

监察机关的案件监督管理部门承担对问题线索的集中管理职责，即该部门应当对问题线索实行集中管理、动态更新，定期汇总、核对问题线索及处置情况，向监察机关主要负责人报告，并向相关部门通报。同时，问题线索承办部门应当指定专人负责管理线索，逐件编号登记、建立管理台账。线索管理处置各环节应当由经手人员签名，全程登记备查，及时与案件监督管理部门核对。结合监察机关的实践办案经验，问题线索的集中管理体现在：一方面，落实管理责任。监察机关出台问题线索管理办法和实施细则，明确案件监督管理部门对信访受理、上级交办、巡视巡察反馈、监督检查和审查调查发现，以及其他部门移交的问题线索进行归口统一管理，并由专人负责、专项存放、专门管理，对线索进行统一编号、逐件登记、建立台账、定期汇总、动态更新和跟踪督办。另一方面，优化管理模式。实践中，监察机关提出一系列问题线索集中管理创新方法。例如，设置问题线索管理 AB 角、建立问题线索电子和纸质双档案、采用日志式管理模式；细化问题线索管理台账，分单位、分年度建立问题线索处置、问题线索流转等多部台账；按照受理时间和处置时间进行分类；按照反映问题的严重、紧急程度分级标注，区分轻重缓急进行处置等。[1]

### （三）分类处置和及时处置

分类处置，是指监察机关根据问题线索的可查性，对问题线索进行筛选、甄别和提炼，进行科学精准处置。严格顺畅的分办运转流程是高质高效处置问题线索的重要保障。考虑到问题线索通常具有较强的时效性，分类处置亦强调及时处置，即提高问题线索的流转效率：其一，及时处置新增问题线索，减少问题线索积压，若是问题线索积存超过一年，监察机关承办部门应向主要负责人报告原因并提出进一步工作建议。其二，在结案时限内处理存量问题线索，对于超期或长期未处理问题线索的，监察机关及时清查原因，稳妥推进。其三，优先处置、办结重点问题线索，提高党风廉政意见回复效率。

根据 2018 年《监察法》第 37 条的规定，监察机关对监察对象的问题线索，应

---

〔1〕 参见《中国纪检监察报》理论周刊与中国纪检监察学院党建教研部联合课题组：《强化线索处置程序意识和法治思维》，载《中国纪检监察报》2021 年 1 月 28 日，第 8 版。

当按照有关规定提出处置意见，履行审批程序，进行分类办理。对问题线索进行精准研判是分类处置的前提和基础。精准研判的要求包括准确理解问题线索的内容、进行个体分析判断、结合外部环境影响进行分析等。[1]

结合监察机关的实践办案经验，理解问题线索的分类处置，应当重点把握分类处置的方式、分类处置的规律以及分类处置的新技术应用。[2]

1. 分类处置的方式。监察机关采取“主管领导召集、案管部门牵头、集体研究甄别”的方式，通过召开问题线索专题分办会、集体排查会商等方式，对问题线索进行集体合议、科学授权、精准分办；着重分析近阶段党员领导干部问题线索的规律、特点和集中、突出反映的问题，对重大、疑难、复杂情况进行深入分析研讨，寻找突破口，合理提出分办意见。

2. 分类处置的规律。监察机关应当注重了解地区、部门和单位政治生态、党风廉政建设和反腐败斗争整体情况，充分结合经济社会发展状况、被反映人以往问题线索和处置情况，以及被反映的问题性质、线索可查性等要素进行综合分析，区分不同情况提出处置意见。

3. 分类处置的新技术应用。监察机关依托“大数据”进行整合分析，汇总案件线索和成案率、处分率等数据，制作线索数量、分类、变化、走势等分析图和统计专报，建立健全与其他监督信息的关联、比对机制。

### （四）定期清理

定期清理，是指监察机关应当对问题线索处置及其结果进行定期汇总、分析研判，提升问题线索处置有效性。2018 年《监察法》第 37 条中规定：“线索处置情况应当定期汇总、通报，定期检查、抽查。”

1. 定期汇总

定期汇总侧重对问题线索处置的归档工作。做好问题线索处置的汇总、归档是监督执纪工作的重要环节。线索处置的定期汇总主要包括三个方面：（1）承办部门应当做好线索处置归档工作，确保归档材料齐全完整，保证档案材料载明领导批示和处置过程。承办部门应当定期汇总线索处置情况，及时向案件监督管理部门通报，

---

〔1〕参见《精准有效处置问题线索　提高执纪执法工作综合效果》，载中央纪委国家监委网 2020 年 6 月 10 日，http：//www. ccdi. gov. cn/yaowen/202006/t20200610_ 219811. html。

〔2〕参见《中国纪检监察报》理论周刊与中国纪检监察学院党建教研部联合课题组：《强化线索处置程序意识和法治思维》，载《中国纪检监察报》2021 年 1 月 28 日，第 8 版。

并定期对本部门的线索处置情况进行自查。（2）案件监督管理部门要定期汇总核对、检查、抽查问题线索及处置情况，向本机关相关负责人报告。（3）各部门还应当做好线索处置归档工作，归档材料应当齐全完整，载明领导批示和处置过程。[1]

2. 分析研判

分析研判是监察机关对问题线索集中分析、研究和判断的工作。监察机关应当定期开展对问题线索分析研判工作。分析研判的目的在于找出一段时间内受理问题线索的规律、特点和集中点，提高问题线索的可查性和成案率。监察机关应当重点围绕反映社会关注热点、难点的问题线索进行分析，及时回应人民群众关心的腐败问题。监察机关应当有针对性地开展分析研判工作。在分析研判中，监察机关应当有效利用大数据、云计算等新兴技术，实现信息技术向监督效能的转化。

## 四、线索处置的方式

监察机关对问题线索的处置方式主要有四种，分别是谈话函询、初步核实、暂存待查、予以了结。对此，2019 年《监督执纪工作规则》第 21 条、2021 年《监察法实施条例》第 174 条均作出明确规定。

### （一）谈话函询

谈话函询，是指监察机关对问题线索反映的一般性问题而采取的处置方式。谈话函询包含谈话和函询两种方式。谈话函询主要适用于两类情形：一类是反映的问题具有一般性；另一类是反映的问题比较笼统，难以查证核实。[2] 在线索处置阶段，谈话是指监察机关发现群众反映的具体的问题线索并对此进行初步核实之前所作的沟通活动。函询，是指监察机关对群众反映监察对象的有关问题，通过发函要求被反映人作出书面说明。谈话和函询既可分别使用，也可同时使用。其中，函询应当以监察机关办公厅（室）名义发函给被反映人，并抄送其所在单位和派驻监察机构主要负责人。被函询人应当在收到函件后 15 个工作日以内写出说明材料，由其所在党委（党组）主要负责人签署意见后发函回复。被函询人为所在单位主要负责人的，或者被函询人所作说明涉及所在党委（党组）主要负责人的，应当直接发函

---

〔1〕参见中共中央纪律检查委员会法规室、中华人民共和国国家监察委员会法规室编写：《〈中华人民共和国监察法〉释义》，中国方正出版社 2018 年版，第 180～181 页。

〔2〕参见《线索处置情况审核有哪些常用方法》，载中央纪委国家监委网 2020 年 11 月 19 日，http://www.ccdi.gov.cn/hdjl/ywtt/202011/t20201119_230306.html。

回复监察机关。

谈话函询给予被反映人向组织如实说明或澄清问题的机会，有利于监察机关进行准确研判，及时有效地处置问题线索，督促被反映人纠正和处理存在的问题。承办部门应当在谈话结束或收到函询回复后 1 个月写出情况报告和处置意见，按程序报批。此外，监察机关应视谈话函询的不同情形作出了结反馈，谈话提醒、批评教育、责令检查、诫勉谈话，或者再次谈话函询、提出初步核实的建议等三个不同层面的处理。

### （二）初步核实

初步核实，是指监察机关按照规定对受理的反映违纪或职务违法犯罪问题的线索进行了解、核实的履职活动。在涉及违纪或者职务违法、职务犯罪问题线索比较具体、具有可查性，需要追究纪律和法律责任的情况下，监察机关通常会采取初步核实的线索处置方式。

初步核实的目的是对问题线索进行了解和核查，判明和掌握问题线索的真假、虚实和大小，以决定是否立案审查，避免立案审查的盲目性，维护监督执纪的严肃性和准确性。

2019 年《监督执纪工作规则》、2021 年《监察法实施条例》没有规定线索处置的初步核实工作时限。不过，为了督促监察机关提高初步核实工作质效，2022 年《纪检监察机关问题线索管理办法》规定，对于初步核实 6 个月后无实质进展的问题线索，监察机关的承办部门应当向本机关主要负责人书面报告原因并提出下一步工作建议。

### （三）暂存待查

暂存待查，是指问题线索反映的情况虽有一定可查性，但由于时机、现有条件、涉案人员一时难查找等各种原因，暂不具备核查条件而存放备查。对于暂存待查的线索，一旦进一步调查的条件成熟，监察机关应当立即开展核查工作。

### （四）予以了结

予以了结，是指针对线索反映的问题失实或没有可能开展核查工作而采取的线索处置方式。予以了结的适用情况较为多样，例如，虽然存在职务违法事实，但是情节轻微不需追究法律责任，已建议有关单位做出恰当处理的；已查证核实作出结论而又重复举报的；被反映人已去世的，等等。

### 五、对线索处置工作的监督

#### （一）上级监察机关对下级监察机关的监督

根据2021年《监察法实施条例》第10条、2019年《监督执纪工作规则》第22条的规定，遵照纪检监察机关的领导体制，纪检监察机关开展线索处置和案件查办工作，在向同级党委报告的同时应当一并向上一级纪检监察机关报告。同时，纪检监察机关对反映同级党委委员、候补委员，纪委常委、监委委员，以及所辖地区、部门、单位主要负责人的问题线索和线索处置情况，应当及时向上级纪检监察机关报告。

#### （二）监察机关内设部门的监督

在监察机关内部，一般由案件监督管理部门对监督调查部门的线索处置进行监督检查。

2021年的《纪检监察机关案件监督管理工作规则》提出实行监督检查与日常管理相对分离，突出强调案件监督管理部门的监督职责。案件监督管理部门负责对监督检查、审查调查全过程进行监督管理，加强对线索处置、措施使用、涉案财物管理等事项的监督。

#### （三）纪检监察机关主要负责人对问题线索的监督

对于初步核实6个月后无实质进展或者暂存待查超过1年时间的问题线索，监察机关的承办部门应当向本机关主要负责人书面报告原因并提出下一步工作建议。通过这一制度安排，可以强化纪检监察机关主要负责人对问题线索的监督。

## 第三节　初步核实

### 一、初步核实的内涵

初步核实，简称“初核”，是指监察机关对具有可查性的职务违法和职务犯罪问题线索，按规定报批后，依法开展的初步了解、核实的工作。初步核实是监察机关开展调查工作的重要环节之一，对核查确定是否存在违纪、职务违法犯罪行为，以及是否需要追究党纪政务或法律责任具有重要意义。

监察机关在初步核实中所查明的有无违法犯罪事实情况、收集的证据材料，是判断监察立案与否的重要依据，也将为监察调查工作奠定基础。初步核实不是各种措施与方式的简单集合，而是在明确初步核实工作任务的基础上，具有系统性、连贯性、目的性的有机整体。

### （一）初步核实的工作任务

监察机关在初步核实阶段的工作任务是了解问题线索所反映的职务违法和职务犯罪情况是否存在，为立案与否提供依据。

在初步核实之前，监察机关应当仔细分析检举、控告材料，在排除虚假问题线索的前提下，对问题线索的可查性进行研判，梳理出问题线索反映的主要问题，并确定初步核实工作的方向，做到重点突出、有的放矢。根据有关规定，初步核实的主要任务是解决以下三个问题。

1. 线索反映的问题是否具有真实性和可调查性

在问题线索的四个主要渠道中，信访举报获得的问题线索和检举揭发的问题线索在真实性和可查性方面存在一定问题。例如，举报人可能出于打击报复等目的进行不实举报。因此，监察机关应当结合问题线索的实际情况，综合分析、科学研判。由于受理的问题线索可能数量众多，且内容庞杂、信息零碎，监察机关需要注重从问题线索材料中收集并梳理初步核实的重点。

2. 线索反映的问题是否可能构成职务违法或职务犯罪以及是否需要追究相关公职人员的法律责任

为充分发挥初步核实对监察立案的过滤作用，监察机关应当在初步核实阶段严格把关，将不构成职务违法和职务犯罪的问题线索排除在监察立案之前。公职人员利用公权力实施涉嫌贪污贿赂、滥用职权、玩忽职守、权力寻租、利益输送、徇私舞弊以及浪费国家资财等行为，构成职务违法的，应当依据 2020 年《政务处分法》给予其政务处分；构成职务犯罪的，应当依据《刑法》和《刑事诉讼法》追究其刑事责任。

3. 线索反映的问题是否属于本监察机关的管辖范围

2018 年《监察法》第 35 条规定：“监察机关对于报案或者举报，应当接受并按照有关规定处理。对于不属于本机关管辖的，应当移送主管机关处理。”根据监察管辖的规定，监察机关在收到问题线索后，应当根据管理权限及管辖范围进行甄别，将不属于本机关管辖的问题线索及时依法移送有权管辖的主管机关。

### （二）初步核实的决定机关

初步核实的决定机关，是指有权决定启动初步核实程序的主体。根据2019年《监督执纪工作规则》第32条的规定，初步核实的决定机关为党委（党组）、纪委监委（纪检监察组）。国家监察体制改革后，在纪委监委合署办公的制度安排下，初步核实由党内法规的专用名词转变为具有法律规范效力的监察工作。

根据2019年《监督执纪工作规则》的规定，党委（党组）、纪委监委（纪检监察组）均可决定开展初步核实工作。而且，2019年《监督执纪工作规则》第33条明确规定："被核查人为下一级党委（党组）主要负责人的，纪检监察机关应当报同级党委主要负责人批准。"将党委（党组）、纪委监委（纪检监察组）同时确定为初步核实的决定主体，目的是加强党委（党组）对反腐败工作的统一领导，充分体现党委（党组）的主体责任，纪委监委（纪检监察组）的监督责任。

### （三）初步核实与核实的区分

2018年《监察法》、2019年《监督执纪工作规则》、2021年《监察法实施条例》等党内法规和法律规范均规定了初步核实工作。与初步核实工作相接近的一个纪检监察工作是核实工作，例如，2020年《政务处分法》第43条规定，监察机关应当在作出政务处分决定前，将调查认定的违法事实及拟给予政务处分的依据告知被调查人，听取被调查人的陈述和申辩，并对其陈述的事实、理由和证据进行核实，记录在案。在此，有必要适当区分初步核实与核实的关系。一方面，客观而言，在纪委监委合署办公的制度安排下，初步核实工作和核实工作均属于纪检监察机关对党员或者公职人员是否存在违纪违法行为的事实、性质和情节进行了解、核查和证实的活动。另一方面，初步核实工作和核实工作在适用对象、适用阶段、适用程序、适用结果等方面具有不同之处。

## 二、初步核实的程序

履行严格的审批以及实施手续是监察机关依法有序开展初步核实工作的重要保障。2018年《监察法》第38条规定："需要采取初步核实方式处置问题线索的，监察机关应当依法履行审批程序，成立核查组。初步核实工作结束后，核查组应当撰写初步核实情况报告，提出处理建议。承办部门应当提出分类处理意见。初步核实情况报告和分类处理意见报监察机关主要负责人审批。”该条规定了初步核实的程序要求。

### （一）初步核实的审批手续和文书要求

根据2018年《监察法》第37条的规定，案件承办部门对监察对象的问题线索提出初步核实的处置意见的，应当履行审批手续。具体流程为：由案件承办部门填写《初步核实呈批表》，按批准权限报请审核批准；委托下级监察机关初步核实的，应当制作《委托初步核实通知书》。

### （二）成立核查组

案件承办部门应当成立核查组，专门负责问题线索的初步核实工作，这是为初步核实提供充分的组织准备。核查组一般由监督检查部门或审查调查部门负责组建。当问题线索反映的是纪检监察领导干部涉嫌违反党纪、职务违法和职务犯罪时，纪检监察干部监督部门组建核查组。必要时，监察机关可以跨部门组建核查组。

监察机关主要根据所反映主要问题的范围和性质确定核查组人数。核查组人数不得少于2人。核查组成员的组成应当符合相关规定。监察机关应当综合考虑成员的年龄、办案经验、专业能力，特别是，骨干成员应当较有经验，以确保核查组成员结构、分工的合理性。

### （三）制定初步核实工作方案

经批准后，监察机关的案件承办部门应当制定初步核实工作方案。工作方案一般包括初步核实的依据、核查组人员组成、需要核实的问题、初步核实的方法与措施手段以及其他事项。

监察机关的案件承办部门应当将初步核实方案报承办部门主要负责人和监察机关分管负责人审批。

在初步核实中发现或者受理被核查人新的具有可查性的问题线索的，核查组应当经审批纳入原初核方案开展核查。

### （四）撰写初步核实情况报告并提出处置建议

1\. 撰写初步核实情况报告

核查组在初步核实工作结束后应当撰写初步核实情况报告，列明被核查人基本情况、反映的主要问题、办理依据、初步核实结果、存在疑点、处理建议，由全体人员签名。

实践中，初步核实情况报告至少应当包含以下内容：(1) 标题，应当写明初步核实对象的单位、职务、被反映的主要问题。(2) 初步核实对象的基本情况，应当写明初步核实对象的身份信息，包括姓名、性别、年龄、籍贯、文化程度、参加工作时间、入党时间、主要职务经历等，对于受过处分的初步核实对象，还应当写明其何时因何受到处分。(3) 反映的主要问题及初步核实的结果，该部分应当作为初步核实情况报告的主体。(4) 需要说明的问题，例如，初步核实对象的认罪悔罪态度、主动上交的涉案财物的处置情况等。(5) 处理建议，需要注意的是，初步核实情况报告中的处理建议不具有终局性，承办部门应当综合分析初步核实情况报告，并提出分类处理的处置建议，此处承办部门作出的处置建议具有终局性。(6) 核查组全体成员签名，包括核查组组长及各成员，同时，应当注明初步核实情况报告的形成时间。

2. 提出拟处置建议

监察机关的有关承办部门应当综合分析初步核实情况，区分情况提出拟立案调查、予以了结、谈话提醒、暂存待查或者移送有关党组织处理等分类处理建议。

(1) 经过初步核实，发现被核查人确有职务违法、职务犯罪问题，需要追究法律责任的，应当按照规定程序报请立案。

(2) 问题不属实或者没有证据证明存在问题的，按照规定程序报批后予以了结。

(3) 问题轻微，不需要追究法律责任，但需要对本人谈话提醒的，按照规定程序报批后办理。

(4) 经初步核实，尚不能完全排除问题存在的可能性，在现有条件下难以进一步开展工作的，按照规定程序报批后予以暂存待查。

(5) 发现被核查人存在一定职务违法行为但不需要给予政务处分，或者虽有职务违法、犯罪问题嫌疑但难以核实认定的，可以视情况移送有关机关处理。

3. 初步核实情况报告应当报批

初步核实情况报告应当报监察机关主要负责人审批，必要时向同级党委主要负责人报告。报批规则主要如下：其一，对同级党委管理的正职领导干部开展初步核实的情况报告，报同级党委主要负责人审批；其二，对同级党委管理的副职领导干部开展初步核实的情况报告，报纪检监察机关主要负责人审批；其三，对同级党委管理的领导干部以外的人员开展初步核实的情况报告，报纪检监察机关分管领导审批。

## 三、初步核实的调查措施

初步核实的任务是了解核查线索反映的主要问题或部分问题是否存在。监察机关只有在收集和掌握一定证据材料的基础上，才能对问题的真实性和可调查性作出准确判断。为此，应当赋予监察机关在初步核实阶段采取特定类型的调查措施的权限，以满足“扎实开展初步核实工作，收集客观性证据，确保真实性和准确性”的基本工作要求。同时，有必要对在初步核实阶段采取必要措施设置严格的审批手续，以防止相关措施的滥用。

### （一）初步核实中可以采取的调查措施的种类

监察机关在初步核实中，可以依法采取谈话、询问、查询、调取、勘验检查、鉴定、技术调查和限制出境等八种调查措施；立案后还可以采取讯问、留置、冻结、搜查、查封、扣押、通缉措施。需要采取技术调查、限制出境措施的，应当严格履行审批手续，交有关机关依法执行。其中需要注意的是，设区的市级以下监察机关在初步核实中不得采取技术调查措施。

### （二）初步核实中采取调查措施应当履行审批程序

监察机关的核查组在初步核实中采取调查措施的，必须按照规定履行严格的审批程序。如果是初步核实方案中已经明确的措施，可以按照批准的初步核实方案实行；如果在初步核实过程中需要增加新的措施，应当重新履行报批手续。

### （三）核查组人员应当对采取调查措施收集的证据严格保密

由于允许监察机关在初步核实阶段采取必要措施的目的是为监察立案与否提供有力的证据支持，那么，初步核实应当有别于审查调查阶段的全面调查。因此，在初步核实工作中，核查组应当突出重点，抓住线索反映的主要问题收集证据、查清事实。更为重要的是，核查组应当注重保密，选择可控范围内的事项取证。初步核实工作一旦出现泄密问题，势必会引起初步核实对象警觉，甚至可能导致初步核实对象串供、转移赃款赃物、毁灭伪造证据等行为。因此，应该格外强调初步核实工作中的保密规定。

## 第四节 监察立案

### 一、监察立案的内涵和意义

2018 年《监察法》第 39 条第 1 款规定："经过初步核实，对监察对象涉嫌职务违法犯罪，需要追究法律责任的，监察机关应当按照规定的权限和程序办理立案手续。"这是监察机关进行监察立案的基本要求。

监察立案，通常情况下是指监察机关经过初步核实，已经掌握监察对象涉嫌职务违法或者职务犯罪的部分事实和证据，认为需要追究其法律责任的，应当按规定报批后，依法进一步调查的程序。理解监察立案，需要关注以下若干方面：第一，初步核实并非监察立案的前提，例如，监察机关根据法院生效刑事判决、裁定和检察机关不起诉决定认定的事实，需要对监察对象给予政务处分的，可以由相关监督检查部门依据司法机关的生效判决、裁定、决定及其认定的事实、性质和情节，提出给予政务处分的意见，按程序移送审理。在此过程中，监察机关无须先进行初步核实。此外，对于被网络曝光的恶性事件或者发生重大安全事故的事件，监察机关也可以在不进行初步核实的情况下开展立案调查工作。第二，监察机关在初步核实后也不必然会进行监察立案。监察机关承办部门应当综合分析初步核实情况，按照拟立案调查、予以了结、谈话提醒、暂存待查，或者移送有关部门、机关处理等方式提出处置建议。这表明，若监察机关经过初步核实后认为没有职务违法犯罪案件的，便不会启动监察立案工作。第三，监察立案并非监察机关启动调查工作的前提，原因在于，监察机关在初步核实阶段便有权适用调查措施，换言之，在监察立案的时间节点之前，监察机关已经开展调查活动。第四，监察机关在立案后并不一定会进行调查活动，因为对于案情简单、经过初步核实已查清主要职务违法事实，应当追究监察对象法律责任，不再需要开展调查的案件，监察机关可以将立案和移送审理一并报批，在履行立案程序后再移送审理。

概括而言，监察立案可以产生以下法律效果。

1. 对职务犯罪而言，监察立案时间是计算刑事案件追诉时效期限的时间节点

监察机关以被调查人涉嫌职务犯罪为由进行监察立案的时间是计算该案件是否超过刑事案件追诉时效期限的截止时间。鉴于监察机关既可以职务违法为由进行立案，又可以职务犯罪为由进行立案，且以职务违法为由进行立案和以职务犯罪为由

进行立案的法律效果并不完全相同，监察机关应当严格完善监察立案机制，以防因立案工作不规范而产生追究职务犯罪不力的消极后果。

在此，举一例说明监察立案时间与刑事案件追诉时效期限之间的关系。2004 年 12 月 24 日，甲为了将其长期承租的某国企的一处房产非法占为己有，编造虚假材料向房管局提出登记审批，通过朋友向乙（时任该市房管局交易所所长）打招呼并希望尽早完成审批。在房管局窗口初审后将材料报送给乙复核时，乙便直接予以通过。刘某当日便取得了该房产登记证书。2005 年 2 月 9 日，乙收受甲的朋友转送的 2 万元现金。后来，甲以其持有的上述涉案房产所有权证，在不符合分照条件的情况下，通过他人违法办理了房屋分照，将涉案房产拆分为两户，涉案房产所有权证被拆分为 A 和 B 两个房本。2013 年，甲在某信用社贷款 140 万元，由担保公司对贷款提供担保，甲以分照后的 A 房本向担保公司提供了反担保。后来，由于甲无法偿还贷款，担保公司代甲向信用社偿还了 140 万元贷款后，在对甲的民事诉讼过程中，发现其提供的反担保财产即 A 房本属于涉案房产的一部分，系违法分照而来，无法进行处置。因此，担保公司损失人民币 140 万元。另外，某国企也曾两次起诉甲归还房产，但因公司改制导致的主体问题未得到法院的支持。2020 年 1 月 19 日，某市监察委在收到问题线索后，对乙的违法审批问题进行初步核实。2020 年 6 月 12 日，该市监察委对乙作出立案决定，乙涉嫌滥用职权罪、受贿罪。2020 年 12 月 9 日，某基层检察院接受指定管辖后受理乙职务犯罪案件。在本案中，不应将监察机关的初步核实之日作为计算本案追诉时效期限的截止时间，而应当将监察机关的立案之日作为计算追诉时效期限的截止时间。

2. 对监察机关而言，监察立案标志着调查程序进入深化阶段

以是否采用调查措施为判断标准，广义上的调查应当始于线索处置，监察机关采取谈话方式进行线索处置时，其行使的职能由日常监督转为监察调查。经过监察立案，在确定了被调查人的前提下，监察机关可以采取更加多样的调查措施对监察对象涉嫌的职务违法、职务犯罪进行调查。

3. 对被调查人、涉案人员而言，监察立案可以进一步保障其合法权利

监察机关通过立案程序对初步核实的结果进一步过滤、筛选，将不符合监察立案条件的案件及时排除，防止不构成职务违法犯罪的监察对象被追究法律责任。监察立案后，监察机关应当向被调查人宣布立案调查决定。被调查人、涉案人员可依法针对监察机关在立案后的调查活动寻求救济。

4. 对被调查人所在单位而言，监察立案意味着该单位应当承担配合义务

2018 年《监察法》规定，监察机关应当按照规定的权限和程序办理立案手续，应当向被调查人宣布立案调查决定，并通报相关组织。其中，对于已被监察立案的被调查人所在单位而言，该单位实际上应当承担配合监察机关调查工作的义务，包括但不限于未经监察机关同意不得允许被调查人出境、交流等。同时，对于未能依法履行相关配合义务的单位，监察机关可依法自行追究或者通过其他方式追究该单位及其相关人员的法律责任。

## 二、监察立案的条件

监察立案是监察机关调查职务违法和职务犯罪的重要环节，必须严格依法进行。根据 2018 年《监察法》的相关规定，监察立案应当符合以下三个条件。

### （一）监察对象涉嫌职务违法犯罪

凡报请批准立案的，监察机关应当已经掌握部分职务违法犯罪事实和证据，具备进一步审查调查的条件。

监察立案所需的涉嫌职务违法犯罪的事实，并不是指全部职务违法犯罪事实，而是指经过初步核实，确定存在部分职务违法犯罪事实。只有经过审查调查、案件审理程序，才能认定全部犯罪事实。

### （二）需要追究法律责任

并非全部涉嫌职务违法犯罪的行为都需要立案调查。能否进行监察立案，还应当关注是否需要追究监察对象的法律责任。对于情节显著轻微，不需要追究法律责任的，则不应当进行监察立案。

### （三）按照规定的权限和程序办理

按照规定的权限和程序办理是对监察机关的要求。一方面，进行监察立案的监察机关必须具备对监察对象立案的权限，包括监察对象属于本机关的管辖范围等。另一方面，进行监察立案的监察机关，必须严格按照法定程序办理立案手续，包括履行审批程序、确定审查调查方案、宣布立案调查决定等。

## 三、监察立案的类型

根据不同的标准，可以将监察立案划分为不同类型。例如，根据立案对象的不

同，监察立案分为以人立案和以事立案；又如，根据职务违法行为是否构成犯罪，监察立案分为职务违法立案和职务犯罪立案；再如，结合纪委监委合署办公的制度安排，根据立案主体的不同，分为党的纪律检查机关的党纪立案、国家监察机关的政务立案以及党纪和政务双立案，等等。实践中，监察机关通常侧重采取第一种划分标准。因此，本部分主要讨论以人立案、以事立案两种类型。

### （一）以人立案

以人立案，是指监察机关认为监察对象或者有关单位涉嫌职务违法犯罪，需要追究法律责任，决定对其进行调查的程序。此处所指的“人”既包括自然人也包括单位。

监察机关管辖的职务违法和职务犯罪案件的问题线索大部分源于举报、检举、控告，以及监察机关的日常监督工作，具有较强的对象指向性。监察机关通常在立案之前就能够确定被调查人。因此，大部分监察立案以“以人立案”的形式开展。

在以人立案方面，应当注意的是，监察机关对涉嫌行贿犯罪或者共同职务犯罪的涉案人员立案调查的，一般应当由负责该案被调查人调查工作的监察机关办理立案调查手续。监察机关对单位涉嫌受贿、行贿等职务犯罪，认为需要追究法律责任的，依法对单位办理立案调查手续。

### （二）以事立案

以事立案，是指监察机关按照权限，对事故（事件）中存在职务违法或者职务犯罪问题，需要追究法律责任，但相关责任人员尚不明确的，可以以事立案。对单位立案或者以事立案后，经调查确定相关责任人员的，监察机关按照管理权限报批确定被调查人。2021 年《监察法实施条例》第 181 条第 2 款规定，“……对事故（事件）中存在职务违法或者职务犯罪问题，需要追究法律责任，但相关责任人员尚不明确的，可以以事立案。对单位立案或者以事立案后，经调查确定相关责任人员的，按照管理权限报批确定被调查人”。

通过以事立案，监察机关可以采取更多样的监察措施查明案情、收集证据，防止相关证据因时效等原因灭失，阻止犯罪影响扩大。而且，以事立案将职务违法犯罪事实放在首要位置，将具体的被调查人放在次要位置，能够在一定程度上隐蔽调查意图，降低被调查人逃避调查、毁灭或伪造证据的可能性。

在此，需要适当处理以事立案与以人立案的关系。以事立案的，经过调查确定责任人员的，监察机关应当按照规定的审批权限报批，而无须再立案。

## 四、监察立案的程序

监察立案的程序，是指监察机关进行监察立案所必须遵循的法定手续和步骤。2018 年《监察法》第 39 条第 2 款、第 3 款规定：“监察机关主要负责人依法批准立案后，应当主持召开专题会议，研究确定调查方案，决定需要采取的调查措施。立案调查决定应当向被调查人宣布，并通报相关组织。涉嫌严重职务违法或者职务犯罪的，应当通知被调查人家属，并向社会公开发布。”这两款明确了监察立案的具体程序。

### （一）监察立案的审批程序

对符合立案条件的，监察机关案件承办部门应当起草立案审查调查呈批报告，经监察机关主要负责人审批，报同级党委主要负责人批准，予以立案审查调查。

对于具有党员身份的监察对象既违纪又涉嫌职务违法、职务犯罪，需要追究纪律责任和法律责任的，原则上同时办理纪委立案审查手续和监委立案调查手续；认为违纪需要追究纪律责任，但尚不确定其是否涉嫌职务违法、职务犯罪的，可以先办理纪委立案审查手续，然后根据审查情况，再决定是否办理监委立案调查手续。

### （二）确定审查调查方案

依法批准立案后，监察机关主要负责人应当主持召开由监察机关相关负责人参加的专题会议，研究批准审查调查方案。召开专题会议确定审查调查方案是监察立案的必经程序，目的是为审查调查工作提供实施依据和行动纲领。

审查调查方案一般包括审查调查对象及重要涉案人员情况，立案依据，初步查明的问题和需要审查调查的主要问题，审查调查方式、步骤，拟采取的审查调查措施，重点措施的实施安排，工作要求和纪律等。[1]

调查方案确定后，经监察机关相关负责人批准，成立审查调查组，确定审查调查谈话方案、外查方案，审批重要信息查询、涉案财物查扣等事项。调查组由组长和组员组成。在成立调查组时，监察机关应当明确组长和组员的职责与分工。对于

---

〔1〕 参见中共中央纪律检查委员会法规室、中华人民共和国国家监察委员会法规室编写：《〈中国共产党纪律检查机关监督执纪工作规定〉释义》，中国方正出版社 2019 年版，第 136 页。

重大、复杂的案件，审查调查组一般下设综合组、谈话组、外查组等，各小组协同配合，形成合力。

监督检查、审查调查部门主要负责人组织研究提出审查调查谈话方案、外查方案和处置意见建议，审批一般信息查询，对调查取证审核把关。

### （三）宣布、通报、通知与公开

监察立案后，监察机关应当向被调查人宣布立案调查决定，并通报相关组织。对被调查人而言，监察立案后，监察机关可以对其采取的调查措施的种类更为多样，相较于监察立案前，其人身自由和财产权益往往会受到更为严格的管理、限制。将立案调查决定向被调查人宣布，并通报相关组织，具有以下三方面的意义：（1）体现调查工作的正式性和严肃性；（2）保障被调查人的知情权；（3）敦促被调查人配合调查，鼓励其主动交代涉嫌职务违法、职务犯罪的事实。

涉嫌严重职务违法或者职务犯罪的，监察机关应当通知被调查人的家属。监察立案后，监察机关可以对涉嫌严重职务违法或职务犯罪并符合其他法定条件的被调查人采取留置措施。留置不仅会限制被调查人的人身自由，而且会对被调查人的家属产生影响。因此，监察机关应当通知被调查人家属，以保障被调查人家属的知情权。

涉嫌严重职务违法或者职务犯罪的，监察机关还应当向社会公开发布立案调查决定。设置社会公开发布机制，一方面，便于监察机关接受社会监督；另一方面，便于监察机关及时回应人民群众对反腐败工作的热切期盼，加强反腐败斗争宣传，形成对腐败犯罪强大、持久的震慑效力。在此方面，需要注意 2018 年《监察法》和 2021 年《监察法实施条例》之间的不同——2018 年《监察法》第 39 条第 3 款将向社会公开发布的条件设定为“涉嫌严重职务违法或者职务犯罪的”，不过，2021 年《监察法实施条例》第 184 条第 2 款则表述为“对涉嫌严重职务违法或者职务犯罪的公职人员立案调查并采取留置措施的”，比较可知，后者增加了“采取留置措施”这一条件。

### （四）监察立案与留置措施的适用

2021 年《监察法实施条例》第 185 条第 2 款完善了调查期限制度并首次规定，对被调查人没有采取留置措施的职务违法或者职务犯罪案件，监察机关应当在立案后 1 年以内作出处理决定；对被调查人解除留置措施的，应当在解除留置措施后 1

年以内作出处理决定；案情重大复杂的，经批准可以延长，但是延长期限不得超过6个月。可见，我国监察法律规范明确了监察调查办案期限的要求，防止调查工作久拖不决。

### 五、监察立案与移送审理一并报批程序

监察立案与移送审理一并报批程序（以下简称一并报批程序），是指对案情简单，经过初步核实已经查清主要职务违法、职务犯罪事实，需要追究法律责任，但不需要进一步开展调查工作的，立案和移送审理可以一并报批，监察机关履行立案程序后再移送审理的工作制度机制。此类一并报批程序是实事求是原则和精准思维在纪检监察工作中的具体体现，坚持“因案施策”，具体问题具体分析。允许监察机关在办理简单轻微案件时一并报批立案与移送审理，一方面，有利于提高案件办理效率，实现快办快结；另一方面，有利于节约办案资源，方便监察机关集中力量办理重大、疑难、复杂的案件。由此，一并报批程序在促使各级纪检监察机关以保障案件质量为基础和核心，把握好办案质量、效率和效果关系方面发挥积极作用。

立案和移送审理一并报批必须建立在案情轻微，经过初步核实已经查清主要职务违法、职务犯罪事实的基础上。主要职务违法、职务犯罪事实尚未查清的，监察机关应当依法履行监察立案手续，开展审查调查工作。

实践中，纪检监察机关精准适用一并报批程序，应当把握以下要点：第一，程序适用条件和情形是“案情简单”，对此，需要从违纪违法事实简单、拟处理意见简单两个方面理解。前者是指该程序仅适用于轻微或者一般的违纪、职务违法案件，而不得适用于严重违纪违法案件和职务犯罪案件；后者是指该程序原则上适用于拟适用第二、第三种形态处分的案件，而不得适用于拟适用第四种形态处分的案件。第二，程序适用标准是满足“已查清主要违纪违法事实”“不需要再进一步开展审查调查”“需要追究纪律责任、法律责任”的要求。第三，程序适用的流程主要包括做实初核工作、规范报批程序、严格立案程序和有效衔接审理等方面。在此过程中，纪检监察机关应当依规依纪依法制作或者出示《被核查人权利义务告知书》《立案决定书》《被审查调查人权利义务告知书》《立案通知书》等文书。

### 六、监察立案的其他问题

#### （一）刑事裁判与行政处罚对立案程序的影响

监察对象依法受到刑事责任追究的，监察机关应当依据司法机关的生效判决、

裁定、决定及其认定的事实、性质和情节，依据2020年《政务处分法》的相关规定，给予政务处分。在这种情形下，监察机关一般不再履行立案程序。原因在于，司法机关的生效判决、裁定、决定对证据的要求更高，司法机关据以作出判决、裁定、决定的证据，通常符合监察机关作出政务处分的证据要求。

监察对象依法受到行政处罚，需要给予政务处分的，监察机关可以根据行政处罚决定认定的事实和情节，经过立案调查核实后，依据2020年《政务处分法》的相关规定，给予政务处分。此种情况下需要监察机关立案的原因在于，行政处罚决定的权威性低于司法机关的生效判决、裁定、决定，并且在证据要求严格程度方面，作出行政处罚所依据的证据同样略低于作出刑事处罚所依据的证据。

监察机关依据司法机关的生效判决、裁定、决定，或者根据行政处罚决定经过立案调查对监察对象作出政务处分后，司法机关、行政机关依法改变原生效判决、裁定、决定等，对原政务处分决定产生影响的，监察机关应当根据改变后的判决、裁定、决定等重新作出相应处理。

#### （二）监察立案后的相关处理

监察对象涉嫌职务违法，已经被立案调查，不宜继续履行职责的，公职人员任免机关、单位可以决定暂停其履行职务。

监察对象被立案调查期间，未经监察机关同意，不得出境、辞去公职；被调查人所在机关、单位及上级机关、单位不得对其交流、晋升、奖励、处分或者办理退休手续。在立案调查期间，不允许被调查人随意出境、辞去公职，主要是为了防止其在审查调查期间外逃或采取其他方式对抗调查。在立案调查期间，暂停被调查人所在机关、单位及上级机关、单位对其交流、晋升、奖励、处分或者办理退休手续，主要是因为审查调查结果可能会对有关机关、单位作出的决定造成影响。

## 第五节　调　　查

### 一、调查的基本内涵

调查有广义和狭义之分。广义的调查程序始于线索处置，监察机关采取谈话的方式处置问题线索时，调查程序即宣告开始。狭义的调查，仅指监察立案后，监察机关收集证据查明职务违法犯罪事实的活动。本节所称的调查，是指狭义的调查工作。

监察机关的调查活动不同于刑事侦查机关的侦查活动。根据2018年《刑事诉讼法》第108条的规定，侦查，是指公安机关、人民检察院对于刑事案件，依照法律进行的收集证据、查明案情的工作和有关的强制性措施。调查与侦查的目的虽然都是依法收集证据、查明案件，但二者在内容上存在区别：第一，调查活动的范围不同于侦查活动的范围。监察机关的调查活动范围涵盖职务违法、职务犯罪案件。而侦查的范围仅限于刑事犯罪案件。第二，调查活动一般是公开进行的，一方面，监察机关宣布立案决定后，应当及时向被调查人所在单位等相关组织送达《立案通知书》，并向被调查人所在单位主要负责人通报。另一方面，对涉嫌严重职务违法或者职务犯罪的公职人员立案调查并采取留置措施的，监察机关应当按规定通知被调查人家属，并向社会公开发布。而侦查活动一般是秘密进行的。第三，适用强制性措施的要求不同。监察立案前，监察机关即可依法采取谈话、询问等多种调查措施进行初步核实。侦查机关必须经过刑事立案，才可以依法采取刑事强制措施。第四，调查活动强调内部监督制约，即通过监察机关内设部门之间职权分工的方式，实现对监察调查活动的制约和监督。侦查活动则更加强调检察机关对其进行法律监督，例如，侦查机关采取逮捕措施，需要经过检察机关批准等。

## 二、调查的总体要求

2018年《监察法》第40条、第42条对调查工作的总体要求作出了专门规定：一方面，监察机关对职务违法和职务犯罪案件，应当进行调查，收集被调查人有无违法犯罪以及情节轻重的证据，查明违法犯罪事实，形成相互印证、完整稳定的证据链。严禁以威胁、引诱、欺骗及其他非法方式收集证据，严禁侮辱、打骂、虐待、体罚或者变相体罚被调查人和涉案人员。另一方面，调查人员应当严格执行调查方案，不得随意扩大调查范围、变更调查对象和事项。对调查过程中的重要事项，应当集体研究后按程序请示报告。

### （一）依法全面收集证据

依法全面收集证据，是指监察机关在审查调查中，应当严格按照法定程序，收集被调查人有无违法犯罪以及情节轻重的各种证据材料。监察机关收集证据的目的是查明违法犯罪事实，形成相互印证、完整稳定的证据链。在调查活动中，监察机关既要收集不利于被调查人的证据，也要收集有利于被调查人的证据。在收集证据的过程中，监察机关应当做到客观公正，以政治标准和法律标准开展调查取证工作，实现政治效果、纪法效果、社会效果有机统一。

### （二）严禁以非法方式收集证据

监察机关在调查活动中，应当充分听取被审查调查人陈述，保障其饮食、休息，提供医疗服务，确保安全，不得以任何非法方式收集证据。严禁以非法方式收集证据，既是保证监察机关办案质量的必然要求，也是尊重和保障被调查人和涉案人员合法权益的实现路径。

### （三）严格执行调查方案

要求监察机关审查调查组严格执行调查方案，是以制度的方式规范调查权的运行，对防止审查调查人员滥用调查措施具有重大意义。

调查方案由监察机关主要负责人主持召开专题会议研究确定，是对调查工作的总设计、总安排，是进行调查工作的具体计划和部署。[1] 调查方案经过专题会议讨论，是监察机关集体意志的体现，具有权威性。审查调查组在开展调查工作的过程中，必须严格执行调查方案，不得随意扩大调查范围，变更调查对象和事项。

审查调查组应当以书面形式报告审查调查进展情况。立案之后确定的审查调查方案不可能囊括所有审查调查工作事项，随着调查不断深入，案件会暴露出新现象、新问题。对此，审查调查部门应当及时报告审查调查进展以及存在的主要问题，监察机关相关部门和组织应当根据案件办理情况，按照权限作出相应安排。

审查调查工作中遇有重要事项，审查调查组应当及时请示。审查调查组未经请示批准，擅自改变调查方案的，一方面，可能打乱审查调查工作的既定安排，影响职务犯罪案件的办理进程；另一方面，可能侵犯被调查人和涉案人员的合法权益。

## 三、调查的程序规则

2018 年《监察法》第 41 条规定："调查人员采取讯问、询问、留置、搜查、调取、查封、扣押、勘验检查等调查措施，均应当依照规定出示证件，出具书面通知，由二人以上进行，形成笔录、报告等书面材料，并由相关人员签名、盖章。调查人

---

〔1〕 参见中共中央纪律检查委员会法规室、中华人民共和国国家监察委员会法规室编写：《〈中华人民共和国监察法〉释义》，中国方正出版社 2018 年版，第 195 页。

员进行讯问以及搜查、查封、扣押等重要取证工作，应当对全过程进行录音录像，留存备查。”这是对审查调查程序的基本要求。

### （一）调查人员采取调查措施时，应当出示证件

证件是调查人员身份的证明。出示证件的目的在于证明调查人员的真实身份，以便有关单位和个人积极配合调查工作。出示证件体现了审查调查工作的严肃性与正式性。

### （二）调查人员采取调查措施时，原则上应当出具书面通知

书面通知，是指明确调查措施种类并加盖监察机关公章的通知性法律文书。监察机关应当向有关单位和个人出具书面通知，以证明调查人员采取调查措施的行为已经经过监察机关的合法授权，同时，便于有关单位和个人予以配合。例如，监察机关采取留置措施时，应当向留置对象出具《留置决定书》，并向留置对象的家属出具《留置通知书》。

监察机关采取调查措施时，原则上应当出具书面通知。对于不出具相应的书面通知的，有关单位和个人可以拒绝配合。但是，考虑到实务情形的复杂性，2018 年《监察法》、2019 年《监督执纪工作规则》等国家法律、党内法规实际上对监察机关出具书面通知的要求作出一些例外规定，这主要集中在相关人员被限制或者剥夺人身自由的情形。例如，监察机关询问已被限制人身自由的证人时，无须出具《询问通知书》；又如，监察机关讯问正在服刑的相关人员时，无须出具《讯问通知书》；再如，监察机关向被限制人身自由的被调查人进行谈话或者讯问时，也无须出具书面通知。

### （三）采取调查措施必须由 2 人以上进行

监察机关采取调查措施，必须由 2 名以上调查人员进行。要求采取调查措施必须由 2 人以上进行，主要有以下三方面的原因：（1）从调查措施的实施效果看，2 人以上共同实施调查措施更有利于全面、客观地收集、固定证据；（2）从调查措施的实施程序看，2 人以上共同实施调查措施有利于调查人员互相配合、互相监督，防止个人徇私舞弊或发生以非法方式调查取证的行为；（3）2 人以上共同实施调查

措施，有利于防止出现被调查人诬告调查人员实施人身侮辱等行为。[1]

### （四）采取调查措施应当形成笔录、报告等书面材料，并由相关人员签名、盖章

监察机关采取调查措施，应当对采取措施的过程进行记录，形成笔录或者报告。笔录、报告等书面材料是证据的重要载体，有利于保证证据的客观和真实。由相关人员签名、盖章，是对笔录、报告等书面材料的核对和认可。[2]

### （五）调查人员进行重要取证工作，应当全程录音录像，留存备查

调查人员进行讯问以及搜查、查封、扣押等重要取证工作，应当对全过程进行录音录像，留存备查。

录音录像应当全程进行，调查人员不得在重要取证工作中暂停、关闭录音录像设备，不得对录音录像进行剪辑、拼接。

审查调查组应当妥善保管、及时归档录音录像。案件监督管理部门负责对录音录像定期核查。监督检查、审查调查部门主要负责人、分管领导应当定期检查审查调查期间的录音录像，发现问题及时纠正并报告。分管领导，一般指监察机关分管监督检查、审查调查工作的领导。

录音录像不随案移送检察机关，仅留存备查。2019 年《人民检察院刑事诉讼规则》（以下简称 2019 年《最高检规则》）第 263 条第 2 款规定："对于监察机关移送起诉的案件，认为需要调取有关录音、录像的，可以商监察机关调取。"

### （六）审查调查结束后应当形成审查调查报告

调查组在调查工作结束后应当集体讨论，形成调查报告。调查报告应当列明被调查人基本情况、问题线索来源及调查依据、调查过程，涉嫌的主要职务违法或者职务犯罪事实，被调查人的态度和认识，处置建议及法律依据，并由调查组组长以及有关人员签名。

调查组对调查过程中发现的重要问题和形成的意见建议，应当形成专题报告。

---

〔1〕参见中共中央纪律检查委员会法规室、中华人民共和国国家监察委员会法规室编写：《〈中华人民共和国监察法〉释义》，中国方正出版社 2018 年版，第 193 页。

〔2〕参见中共中央纪律检查委员会法规室、中华人民共和国国家监察委员会法规室编写：《〈中华人民共和国监察法〉释义》，中国方正出版社 2018 年版，第 193 页。

所谓专题报告，是指对审查调查工作中发现的涉及面较广，反映被审查调查人所在地区、部门共性问题或者具有代表性、典型性的问题，在进行深入分析或者调研的基础上，有针对性地总结和提出意见建议，进而形成的专题报告。[1]

### （七）调查组应当听取被调查人、涉案人员的意见

调查组应当将调查认定的涉嫌违法犯罪事实形成书面材料，交给被调查人核对，听取其意见。被调查人应当在书面材料上签署意见。对被调查人签署不同意见或者拒不签署意见的，调查组应当作出说明或者注明情况。对被调查人提出申辩的事实、理由和证据应当进行核实，成立的予以采纳。

调查组对于立案调查的涉嫌行贿犯罪、介绍贿赂犯罪或者共同职务犯罪的涉案人员，在查明其涉嫌犯罪问题后，依照上文的核对、听取意见等规定进行办理。

### （八）移送审理的要求

监察机关调查组应当将调查报告以及忏悔反思材料、职务违法犯罪事实材料、涉案财物报告等，按程序报监察机关主要负责人批准，连同全部证据和程序材料，依照规定移送审理。

对被调查人涉嫌职务犯罪拟依法移送人民检察院审查起诉的，调查组应当起草《起诉建议书》。《起诉建议书》应当载明被调查人基本情况，调查简况，认罪认罚情况，采取留置措施的时间，涉嫌职务犯罪事实以及证据，对被调查人从重、从轻、减轻或者免除处罚等情节，提出对被调查人移送起诉的理由和法律依据，采取强制措施的建议，并注明移送案卷数及涉案财物等内容。

调查组应当形成被调查人到案经过及量刑情节方面的材料，包括案件来源、到案经过、自动投案、如实供述、立功等量刑情节，认罪悔罪态度、退赃、避免和减少损害结果发生等方面的情况说明及相关材料。被检举揭发的问题已被立案、查破，被检举揭发人已被采取调查措施或者刑事强制措施、起诉或者审判的，还应当附有关法律文书。

经调查认为被调查人构成职务违法或者职务犯罪的，监察机关应当区分不同情况提出相应处理意见，经审批将调查报告、职务违法或者职务犯罪事实材料、涉案

---

[1] 参见中共中央纪律检查委员会法规室、中华人民共和国国家监察委员会法规室编写：《〈中国共产党纪律检查机关监督执纪工作规定〉释义》，中国方正出版社 2019 年版，第 162 页。

财物报告、涉案人员处理意见等材料，连同全部证据和文书手续移送审理。

相较于2018年《监察法》、2019年《监督执纪工作规则》的规定，对涉嫌职务犯罪的案件，2021年《监察法实施条例》新增了移送“同步录音录像资料及其自查报告”的要求。《监察法实施条例》第190条第2款规定，对涉嫌职务犯罪的案件材料，监察机关应当按照刑事诉讼要求单独立卷，与《起诉建议书》、涉案财物报告、同步录音录像资料及其自查报告等材料一并移送审理。

调查全过程形成的材料应当案结卷成、事毕归档。

#### （九）对立案和移送审理一并报批的案件的核对程序

2021年《监察法实施条例》第182条确立了对立案和移送审理一并报批的规则，即对案情简单、经过初步核实已查清主要职务违法事实，应当追究监察对象法律责任，不再需要开展调查的，立案和移送审理可以一并报批，履行立案程序后再移送审理。立案和移送审理一并报批的规则有利于提高监察机关的办案效率。立案和移送审理一并报批的规则主要适用于以下案件：一是被调查人涉及违反中央八项规定精神等问题的案件。此类案件一般具有案情简单的特点，监察机关无须采取立案后才可以使用的调查措施便可以查明有关事实。二是被调查人涉嫌赌博、酒驾、妨害社会管理秩序等违反国家法律法规的案件。既然执法部门已针对此类案件收集证据材料并作出相应的行政处罚决定，监察机关通常在初步核实阶段就能够查清事实，便无须立案并开展审查调查工作。

对于此类案件，调查组是否需要在报批前将书面材料交给被调查人核对并听取其意见？对此，2021年《监察法实施条例》第187条采取肯定立场，即对于立案和移送审理一并报批的案件，调查组亦应当将调查认定的涉嫌违法犯罪事实形成书面材料，交给被调查人、涉案人员核对，听取其意见。概言之，虽然立案和移送审理可以一并报批，但监察机关不应同时进行立案和移送审理工作，换句话说，对立案和移送审理一并报批的案件，监察机关应当在履行立案程序后再移送审理。

## 第六节 审　理

### 一、审理的内涵

审理，是指对于职务违法犯罪案件，监察机关案件审理部门正式受理后，分别以党内法规或监察法、刑法、刑事诉讼法、政务处分法等法律法规为准绳，对事实证据、定性、程序手续、涉案财物等进行全面审理，依法提出处置意见的活动。2018 年《监察法》第 36 条第 1 款规定："监察机关应当严格按照程序开展工作，建立问题线索处置、调查、审理各部门相互协调、相互制约的工作机制。" 案件审理是连接审查调查与监察处置的"最后一道关口"，是提高审查调查工作质量、准确运用处置方式的重要保障，也是监察机关内部相互协调、相互制约工作机制的体现。

### （一）承担审理职责的部门

案件审理工作由监察机关的案件审理部门专门负责。2019 年《关于加强和改进案件审理工作的意见》明确提出"坚持独立审理"的要求。

### （二）审理的基本要求

根据 2019 年《监督执纪工作规则》第 53 条第 1 款的规定，监察机关案件审理工作应当做到"事实清楚、证据确凿、定性准确、处理恰当、手续完备、程序合规"。这实际上是监察机关案件审理工作的"二十四字"方针。类似的规定也见于 2020 年《政务处分法》第 5 条，即"给予公职人员政务处分，应当事实清楚、证据确凿、定性准确、处理恰当、程序合法、手续完备"。而且，2019 年《关于加强和改进案件审理工作的意见》第 2 条也明确指出，案件审理部门应当按照"事实清楚、证据确凿、定性准确、处理恰当、手续完备、程序合规"的基本要求，严格履行审核把关职责，强化监督制约作用，保障和提高案件质量。

根据中共中央纪律检查委员会法规室、中华人民共和国国家监察委员会法规室编写的《〈中国共产党纪律检查机关监督执纪工作规定〉释义》的相关内容，"二十四字"方针的主要内涵包括以下内容：（1）事实，主要是指审查调查结论所依据的事实，包括被调查人是否构成违纪或职务违法、职务犯罪，是否具有从轻或减轻、从重或加重的情节，以及是否应当承担相应责任的全部事实和情节。对于主要犯罪事实已经查清，但个别细节无法查清，且不影响定罪量刑的，应当视作犯罪事实已经查清。（2）证据确凿，主要是指审查调查结论所依据的事实，都有确实、充分的证据予以佐证。它要求每一个证据都来源可靠，且经过查证属实、核对无误，证据间应当相互印证，形成完整的证明体系。（3）定性准确，主要是指依规依纪依法准确认定审查调查问题的性质。（4）处理恰当，主要是指根据审查调查确定的事实和性质，依据党和国家方针政策和法律法规，给予调查对象恰当的处理。（5）手续完备、程序合规，主要是指按法定程序审查调查案件。事实清楚是定性处理的基础，证据确凿是认定案件事实的前提，定性准确是正确处理的关键，处理恰当是结果和目的，手续完备、程序合规是正确处理的制度保证。[1]

## 二、审理的原则

根据2018年《监察法》、2019年《监督执纪工作规则》、2021年《监察法实施条例》等党内法规、国家法律的规定，监察机关开展案件审理工作需要坚持的重要原则主要包括以下五个方面，分别是民主集中制原则、实事求是原则、全面审理原则、查审分离原则、独立审理原则。

### （一）民主集中制原则

民主集中制，是指民主基础上的集中和集中指导下的民主相结合的制度，是党的根本组织制度和领导制度，也是马克思主义认识论和群众路线在党的生活和组织建设中的运用。在纪委监委合署办公的制度安排下，案件审理工作的集体审议等要求，是纪检监察机关落实民主集中制原则的具体体现。对此，2019年《监督执纪工作规则》第53条第2款规定："纪律处理或者处分必须坚持民主集中制原则，集体讨论决定，不允许任何个人或者少数人决定和批准。"与之相应的是，2021年《监察法实施条例》第6条则进一步规定："监察机关坚持民主集中制，对于线索处置、立案调查、案件审理、处置执行、复审复核中的重要事项应当集体研究，严格按照权限履行请示报告程序。"在此前提下，2021年《监察法实施条例》第193条强调，审理工作应当坚持民主集中制原则，经集体审议形成审理意见。

民主集中制原则是贯穿于案件审理工作始终的重要原则。实践中，集体审议在案件审理工作中的形式可以分为两种，即审理组讨论和部门室务会讨论。这两种集体审议实质上都是在民主讨论基础上通过集体研究形成审核处理意见。

### （二）实事求是原则

实事求是是中国共产党的思想路线，是新时代纪检监察工作高质量发展的生命线。在纪检监察工作中，坚持实事求是，是纪检监察机关履行监督执纪职责的重要

[1] 参见中共中央纪律检查委员会法规室、中华人民共和国国家监察委员会法规室编写：《〈中国共产党纪律检查机关监督执纪工作规定〉释义》，中国方正出版社2019年版，第165～166页。

原则。对此，2019 年《监督执纪工作规则》、2021 年《监察法实施条例》均作出明确规定。其中，2021 年《监察法实施条例》第 192 条第 3 款中规定："案件审理部门应当强化监督制约职能，对案件严格审核把关，坚持实事求是、独立审理，依法提出审理意见。"案件审理工作贯彻实事求是原则，应当以事实为依据，以党章党规党纪和国家法律法规为准绳，做到具体问题具体分析。

### （三）全面审理原则

全面审理原则，是指对于受理的案件，监察机关案件审理部门应当对案件进行全面审理，做到"应审尽审""应核尽核"。对此，2021 年《监察法实施条例》第 192 条第 1 款中明确规定："案件审理部门受理案件后，应当成立由二人以上组成的审理组，全面审理案卷材料。"

全面审理分为形式上的全面审理和实质上的全面审理：前者是指案件审理部门收到移送审理的案件后，应当审核材料是否齐全、手续是否完备。对被调查人涉嫌职务犯罪的，还应当审核相关案卷材料是否符合职务犯罪案件立卷要求，是否在调查报告中单独表述已查明的涉嫌犯罪问题，是否形成《起诉建议书》。后者是指案件审理部门严格贯彻"二十四字"方针，以法律法规为准绳，对案件事实证据、性质认定、程序手续、涉案财物等进行全面审理。

### （四）查审分离原则

审理工作的内容和性质决定了案件审查调查与审理工作应当分离。查审分离，是指监察机关为了强化内部分工制约，将审查调查、案件审理等职能分散至不同部门，并分别由不同的领导分管，使执纪执法全过程既相互配合、又相互制约，由此构建高效的相互协调机制。为了防止案件审理工作受到不当因素的影响，参加审理的监察人员应当保证客观公正，保证案件审理工作的权威性、公信力。对此，2021 年《监察法实施条例》第 192 条第 3 款强调："案件审理部门应当强化监督制约职能，对案件严格审核把关……坚持调查与审理相分离的原则，案件调查人员不得参与审理。"

要求查审分离的主要原因在于，审理是对审查调查的审核把关，要求审查调查人员不得参与审理工作，能够有效克服先入为主等因素，提升审理工作的客观性和公正性。可见，在案件审理工作中贯彻查审分离原则，可以有效避免监察人员既当"运动员"又当"裁判员"的情况。

### （五）独立审理原则

独立审理原则，是指作为监察程序的有机组成部分，案件审理程序是独立的程序环节，应当与监督检查、审查调查程序区别开来，案件审理部门独立提出审理意见，杜绝“先定后审”“未审即定”和“查审不分”等问题发生。2019 年《关于加强和改进案件审理工作的意见》首次以规范性指导意见形式，明确提出“坚持独立审理，防止审理过早介入监督检查、审查调查工作”的基本要求。独立审理原则是 2018 年《监察法》第 4 条第 1 款、第 36 条、第 55 条在案件审理工作中的直接体现。该原则与实事求是原则、查审分离原则紧密联系，2021 年《监察法实施条例》第 192 条第 3 款规定：“案件审理部门应当强化监督制约职能，对案件严格审核把关，坚持实事求是、独立审理，依法提出审理意见。”

强调案件审理工作贯彻独立审理原则，不是说案件审理部门是独立存在的部门，换言之，独立审理原则中的“独立”是相对的而非绝对的，案件审理工作应当坚持党对纪检监察工作的领导，严格落实请示汇报等制度。在此方面，《关于加强和改进案件审理工作的意见》第 3 条围绕加强对案件审理工作的领导提出明确要求，案件审理工作不仅要接受本级纪委监委的领导和指导，也要接受上级纪委监委的领导和指导。

## 三、审理的程序

实现案件审理作为监督执法工作中“关口”“出口”的职责定位，发挥案件审理对审查调查的协调、制约作用，应当格外重视构建合理高效的审理程序这一基础性工程。具体而言，案件审理工作依照以下程序进行。

### （一）受理移送案件

案件审理部门收到审查调查报告后，经审核符合移送条件的予以受理，不符合移送条件的可以暂缓受理或者不予受理。

此处的审核属于形式审核，即案件审理部门在决定是否受理时仅需要对审查调查报告的形式进行审核，包括文书格式是否符合要求、案件材料是否齐全、手续是否完备等，而不需要对审查调查报告的内容进行审核。

受理的案件主要包括两类：（1）党员、干部以及监察对象涉嫌违纪或者职务违法、职务犯罪案件；（2）职务违法、职务犯罪以外的涉嫌其他违法犯罪，需要追究法律责任的案件。[1] 对移送的涉嫌职务犯罪的案件，审核的重点在于审查调查部门是否将被审查调查人涉嫌职务犯罪的案卷材料按照刑事诉讼要求单独立卷、是否形成《起诉意见书》，以及同步录音录像、涉案财物报告等材料是否齐全。对于尚不符合受理条件的案件，按程序报批后，案件审理部门应当暂缓受理或不予受理，并通知审查调查部门及时补充、更正。

### （二）审核案件材料

案件审理部门受理案件后，应当成立由 2 人以上组成的审理组，全面审理案卷材料。

审理组应当对案件进行全面审理，重点把握主体身份问题、事实证据问题、情节问题、认罪悔罪态度问题、调查程序问题。最后，案件审理部门应当在全面审核案件材料的基础上，提出审理意见。

案件审理应当坚持民主集中制原则，在民主讨论基础上形成处理意见；对争议较大的应当及时报告，形成一致意见后再作出决定。案件审理部门根据案件审理情况，应当与被审查调查人谈话，核对违纪或者职务违法、职务犯罪事实，听取辩解意见，了解有关情况。审理谈话是审理工作的重要措施，有利于全面客观地审核案件，加强对审查调查工作的监督制约，也有利于保障被审查调查人的合法权利。

审理工作既应当全面审理，坚持实事求是，又要提高效率，严格遵守时限要求。审理工作应当在受理之日起 1 个月内完成，重大复杂案件经批准可以适当延长。审理过程中，退回重新调查和补充调查的时间不计入审理时限。

### （三）审理谈话工作

审理谈话工作，是指监察机关案件审理部门根据案件审理情况，经审批可以与被调查人谈话，告知其在审理阶段的权利义务，核对涉嫌违纪违法犯罪事实，听取其辩解意见，了解有关情况。审理谈话是案件审理部门深入开展审理工作的重要途径，有利于全面客观审核案件，也有利于听取被调查人的意见，保障被审查调查人辩解、申辩的权利。审理谈话工作不是必经程序，由案件审理部门根据案件审理情况进行判断。案件审理人员通过审理谈话的方式，可以告知被审查调查人在审理阶

---

〔1〕 参见中共中央纪律检查委员会法规室、中华人民共和国国家监察委员会法规室编写：《〈中国共产党纪律检查机关监督执纪工作规定〉释义》，中国方正出版社 2019 年版，第 172 页。

段的权利义务，核对涉嫌违法犯罪事实，听取其辩解意见，了解有关情况，克服仅凭材料进行“书面审理”的固有弊端。

在2019年《监督执纪工作规则》、2019年《监察机关监督执法工作规定》的基础上，2021年《监察法实施条例》首次细化了案件审理部门一般应当开展审理谈话工作的具体情形，提升了“根据案件审理情况”之判断标准的可操作性。2021年《监察法实施条例》第195条第2款规定：“具有下列情形之一的，一般应当与被调查人谈话：（一）对被调查人采取留置措施，拟移送起诉的；（二）可能存在以非法方法收集证据情形的；（三）被调查人对涉嫌违法犯罪事实材料签署不同意见或者拒不签署意见的；（四）被调查人要求向案件审理人员当面陈述的；（五）其他有必要与被调查人进行谈话的情形。”

与被调查人谈话时，案件审理人员不得少于2人。

审理谈话结束后，审理人员应当根据谈话内容作出不同处理：对于谈话中无异议的情况，审理人员应当及时形成审理报告，说明审理谈话情况；对于谈话中可能存在以非法方法收集证据情形的，审理组应当会同有关部门予以调查核实，依据不同的证据类型作出不同处理；对于被审查调查人在审理谈话中提出的辩解意见或者提供的新的事实证据，审理人员经审核认为有合理理由的，应当及时反馈案件承办部门进行补充调查或者作出说明。

### （四）审理提前介入

审理提前介入，是指对于重大、复杂、疑难案件，监督检查、审查调查部门已查清主要违纪或者职务违法、职务犯罪事实并提出倾向性意见的案件，或者对涉嫌违纪或者职务违法、职务犯罪行为性质认定分歧较大的案件，经批准，案件审理部门提前介入开展审理工作的活动。案件审理部门提前介入，有利于整合办案资源，在监察机关内部形成办案合力，尽可能将疑难、复杂问题解决在前端，是提高办案效率、缩短办案时间的合理路径。准确把握审理提前介入的含义，应当注意以下五方面的内容。

1. 提前介入的类型

根据2018年《监察法》、2019年《监督执纪工作规则》等党内法规和国家法律的要求，对于审查调查部门提出商请的案件，案件审理部门原则上应当对全案开展提前介入审理工作，但考虑到实务操作的复杂情况，案件审理部门也可以根据具体情形仅对案件中的部分问题开展提前介入审理工作。可见，案件审理部门的提前介入审理活动可以分为两种类型，即对全案的审理提前介入、对部分问题的审理提前介入。

2. 提前介入的条件

原则上，案件审理部门仅对重大、复杂、疑难案件提前介入。是否属于重大，应当从涉案金额、涉案人员级别、涉案行为造成的后果以及涉案行为造成的社会影响等进行判断。

是否属于疑难、复杂，应当结合案件办理中的事实认定、证据采信、案件定性、法律适用等进行判断。此外，在认定是否属于重大、疑难、复杂时，应当立足于案件审理的实际需要，充分考虑不同地区办案资源、办案能力的差异，更好地发挥审理提前介入对审查调查的协同作用。

除重大、疑难、复杂外，审理提前介入还应当符合以下情形之一：（1）监督检查、审查调查部门已查清主要违纪或者职务违法、职务犯罪事实并提出倾向性意见；（2）对涉嫌违纪或者职务违法、职务犯罪行为性质认定分歧较大。

3. 提前介入的启动

对于符合条件需要提前介入的案件，监察机关审查调查部门应在正式移送审理10日前提出，并报监察机关有关部门的领导批准。这就要求审查调查部门与案件审理部门应当提前沟通。基于查审分离原则，案件审理部门不宜在审查调查环节对审查调查工作过多参与，因此，审查调查部门和案件审理部门在提前沟通中应当把握尺度，将沟通的重点放在确定案件是否符合提前介入的条件。

4. 提前介入的内容

案件审理部门在提前介入中有权查阅既有卷宗资料，针对证据审查、事实认定等方面提出意见与建议，引导和帮助审查调查部门严格依规依纪依法收集证据，形成相互印证、完整稳定的证据链。而且，案件审理部门在提前介入过程中，针对事实证据、定性处理、程序手续、涉案款物等事项开展审理工作，也是履行审核把关和监督制约职责的直接体现。

5. 提前介入与正式审理的关系

审理提前介入并非监督执法的必经程序。案件审理部门应当准确把握提前介入与正式审理的关系，防止以提前介入代替正式审理。

二者的关系主要表现在：（1）审理提前介入是正式审理之前的初步审核工作，有助于案件审理部门提前熟悉案情，及早把握案件处理的大局和走向，为正式审理打下基础。（2）对于立案审查调查需追究纪律责任或法律责任的案件，正式审理是审查调查终结后的必经程序，审理提前介入则是由案件审理部门在审查调查过程中，针对案件重大或者复杂、疑难等特殊情况采取的工作方法，不是审理案件的必经程序。(3) 审理提前介入不能代替正式审理，审理提前介入之后还要履行正式审理程序，即审查调查部门还要履行正式移送审理程序、案件审理部门内部要召开室务会集体审议案件等。

### （五）退回调查

退回调查，是指案件审理部门经审理认为主要违法犯罪事实不清、证据不足的，或者需要补充完善证据的，应当经审批将案件退回承办部门重新调查或者补充调查。审查调查工作难免出现取证不足或证据难以证明主要违法犯罪事实等情况。设置退回调查程序，主要目的在于发挥案件审理部门对案件办理质量的把关作用，实现审理部门、审查调查部门之间“相互协调、相互制约”的目标。

1. 退回调查分为两类，即退回重新调查、退回补充调查：前一类的适用情形是指主要违法犯罪事实不清、证据不足的情形。后一类的适用情形是指2021年《监察法实施条例》第196条第2款规定的：“有下列情形之一，需要补充完善证据的，经审批可以退回补充调查：（一）部分事实不清、证据不足的；（二）遗漏违法犯罪事实的；（三）其他需要进一步查清案件事实的情形。”

2. 案件审理部门将案件退回重新调查或者补充调查的，应当出具审核意见，写明调查事项、理由、调查方向、需要补充收集的证据及其证明作用等，连同案卷材料一并送交承办部门。

3. 承办部门补充调查结束后，应当经审批将补证情况报告及相关证据材料，连同案卷材料一并移送案件审理部门；对确实无法查明的事项或者无法补充的证据，应当作出书面说明。重新调查终结后，应当重新形成调查报告，依法移送审理。

4. 重新调查完毕移送审理的，审理期限重新计算。补充调查期间不计入审理期限。

5. 经过退回调查，案件审理部门经审理认为，现有证据仍不足以证明被调查人存在违法犯罪行为，且通过退回补充调查仍无法达到证明标准的，应当提出撤销案件的建议。在此方面，案件审理部门需要注意提出撤销案件建议的期限问题。对此，2021年《监察法实施条例》并未作出明确规定，不过，可以参考2021年《监察法实施条例》第185条所规定的期限制度：其一，调查职务违法或者职务犯罪案件，对被调查人没有采取留置措施的，应当在立案后一年以内作出处理决定。其二，对被调查人解除留置措施的，应当在解除留置措施后 1 年以内作出处理决定。其三，案情重大复杂的案件，经上一级监察机关批准，可以适当延长，但延长期限不得超过6 个月。

## 四、形成审理报告并提交审议

### （一）形成审理报告

审理报告，是指案件审理部门制作的载明被调查人基本情况、调查简况、涉嫌违法或者犯罪事实、被调查人态度和认识、涉案财物处置、承办部门意见、审理意见等内容的，且应当提请监察机关集体审议的文书报告。审理报告是监察机关最重要的审理文书之一。审理工作结束后，监察机关案件审理部门应当制作审理报告。

案件审理部门对被调查人涉嫌职务犯罪需要追究刑事责任的案件，应当形成《起诉意见书》，将其作为审理报告附件。《起诉意见书》应当忠实于事实真相，载明被调查人基本情况，调查简况，采取留置措施的时间，依法查明的犯罪事实和证据，从重、从轻、减轻或者免除处罚等情节，涉案财物情况，涉嫌罪名和法律依据，采取强制措施的建议，以及其他需要说明的情况。

案件审理部门经审理认为现有证据不足以证明被调查人存在违法犯罪行为，且通过退回补充调查仍无法达到证明标准的，应当提出撤销案件的建议。由此，2021 年《监察法实施条例》在监察法规层面正式确立了案件审理部门有权提出撤销案件建议的制度方案。

2022 年 3 月 1 日，中央纪律检查委员会办公厅印发《中管干部违纪违法案件审理流程及文书规范》（中纪厅〔2022〕3 号），对 2018 年 7 月 29 日印发的《中管干部违纪违法案件审理流程及文书规范（试行）》（中纪厅〔2018〕15 号）进行了全面修订。此次修订实质新增审理文书 22 种，取消 1 种，审理文书数量从原有 19 种扩充到 40 种。其中，《中管干部违纪违法案件审理流程及文书规范》在进一步完善常用的中共党员涉嫌职务犯罪案件审理报告模板的内容以外，新增了两种特殊审理报告，即非中共党员的被调查人涉嫌职务犯罪案件的审理报告、依据司法机关生效判决（裁定、决定）给予处分案件的审理报告。

### （二）审议批准审理报告

审理报告应当报经监察机关主要负责人批准，提请纪委常委会会议审议。审议批准程序是整个监察调查过程中不可或缺的重要程序。经审议批准的审理报告，不仅是案件审理部门审理案件的结果，而且对于涉嫌违纪和职务违法的案件而言，还是监察机关对被调查人作出党纪或政务处分的依据。

对于某些案件，除需要报经监察机关主要负责人批准外，还需要报同级党委审批。此类案件报批前，监察机关应当以监察机关办公厅（室）名义征求同级党委组织部门和被审查调查人所在党委（党组）意见。报送同级党委的审理报告应当附被调查人的简历、违法事实材料、《起诉意见书》等。

## 第七节　处　　置

监察机关依法行使处置职责，即根据监督、调查结果，依据2018年《监察法》、2020年《政务处分法》、2021年《监察法实施条例》等规定进行处置。

### 一、对违法的公职人员依照法定程序作出政务处分决定

监察机关对违法的公职人员依法需要给予政务处分的，应当根据情节轻重作出警告、记过、记大过、降级、撤职、开除的政务处分决定，制作政务处分决定书。

监察机关应当将政务处分决定书作出后1个月以内送达被处分人和被处分人所在机关、单位，并依法履行宣布、书面告知程序。

政务处分决定自作出之日起生效。有关机关、单位、组织应当依法及时执行处分决定，并将执行情况向监察机关报告。

处分决定应当在作出之日起1个月以内执行完毕，特殊情况下经监察机关批准可以适当延长办理期限，最迟不得超过6个月。

此外，需要注意的是，对于监察机关移送起诉的案件，检察机关作出不起诉决定，法院作出无罪判决，或者监察机关经检察机关退回补充调查后不再移送起诉，涉及对被调查人已生效政务处分事实认定的，监察机关应当依法对政务处分决定进行审核。认为原政务处分决定认定事实清楚、适用法律正确的，不再改变；认为原政务处分决定确有错误或者不当的，依法予以撤销或者变更。

### 二、对领导人员作出问责决定或者提出问责建议

2018年《监察法》第11条、第45条规定，对不履行或者不正确履行职责负有责任的领导人员，监察机关按照管理权限对其直接作出问责决定，或者向有权作出

问责决定的机关提出问责建议。对此，2021 年《监察法实施条例》第 204 条进一步规定："监察机关对不履行或者不正确履行职责造成严重后果或者恶劣影响的领导人员，可以按照管理权限采取通报、诫勉、政务处分等方式进行问责；提出组织处理的建议。"

### 三、对涉嫌职务犯罪的移送检察机关依法审查、提起公诉

2018 年《监察法》第 11 条、第 45 条规定，对涉嫌职务犯罪的案件，监察机关经调查认为犯罪事实清楚，证据确实、充分的，制作起诉意见书，连同案卷材料、证据一并移送检察机关依法审查、提起公诉。

根据 2021 年《监察法实施条例》第 207 条的规定，对于涉嫌行贿等犯罪的非监察对象，在职务犯罪案件调查终结后，监察机关应当依法将其移送起诉。不过，综合考虑行为性质、手段、后果、时间节点、认罪悔罪态度等具体情况，对于情节较轻，经审批不予移送起诉的，监察机关应当采取批评教育、责令具结悔过等方式处置，如若应当给予行政处罚的，监察机关依法移送有关行政执法部门。可见，责令具结悔过仅适用于非公职人员涉嫌行贿等犯罪的情形，属于监察机关对相关犯罪行为人进行处置以外的其他方式。而且，还需注意的是，责令具结悔过仅能适用于情节较轻且符合其他法定条件的犯罪案件。此外，无论是否移送审查起诉，对于有行贿行为的涉案单位和人员，有关机关或者单位按规定记入相关信息记录，可以作为信用评价的依据。

### 四、对监察对象所在单位提出监察建议

2018 年《监察法》第 11 条、第 45 条规定，监察机关有权对监察对象所在单位廉政建设和履行职责存在的问题等提出监察建议。随后，2021 年《监察法实施条例》第 205 条作出细化规定。

1. 监察机关依法向监察对象所在单位提出监察建议的，应当经审批制作监察建议书。

2. 监察建议书一般应当包括下列内容：监督调查情况；调查中发现的主要问题及其产生的原因；整改建议、要求和期限；向监察机关反馈整改情况的要求。

### 五、对有职务违法行为但情节较轻的公职人员的处理

监察机关对于公职人员有职务违法行为但情节较轻的，可以依法进行谈话提醒、

批评教育、责令检查，或者予以诫勉。上述方式可以单独使用，也可以依据规定合并使用。

谈话提醒、批评教育应当由监察机关相关负责人或者承办部门负责人进行，可以由被谈话提醒、批评教育人所在单位有关负责人陪同；经批准也可以委托其所在单位主要负责人进行。对谈话提醒、批评教育情况应当制作记录。

被责令检查的公职人员应当作出书面检查并进行整改。整改情况在一定范围内通报。

诫勉由监察机关以谈话或者书面方式进行。以谈话方式进行的，应当制作记录。

## 六、对没有证据证明或者现有证据不足以证明被调查人存在违法犯罪行为的处理

2018 年《监察法》第 45 条第 2 款规定，监察机关经调查，对没有证据证明被调查人存在违法犯罪行为的，应当撤销案件，并通知被调查人所在单位。该条款主要规定了对没有证据证明被调查人存在违法犯罪行为的案件的处理方式，并未涉及现有证据不足以证明被调查人存在违法犯罪行为的案件的处理方式。以此为基础，2021 年《监察法实施条例》第 206 条对监察机关撤销案件程序要求作出细化规定。

1. 监察机关经调查，对没有证据证明或者现有证据不足以证明被调查人存在违法犯罪行为的，应当依法撤销案件。

省级以下监察机关撤销案件后，应当在 7 个工作日以内向上一级监察机关报送备案报告。上一级监察机关监督检查部门负责备案工作。

2. 省级以下监察机关拟撤销上级监察机关指定管辖或者交办案件的，应当将《撤销案件意见书》连同案卷材料，在法定调查期限到期 7 个工作日前报指定管辖或者交办案件的监察机关审查。对于重大、复杂案件，在法定调查期限到期 10 个工作日前报指定管辖或者交办案件的监察机关审查。

3. 指定管辖或者交办案件的监察机关由监督检查部门负责审查工作。指定管辖或者交办案件的监察机关同意撤销案件的，下级监察机关应当作出撤销案件决定，制作《撤销案件决定书》；指定管辖或者交办案件的监察机关不同意撤销案件的，下级监察机关应当执行该决定。

4. 监察机关对于撤销案件的决定应当向被调查人宣布，由其在《撤销案件决定书》上签名、捺指印，立即解除留置措施，并通知其所在机关、单位。

5. 撤销案件后又发现重要事实或者有充分证据，监察机关认为被调查人有违法

犯罪事实需要追究法律责任的，应当重新立案调查。适用此类特殊的调查“救济”程序，有利于体现国家对腐败零容忍的坚决态度。

## 七、监察机关的复审、复核工作

关于纪检监察活动中的复审复核制度，2018 年《监察法》第 49 条、2020 年《政务处分法》第 5 章已有初步规定，即赋予公职人员（监察对象）申请复审、申请复核的权利。此外，2019 年《监督执纪工作规则》第 59 条规定了中共党员提出申诉后的复议、复查程序。2021 年《监察法实施条例》第 210 条、第 211 条对复审、复核工作的程序、时限和要求等作出了进一步细化规定。

1. 监察对象对监察机关作出的涉及本人的处理决定不服的，可以在收到处理决定之日起 1 个月以内，向作出决定的监察机关申请复审。复审机关应当依法受理，并在受理后 1 个月以内作出复审决定。

监察对象对复审决定仍不服的，可以在收到复审决定之日起 1 个月以内，向上一级监察机关申请复核。复核机关应当依法受理，并在受理后 2 个月以内作出复核决定。

由此可知，其一，复审、复核机关是各级监察机关；其二，复审是复核的前置程序，未经复审的，不能提出复核申请；其三，监察对象只能向作出决定的监察机关及其上一级监察机关申请复审、复核，而不得向其他机关提出复审、复核申请。

2. 上一级监察机关的复核决定和国家监察委员会的复审、复核决定为最终决定。

3. 复审、复核机关承办部门应当成立工作组，调阅原案卷宗，必要时可以进行调查取证。

承办部门应当集体研究，提出办理意见，经审批作出复审、复核决定。决定应当送达申请人，抄送相关单位，并在一定范围内宣布。

4. 复审、复核期间，不停止原处理决定的执行。

复审、复核机关经审查认定处理决定有错误或者不当的，应当依法撤销、变更原处理决定，或者责令原处理机关及时予以纠正。复审、复核机关经审查认定处理决定事实清楚、适用法律正确的，应当予以维持。

可见，复审、复核的处理结果包括三种情况，即撤销、变更或者予以维持。

5. 坚持复审复核与调查审理分离，原案调查、审理人员不得参与复审复核。

6. 关于复审、复核期间政务处分决定的效力问题。一方面，根据 2020 年《政务处分法》第 8 条的规定，政务处分决定自作出之日起生效，政务处分期自政务处分决定生效之日起计算；另一方面，2021 年《监察法实施条例》第 211 条明确，复审、复核期间，不停止原处理决定的执行。这表明若监察对象提出复审、复核申请，在复审、复核期间，不停止原政务处分决定的执行，而政务处分决定被撤销，意味着该决定自作出之日起即无效。

# 第十章　反腐败国际合作

## 第一节　反腐败国际合作概述

### 一、反腐败国际合作的内涵

党的十八大以来，以习近平同志为核心的党中央高度重视反腐败国际合作。2018 年 1 月，习近平总书记在第十九届中央纪律检查委员会第二次全体会议上强调，要加强反腐败综合执法国际协作，强化对腐败犯罪分子的震慑。2019 年 10 月，党的十九届四中全会通过的《中共中央关于坚持和完善中国特色社会主义制度　推进国家治理体系和治理能力现代化若干重大问题的决定》指出："构建一体推进不敢腐、不能腐、不想腐体制机制。坚定不移推进反腐败斗争……推进反腐败国家立法，促进反腐败国际合作，加强思想道德和党纪国法教育，巩固和发展反腐败斗争压倒性胜利。"2022 年 10 月，党的二十大报告作出了深化反腐败国际合作、一体构建追逃防逃追赃机制的重大部署。

21 世纪以来，越来越多的国家和地区重视反腐败国际合作机制的构建和完善。2005 年生效的《联合国反腐败公约》是第一个全球性反腐败公约，截至 2021 年 11 月 18 日，《联合国反腐败公约》的缔约国达到 189 个。这标志着越来越多的国家关注反腐败问题，反腐败国际合作已成为国际社会的普遍性义务。结合我国已缔结的《联合国反腐败公约》等国际公约，以及 2018 年《监察法》、2021 年《监察法实施条例》等监察法律规范，反腐败国际合作是指不同国家、地区或者国际组织之间，根据已缔结的条约或者以互惠为基础，在反腐败事务中相互提供的包括但不限于以下方面的合作，反腐败执法、引渡、司法协助、被判刑人的移管、资产追回和信息交流，等等。

## 二、国家监察委员会在反腐败国际合作中承担的工作职责

2018 年《监察法》第 50 条规定："国家监察委员会统筹协调与其他国家、地区、国际组织开展的反腐败国际交流、合作，组织反腐败国际条约实施工作。"可见，在反腐败国际合作领域，国家监察委员会承担重要的法定职能并发挥着不可替代的法治作用。结合 2018 年《监察法》、2021 年《监察法实施条例》的有关规定，国家监察委员会在反腐败国际合作领域承担的工作职责主要包括以下三个方面。

### （一）统筹协调与其他国家、地区、国际组织开展反腐败国际交流、合作

国家监察委员会在党中央的集中统一领导下，发挥统筹协调的作用，让有关各方发出同一个声音。国家监察委员会依法履行的组织协调职能，主要表现在两个方面：一方面，宏观总体部署。国家监察委员会负责研究制定反腐败国际合作总体工作计划，推动建立反腐败国际合作网络，总结反腐败国际合作经验教训，等等。另一方面，主办重点个案。针对某一案件，国家监察委员会在收集证据、运用法律以及开展对内工作程序、对外配合、寻求国际合作等方面，发挥主导作用。

国家监察委员会在中央反腐败协调小组国际追逃追赃工作办公室的指导下，依法履行组织协调职能，牵头开展职务犯罪国际追逃追赃专项行动，与公安等部门沟通协作，进行反腐败国际交流与合作。应当注意的是，中央反腐败协调小组国际追逃追赃工作办公室是党中央设立的负责国际追逃追赃工作的办事机构，其职责是统筹协调国际追逃追赃工作，包括但不限于研究制定反腐败追逃追赃总体工作计划，组织开展重点个案追逃追赃，推动建立追逃追赃国际合作网络，协调督促做好追逃追赃工作中的重大问题，等等。

### （二）组织国际条约的实施以及履约审议等工作并承担司法协助有关工作

国家监察委员会负责组织《联合国反腐败公约》等反腐败国际条约的实施以及履约审议等工作。我国是最早签署和批准实施《联合国反腐败公约》的国家之一，对于我国缔结的反腐败国际条约，由国家监察委员会组织国内有关部门研究并开展实施工作：一方面，推动立法修改与完善，将反腐败国际条约的相关内容转化为国内法，使之成为我国法律制度的有机组成部分，从而健全我国的反腐败法律法规体

系。例如，2019年《纪检监察机关办理反腐败追逃追赃等涉外案件规定（试行）》明确规定了开展境外劝返、调查取证等工作的程序，与我国已缔结的《联合国反腐败条约》进行了协调与衔接，细化了反腐败法律法规。另一方面，为反腐败国际条约的实施与适用创造条件。例如，组织国内有关部门接受履约审议，督促有关部门做好自评清单填写和提交工作，接受审议国对我国进行实地访问等。

同时，国家监察委员会成为《联合国反腐败公约》刑事司法协助中方中央机关，依托该公约有效开展刑事司法协助等对外执法合作。

### （三）在反腐败国际追逃追赃等工作中承担组织协调、统筹协调、督促指导职责

国家监察委员会组织协调有关单位建立集中统一、高效顺畅的反腐败国际追逃追赃和防逃协调机制，统筹协调、督促指导各级监察机关反腐败国际追逃追赃等涉外案件办理工作，具体履行下列职责：（1）制定反腐败国际追逃追赃和防逃工作计划，研究工作中的重要问题；（2）组织协调反腐败国际追逃追赃等重大涉外案件办理工作；（3）办理由国家监察委员会管辖的涉外案件；（4）指导地方各级监察机关依法开展涉外案件办理工作；（5）汇总和通报全国职务犯罪外逃案件信息和追逃追赃工作信息；（6）建立健全反腐败国际追逃追赃和防逃合作网络；（7）承担监察机关开展国际刑事司法协助的主管机关职责；（8）承担其他与反腐败国际追逃追赃等涉外案件办理工作相关的职责。

## 三、地方各级监察机关在反腐败国际合作中承担的工作职责

地方各级监察机关在国家监察委员会领导下，统筹协调、督促指导本地区反腐败国际追逃追赃等涉外案件办理工作，同时，国家监察委员会派驻或者派出的监察机构、监察专员统筹协调、督促指导本部门反腐败国际追逃追赃等涉外案件办理工作。具体而言，地方各级监察机关和国家监察委员会派驻或者派出的监察机构、监察专员主要履行下列职责：（1）落实上级监察机关关于反腐败国际追逃追赃和防逃工作部署，制定工作计划；（2）按照管辖权限或者上级监察机关指定管辖，办理涉外案件；（3）按照上级监察机关要求，协助配合其他监察机关开展涉外案件办理工作；（4）汇总和通报本地区职务犯罪外逃案件信息和追逃追赃工作信息；（5）承担本地区其他与反腐败国际追逃追赃等涉外案件办理工作相关的职责。

国家监察委员会派驻或者派出的监察机构、监察专员和地方各级监察机关办理

涉外案件中有关执法司法国际合作事项，应当逐级报送国家监察委员会审批。由国家监察委员会依法直接或者协调有关单位与有关国家（地区）相关机构沟通，以双方认可的方式实施。

### 四、监察机关反腐败国际合作工作的归口管理部门或者专责部门

国家监察委员会国际合作局归口管理监察机关反腐败国际追逃追赃等涉外案件办理工作。

地方各级监察委员会应当明确专责部门，归口管理本地区涉外案件办理工作。

## 第二节 反腐败国际合作的主要内容

根据党内法规和国家法律的规定，监察机关承担的反腐败国际合作工作主要分为国（境）内工作和对外合作两方面。

### 一、国（境）内工作

#### （一）防逃工作

防逃，是指我国根据当前腐败犯罪情况并结合反腐败治理经验，通过加强组织管理和干部监督，重点查询、监控涉嫌职务违法犯罪的公职人员以及相关人员进出国（境）和跨境资金流动等情况，建立健全防逃措施体系，由此提升防止涉嫌职务违法犯罪公职人员外逃的工作质效。对此，2021 年《监察法实施条例》第 238 条明确要求：其一，监察机关应当将防逃工作纳入日常监督内容，督促相关机关、单位建立健全防逃责任机制。其二，监察机关在监督、调查工作中，应当根据情况制定对监察对象、重要涉案人员的防逃方案，防范人员外逃和资金外流风险。其三，监察机关应当会同同级组织人事、外事、公安、移民管理等单位健全防逃预警机制，对存在外逃风险的监察对象早发现、早报告、早处置。

#### （二）开展沟通协作和依法调查等工作

1. 监察机关应当加强与同级人民银行、公安等单位的沟通协作，预防、打击公职人员和其他有关人员利用离岸公司和地下钱庄等向境外转移违法所得及其他涉案财产，对涉及职务违法和职务犯罪的行为依法进行调查。

2. 国家监察委员会派驻或者派出的监察机构、监察专员和地方各级监察委员会发现监察对象出逃、失踪、出走，或者违法所得及其他涉案财产被转移至境外的，应当在 24 小时以内将有关信息逐级报送至国家监察委员会国际合作局，并迅速开展相关工作。

3. 监察机关追逃追赃部门统一接收巡视巡察机构、审计机关、行政执法部门、司法机关等单位移交的外逃信息。同时，监察机关对涉嫌职务违法和职务犯罪的外逃人员，应当明确承办部门，建立案件档案。

4. 监察机关开展反腐败国际追逃追赃等涉外案件办理工作，应当把思想教育贯穿始终，落实宽严相济刑事政策，依法适用认罪认罚从宽制度，促使外逃人员回国投案或者配合调查、主动退赃。而且，监察机关开展相关工作，应当尊重所在国家（地区）的法律规定。

5. 外逃人员归案、违法所得及其他涉案财产被追缴后，承办案件的监察机关应当将情况逐级报送国家监察委员会国际合作局。监察机关应当依法对涉案人员和违法所得及其他涉案财产作出处置，或者请有关单位依法处置。对不需要继续采取相关措施的，应当及时解除或者撤销。

## 二、对外合作

国家监察体制改革以来，监察机关成为追逃追赃案件的主办机关。2018 年《监察法》第 52 条明确了监察机关开展组织协调反腐败国际追逃追赃等工作的具体内容。随后，2021 年《监察法实施条例》对反腐败国际追逃追赃工作的相关规定予以细化。实践中，国家监察体制改革形成的制度优势充分转化为反腐败国际合作领域追逃追赃工作的治理效能。例如，作为“天网 2019”行动的组成部分，中央纪委国家监委首次组织全国纪检监察机关开展职务犯罪国际追逃追赃专项行动，取得丰硕战果——全国共追回职务犯罪外逃人员 969 人，其中“红通人员”16 人，追回赃款 24.37 亿元人民币，肖建明、刘宝凤、莫佩芬、黄平 4 名“百名红通人员”案件均由纪检监察机关主办，此外，在国家监察委员会首次组织开展的集中缉捕行动中，一批级别较高、影响恶劣的外逃腐败分子被追回。[1]

---

〔1〕 参见《6 年来“天网”行动打法不断升级震慑持续强化　追逃追赃目标愈加精准》，载中央纪委国家监委网 2021 年 3 月 1 日，https：//www.ccdi.gov.cn/yaowen/202103/t20210301_236665.html。

### （一）追逃

反腐败国际追逃，是指对于逃匿到国（境）外的涉嫌重大贪污贿赂、失职渎职等职务犯罪的被调查人，我国在掌握证据比较确凿的情况下，通过开展境外追逃工作的方式将其追捕归案并予以惩罚。其中，引渡、红色通报、刑事司法协助、遣返、劝返、异地起诉等措施均属于可行方案。

1. 引渡，是指我国根据已签署的条约或者基于互惠原则，向外逃涉案人员所在地国提出请求，将涉嫌犯罪人员移交给我国进行追诉和处罚。引渡是反腐败国际合作机制的重要内容，具有严格的条件限制。目前，国际法确定了一些关于引渡的原则，如政治犯不引渡、双重审查制、死刑不引渡等。2021 年《监察法实施条例》第 246 条明确规定："地方各级监察机关通过引渡方式办理相关涉外案件的，应当按照引渡法、相关双边及多边国际条约等规定准备引渡请求书及相关材料，逐级报送国家监察委员会审核，由国家监察委员会依法通过外交等渠道向外国提出引渡请求。" 2018 年 11 月 30 日，外逃 13 年的职务犯罪嫌疑人、浙江省新昌县原常务副县长姚锦旗从保加利亚被引渡回我国。这是国家监察委员会成立后成功引渡第一案。

2. 红色通报，是指国际刑警组织应其成员国请求发布的一种国际性质的文书材料。2021 年《监察法实施条例》第 245 条规定："监察机关对依法应当留置或者已经决定留置的外逃人员，需要申请发布国际刑警组织红色通报的，应当逐级报送国家监察委员会审核。国家监察委员会审核后，依法通过公安部向国际刑警组织提出申请。需要延期、暂停、撤销红色通报的，申请发布红色通报的监察机关应当逐级报送国家监察委员会审核，由国家监察委员会依法通过公安部联系国际刑警组织办理。"

3. 刑事司法协助，是指根据 2018 年《国际刑事司法协助法》第 2 条的规定，我国和外国在刑事案件调查、侦查、起诉、审判和执行等活动中相互提供协助，包括送达文书，调查取证，安排证人作证或者协助调查，查封、扣押、冻结涉案财物，没收、返还违法所得及其他涉案财物，移管被判刑人以及其他协助。该法阐释了国际刑事司法协助的特定内涵，即它是贯穿于刑事案件调查、侦查、起诉、审判和执行等活动始终的广泛的司法方面的协助形式。同时，2018 年《国际刑事司法协助法》第 6 条规定："国家监察委员会、最高人民法院、最高人民检察院、公安部、国家安全部等部门是开展国际刑事司法协助的主管机关，按照职责分工，审核向外国提出的刑事司法协助请求，审查处理对外联系机关转递的外国提出的刑事司法协助请求，承担其他与国际刑事司法协助相关的工作。在移管被判刑人案件中，司法部按照职责分工，承担相应的主管机关职责。办理刑事司法协助相关案件的机关是国际刑事司法协助的办案机关，负责向所属主管机关提交需要向外国提出的刑事司法协助请求、执行所属主管机关交办的外国提出的刑事司法协助请求。”由此可见，司法协助行为由专门的单位或者部门遵照法定或者约定流程有序实施，在此过程中，国家监察委员会与最高人民检察院等单位承担明确的职责且分工协作。地方各级监察机关通过刑事司法协助方式办理相关涉外案件的，应当按照国际刑事司法协助法、相关双边及多边国际条约等规定准备刑事司法协助请求书及相关材料，逐级报送国家监察委员会审核。由国家监察委员会依法直接或者通过对外联系机关等渠道，向外国提出刑事司法协助请求。与之相应的是，国家监察委员会收到外国提出的刑事司法协助请求书及所附材料，经审查认为符合有关规定的，作出决定并交由省级监察机关执行，或者转交其他有关主管机关。省级监察机关应当立即执行，或者交由下级监察机关执行，并将执行结果或者妨碍执行的情形及时报送国家监察委员会。

4. 反腐败执法合作，是指我国的监察机关等国家机关与有关国家、地区以及国际组织在调查腐败案件、抓捕外逃涉案人员等方面开展的合作。地方各级监察机关通过执法合作方式办理相关涉外案件的，应当将合作事项及相关材料逐级报送国家监察委员会审核。由国家监察委员会依法直接或者协调有关单位，向有关国家（地区）相关机构提交并开展合作。2020 年国家监察委员会对外提出执法合作请求 32 项，受理外方提出的执法合作请求 15 项，对外执法合作网络越织越密，不断挤压外逃人员的生存空间。例如，“天网 2020”行动期间，国家监察委员会牵头与外方开展执法合作，提请外方执法部门将“红通人员”杨玉荣、臧春伟、张衡贤 3 名外逃职务犯罪嫌疑人缉捕并遣返。

5. 境外追诉，是指对于某些腐败犯罪案件，我国在无法行使管辖权时，选择将该案管辖权让渡给其他国家或者地区，并支持腐败犯罪案件外逃人员所在地国家或者地区根据其本地法律和我国提供的证据材料，对该外逃人员进行定罪量刑的活动。境外追诉又被称为异地起诉。通过境外追诉方式，可以有力提升反腐败国际追逃追赃质效。为此，地方各级监察机关通过境外追诉方式办理相关涉外案件的，应当提供外逃人员相关违法线索和证据，逐级报送国家监察委员会审核。由国家监察委员会依法直接或者协调有关单位向有关国家（地区）相关机构提交，请其依法对外逃人员调查、起诉和审判，并商有关国家（地区）遣返外逃人员。

6. 遣返，属于移民法律领域的概念，是指由我国向外逃所在地国提供外逃人员的虚假身份情况，包括但不限于违法犯罪线索和伪造护照等信息，请求所在地国根据移民法规，剥夺其居留地位并强制遣返至我国或第三国。例如，2018 年 7 月，在中央反腐败协调小组国际追逃追赃工作办公室的统筹协调与中美两国执法等部门通力合作下，外逃 17 年的中国银行开平支行原行长许超凡被强制遣返回国，这是国家监察委员会成立后境外遣返第一案。

7. 被判刑人的移管，是指外逃人员所在国依据本国法和我国提供的证据资料，对该外逃人员进行定罪量刑以后，将其移交至我国进行服刑。目前，我国已经与比利时王国、塔吉克斯坦共和国、阿塞拜疆共和国等多个国家在相互尊重主权和平等互利的基础上，缔结了关于移管被判刑人的条约，使被判刑人得以在其国籍国服刑。

8. 劝返，是指我国通过各种方式，对外逃人员进行说服教育，促使其主动回国并接受处罚。2018 年 8 月 23 日，国家监察委员会、最高人民法院、最高人民检察院、公安部、外交部五部门联合发布《关于敦促职务犯罪案件境外在逃人员投案自首的公告》，旨在依法惩治职务犯罪，贯彻落实宽严相济政策，给境外在逃职务犯罪嫌疑人、被告人、罪犯以改过自新、争取宽大处理的机会。在此背景下，各级纪检监察机关积极传递公告精神。例如，2018 年 12 月 20 日，涉嫌单位行贿罪的李劲松通过其家人将本人亲笔书写《自首书》交给北京市东城区纪委监委，承诺回国投案自首，随后，李劲松于 2019 年 1 月 9 日如期回国投案。

### （二）追赃

反腐败国际追赃，是指对于实施贪污贿赂等犯罪行为的人员携款外逃的案件，我国提请赃款赃物所在国，通过查询、冻结、扣押、没收、追缴、返还涉案资产等方式，追回犯罪资产。2015 年 3 月 3 日，江西省上饶市中级人民法院对“百名红通人员”李华波违法所得没收案作出一审裁定，认定被李华波转移到新加坡的 2900 多万元公款均系其违法所得，依法均应予以没收，该案是我国“海外追赃第一案”。

1. 监察机关对依法应当追缴的境外违法所得及其他涉案财产，应当责令涉案人员以合法方式退赔。涉案人员拒不退赔的，可以依法通过其他方式追缴：（1）在开展引渡等追逃合作时，随附请求有关国家（地区）移交相关违法所得及其他涉案财产；（2）依法启动违法所得没收程序，由人民法院对相关违法所得及其他涉案财产作出冻结、没收裁定，请有关国家（地区）承认和执行，并予以返还；（3）请有关国家（地区）依法追缴相关违法所得及其他涉案财产，并予以返还；（4）通过其他合法方式追缴。

2. 我国依法启动违法所得没收程序，由法院对相关违法所得及其他涉案财产作出冻结、没收裁定，请有关国家（地区）承认和执行，并予以返还。2018年《刑事诉讼法》专门规定了一类特别程序，即“犯罪嫌疑人、被告人逃匿、死亡案件违法所得的没收程序”。简言之，该程序的主要内容是指对于贪污贿赂犯罪等重大犯罪案件，犯罪嫌疑人、被告人逃匿，在通缉一年后不能到案，依照刑法规定应当追缴其违法所得及其他涉案财产的，检察机关可以向法院提出没收违法所得的申请。其中，在没收违法所得的申请中，检察机关应当提供与犯罪事实、违法所得相关的证据材料，并列明财产的种类、数量、所在地及查封、扣押、冻结的情况。对于这类案件，法院经审理，对经查证属于违法所得及其他涉案财产，除依法返还被害人的以外，法院应当裁定予以没收；对不属于应当追缴的财产的，法院应当裁定驳回申请，解除查封、扣押、冻结措施。

### （三）刑事诉讼中的缺席审判程序

确立缺席审判程序，能够弥补违法所得没收程序在立法与适用层面的不足，综合提升反腐败境外追逃追赃工作的实践效果。2018年《刑事诉讼法》第291条第1款规定：“对于贪污贿赂犯罪案件，以及需要及时进行审判，经最高人民检察院核准的严重危害国家安全犯罪、恐怖活动犯罪案件，犯罪嫌疑人、被告人在境外，监察机关、公安机关移送起诉，人民检察院认为犯罪事实已经查清，证据确实、充分，依法应当追究刑事责任的，可以向人民法院提起公诉。人民法院进行审查后，对于起诉书中有明确的指控犯罪事实，符合缺席审判程序适用条件的，应当决定开庭审判。”该条明确了在贪污贿赂等犯罪案件中，针对逃匿境外的犯罪嫌疑人、被告人，在符合法定条件的情况下，可以适用缺席审判程序。

对于需要适用缺席审判程序的职务犯罪案件，我国应通过国际合作的方式启动缺席审判程序。结合2018年《刑事诉讼法》第292条、2021年《最高法解释》第600条等规定，适用缺席审判程序的案件，需要送达传票和起诉书副本，相应的送达方式包括：法院通过有关国际条约规定的或者外交途径提出的司法协助方式，或者被告人所在地法律允许的其他方式送达被告人。

# 第十一章　对监察机关和监察人员的监督

执纪者必先守纪，律人者必先律己。作为行使国家监察职能的专责机关，各级监察机关应当在强化自我监督、自我约束上作表率。为了强化对监察机关自身权力运行的制约和监督、打造高素质专业化监察队伍，推动监察工作高质量发展，2018年《监察法》、2021年《监察法实施条例》以专章的形式提出了“对监察机关和监察人员的监督”的基本要求。而且，2021年《纪委工作条例》强调：“党的纪律检查委员会必须接受最严格的约束和监督，在同级党委和上级纪委的领导、监督下强化自我监督，自觉接受党的组织和党员的监督。建立完善监督检查，审查调查，案件监督管理，案件审理相互协调、相互制约的工作机制，发挥内设干部监督机构、机关纪委等作用，加大监管和自我净化力度，坚决防治‘灯下黑’。”在此方面，可以从对监察机关和监察人员进行监督的含义及其具体类型等方面加以理解。

## 第一节　对监察机关和监察人员进行监督的含义

### 一、对监察机关和监察人员进行监督的内涵与主要类型

对监察机关和监察人员进行监督，是指行使监察权的监察机关和监察人员主动开展自我监督、自觉接受外部监督的行为。根据2018年《监察法》第8条、第9条的规定，“国家监察委员会对全国人民代表大会及其常务委员会负责，并接受其监督”，“地方各级监察委员会对本级人民代表大会及其常务委员会和上一级监察委员会负责，并接受其监督”。同时，2018年《监察法》第54条和第55条进一步明确监察机关应当依法公开监察工作信息，自觉接受民主监督、社会监督、舆论监督，以及通过设立内部专门的监督机构等方式加强对监察人员的监督。在此基础上，2021年《监察法实施条例》第251条强调：“监察机关和监察人员必须自觉坚持党

的领导，在党组织的管理、监督下开展工作，依法接受本级人民代表大会及其常务委员会的监督，接受民主监督、司法监督、社会监督、舆论监督，加强内部监督制约机制建设，确保权力受到严格的约束和监督。”

对监察机关和监察人员进行监督，首先应当坚持党的领导。党的领导职责中天然地包括监督职责。应当认为，党对监察机关的监督是第一位的监督。国家监察体制改革始终坚持正确的政治方向，旗帜鲜明地坚持党的全面领导。在纪委监委合署办公的制度安排下，党加强对纪检监察机关的管理和监督是必然要求。

结合监察法律和党内法规的规定，监察机关和监察人员自觉接受的各方面监督还包括：（1）人大监督；（2）民主监督；（3）司法监督；（4）社会监督；（5）舆论监督；（6）监察机关专设的内部监督制约机制。

## 二、对监察机关和监察人员进行监督的法治意义

打铁必须自身硬。监察机关和监察人员主动强化自我约束，严格遵守执纪执法各项制度规定，在行使权力上慎之又慎、在自我约束上严之又严，有利于防止监察权滥用，也有利于建设一支忠诚坚定、担当尽责、遵纪守法、清正廉洁的纪检监察干部队伍。

第一，对监察机关和监察人员进行监督是推进惩治和预防腐败体系建设的必然要求。习近平总书记在第十九届中央纪律检查委员会第五次全体会议上提到“纪检监察机关要接受最严格的约束和监督”。一个“最”字，充分体现出应当对监察机关和监察人员进行监督的标准之高、要求之严。2022 年 10 月，坚持以严的基调强化正风肃纪，是党的二十大报告作出的明确部署。全面推进惩治和预防腐败体系建设，需要加强对各种公权力运行的制约和监督。监察权是一种国家公权力，行使监察权的监察机关依法对所有行使公权力的公职人员进行监督，那么，这意味着监察机关本身首先应当在行使公权力上慎之又慎，在自我约束上严之又严、严上加严、一严到底，为全党、全社会树立严格自律的标杆。

第二，对监察机关和监察人员进行监督是督促监察机关和监察人员依法正确行使监察权的必然要求。全面从严治党、党风廉政建设和反腐败斗争持续推进，对纪检监察机关依规依纪依法履职尽责提出了新的要求。监察机关和监察人员以党的政治建设为统领，增强“四个意识”，把准政治方向，站稳政治立场，提高政治能力，严格遵守执纪执法各项制度规定，确保纪检监察权在正确轨道上行使，真正推进反腐败工作法治化、规范化。

第三，对监察机关和监察人员进行监督是建设一支高素质纪检监察队伍的必然要求。随着国家监察体制改革不断深化，纪检监察干部自身被“围猎”的风险也不断增加。在现实考验面前，纪检监察队伍唯有加强自身建设，提高政治素质和业务水平，持续防治“灯下黑”，建设忠诚、干净、担当的纪检监察队伍，才能不断提升保障纪检监察工作高质量发展的能力水平。

## 第二节　对监察机关和监察人员进行监督的具体类型

### 一、人民代表大会的监督

人民代表大会制度是我国的根本政治制度。根据我国《宪法》和 2018 年《监察法》的规定，国家监察委员会由全国人大产生，对全国人大及其常委会负责，并接受其监督；地方各级监察委员会由本级人民代表大会产生，对本级人民代表大会及其常务委员会和上一级监察委员会负责，并接受其监督。

根据《宪法》第 67 条的规定，全国人大常委会监督国家监察委员会的工作。同时《宪法》第 104 条规定，县级以上的地方各级人民代表大会常务委员会监督本级监察委员会的工作。

对此，2018 年《监察法》第 53 条进一步规定：“各级监察委员会应当接受本级人民代表大会及其常务委员会的监督。各级人民代表大会常务委员会听取和审议本级监察委员会的专项工作报告，组织执法检查。县级以上各级人民代表大会及其常务委员会举行会议时，人民代表大会代表或者常务委员会组成人员可以依照法律规定的程序，就监察工作中的有关问题提出询问或者质询。”

可见，各级人民代表大会及其常务委员会对监察机关进行监督的方式，主要是人民代表大会常务委员会听取和审议本级监察委员会的专项工作报告和组织执法检查。同时，人大代表或者常务委员会组成人员还可以依法就监察工作中的有关问题提出询问或者质询。

2007 年《各级人民代表大会常务委员会监督法》规定了各级人民代表大会常务委员会听取和审议本级人民政府、人民法院和人民检察院的专项工作报告，组织执法检查，就本级人民政府、人民法院和人民检察院的工作提出询问或者质询的具体工作程序。监察机关与同级行政机关、审判机关、检察机关都是由权力机关产生的国家机关。各级人民代表大会及其常务委员会对监察机关和监察人员监督的具体工作，可以参照2007年《各级人民代表大会常务委员会监督法》的相关规定进行。

1. 各级人民代表大会常务委员会听取和审议本级监察委员会的专项工作报告

各级监察委员会应当按照2018年《监察法》第53条的规定，由主任在本级人民代表大会常务委员会全体会议上报告专项工作。在报告专项工作前，各级监察委员会应当与本级人民代表大会有关专门委员会沟通协商，并配合开展调查研究等工作。

各级人民代表大会常务委员会每年选择若干关系改革发展稳定大局和群众切身利益、社会普遍关注的重大问题，有计划地安排听取和审议本级监察委员会的专项工作报告。监察委员会也可以向本级人民代表大会常务委员会主动报告专项工作。2020年8月，国家监察委员会首次向全国人大常委会报告专项工作。随后，2021年4月，北京市监察委员会向北京市人大常委会作了专项工作报告。北京市监察委员会是全国首个向本级人大常委会报告专项工作的省级监察委员会。

各级人民代表大会常务委员会审议专项工作报告时，本级监察委员会应当根据要求派出领导成员列席相关会议，听取意见。人民代表大会常务委员会对专项工作报告的审议意见交由本级监察委员会研究处理。各级监察委员会应当认真研究办理本级人民代表大会常务委员会反馈的审议意见，并按照要求书面报告办理情况。

2. 各级人民代表大会常务委员会组织执法检查

各级监察委员会应当积极接受、配合本级人民代表大会常务委员会组织的执法检查。对本级人民代表大会常务委员会的执法检查报告，应当认真研究处理，并向其报告处理情况。

各级人民代表大会常务委员会每年选择若干关系改革发展稳定大局和群众切身利益、社会普遍关注的重大问题，有计划地对涉及监察工作的有关法律、法规实施情况组织执法检查。

执法检查结束后，执法检查组应当及时提出执法检查报告，提请人民代表大会常务委员会审议。执法检查报告包括下列内容：（1）对所检查的法律、法规实施情况进行评价，提出执法中存在的问题和改进执法工作的建议；（2）对有关法律、法规提出修改完善的建议。人民代表大会常务委员会组成人员应当将执法检查报告的审议意见连同执法检查报告，一并交由本级监察委员会研究处理。监察委员会应当将研究处理情况由其办事机构送交本级人民代表大会有关专门委员会或者常务委员会有关工作机构征求意见后，向本级人民代表大会常务委员会提出报告。

3. 人大代表或者常务委员会组成人员提出询问或者质询

（1）询问

各级监察委员会在本级人民代表大会常务委员会会议审议与监察工作有关的议案和报告时，应当派相关负责人到会听取意见，回答询问。

（2）质询

一定数量的县级以上人民代表大会常务委员会组成人员联名，可以向本级人民代表大会常务委员会书面提出对本级监察委员会的质询案，由委员长会议或者主任会议决定交由受质询的监察委员会答复。例如，2021 年《全国人大组织法》第 30 条规定，常务委员会会议期间，常务委员会组成人员十人以上联名，可以向常务委员会书面提出对国家监察委员会的质询案。

质询案应当写明质询的问题和内容。委员长会议或者主任会议可以决定由受质询的监察委员会在本人民代表大会常务委员会会议上或者有关专门委员会会议上口头答复，或者由受质询的监察委员会书面答复。

监察机关对依法交由监察机关答复的质询案应当按照要求进行答复。口头答复的，由监察机关主要负责人或者委派相关负责人到会答复。书面答复的，由监察机关主要负责人签署。

4. 人大提出对监察委员会主任的罢免案

需要注意的是，根据《宪法》的规定，各级人民代表大会及其常务委员会有权选举或罢免同级监察委员会主任以及根据同级监察委员会主任的提请，任免同级监察委员会副主任、委员。例如，2021 年《全国人大组织法》第 20 条规定，全国人大主席团、三个以上的代表团或者十分之一以上的代表，可以提出对国家监察委员会主任的罢免案，由主席团提请大会审议。

## 二、民主监督

民主监督一般是指人民政协或者各民主党派等主体对监察机关和监察人员的履职情况进行监督。我国《宪法》明确指出，“中国共产党领导的多党合作和政治协商制度将长期存在和发展”。2016 年《中国共产党党内监督条例》（以下简称 2016 年《党内监督条例》）明确规定，坚持“党内监督和外部监督相结合”。2017 年《关于加强和改进人民政协民主监督工作的意见》规定：“人民政协民主监督是我国社会主义监督体系的重要组成部分，是社会主义协商民主的重要实现形式。”根据 2018 年《中国人民政治协商会议章程》第 3 条的规定，中国人民政治协商会议全国委员会和地方委员会的主要职能之一是民主监督。中国人民政治协商会议全国委员会和地方委员会，依照2018年《中国人民政治协商会议章程》的规定，履行民主监督职能。此外，2020年《中国共产党统一战线工作条例》第12条明确规定，民主党派的基本职能之一是民主监督。

自觉接受民主监督是督促监察机关依法用权、秉公用权、廉洁用权的重要途径之一。我国《宪法》以及2017年《关于加强和改进人民政协民主监督工作的意见》、2018年《中国人民政治协商会议章程》、2020年《中国共产党统一战线工作条例》为人民政协、各民主党派等主体监督监察机关和监察人员的工作提供了基础依据。

### （一）监督的主体

根据2017年《关于加强和改进人民政协民主监督工作的意见》、2018年《中国人民政治协商会议章程》和2020年《中国共产党统一战线工作条例》有关民主监督的规定，民主监督的主体主要包括人民政协、民主党派和无党派人士。

### （二）监督的方式

1. 人民政协民主监督的方式

根据2017年《关于加强和改进人民政协民主监督工作的意见》第3条的规定，人民政协进行民主监督的形式有以下五种：（1）会议监督；（2）视察监督；（3）提案监督；（4）专项监督；（5）其他形式的监督。

2. 民主党派和无党派人士民主监督的方式

根据2020年《中国共产党统一战线工作条例》第15条的规定，民主党派和无党派人士在政治协商、调研考察，参与党和国家有关重大方针政策、决策部署执行和实施情况的监督检查，受党委委托就有关重大问题进行专项监督等工作中，通过提出意见、批评、建议等方式进行民主监督。

为进一步巩固扩大爱国统一战线、充分发挥各民主党派、无党派人士对监察机关和监察人员进行民主监督的职能，2018年《国家监察委员会特约监察员工作办法》第2条专门规定，可以从全国政协委员、各民主党派成员、无党派人士中优选聘请特约监察员。

## 三、司法监督

司法监督是党和国家监督体系的重要组成部分。根据我国《宪法》的规定，司法机关包括检察机关和审判机关。由此，司法监督包括检察机关和审判机关依照法定职权和程序对国家公权力进行的监督。一方面，监察机关开展监察监督，应当与纪律监督、派驻监督、巡视监督统筹衔接，与司法监督等贯通协调，健全信息、资源、成果共享等机制，形成监督合力。例如，纪检监察机关按照《关于进一步推进受贿行贿一起查的意见》要求查办行贿案件，通过强化司法监督等方式，形成联合惩戒行贿的工作合力，督促检察机关严格认定行贿犯罪从宽情节。另一方面，监察机关和监察人员开展工作，依法接受司法监督，确保权力受到严格的约束。

对于此类监督，需要注意的是，根据《宪法》、2018 年《监察法》的规定，检察机关的法律监督不能介入监察机关调查职务违法犯罪案件的活动。

## 四、社会监督

### （一）社会监督的概述

社会监督，是指公民、法人或其他组织依法对监察机关和监察人员的履职工作进行的监督。《宪法》第 41 条第 1 款规定："中华人民共和国公民对于任何国家机关和国家工作人员，有提出批评和建议的权利；对于任何国家机关和国家工作人员的违法失职行为，有向有关国家机关提出申诉、控告或者检举的权利，但是不得捏造或者歪曲事实进行诬告陷害。"对此，2018 年《监察法》第 60 条规定了被调查人及其近亲属对违反法律法规、侵害被调查人合法权益的行为有权向监察机关申诉。同时，2020 年《处理检举控告工作规则》第 4 条明确规定，任何组织和个人对于应当由纪检监察机关处理的违纪违法行为都有权向纪检监察机关提出检举控告。

就社会监督的特点而言，第一，社会监督的主体众多，既包含公民个人也包含各种组织；第二，社会监督的范围广泛，既包含监察机关和监察人员的违法犯罪行为也包含监察机关和监察人员的违纪行为；第三，社会监督的方式多样，既包含批评、建议，又包含申诉、控告和检举。其中，特约监察员制度是一种相对新颖的社会监督制度类型。

### （二）特约监察员制度

2018 年，为深化国家监察体制改革，充分发挥纪委监委合署办公优势，充分发挥中央纪律检查委员会和国家监察委员会合署办公优势，推动监察机关依法接受民主监督、社会监督、舆论监督，规范特约监察员工作，中央纪委国家监委设立了特约监察员制度。随后，地方纪委监委根据实际情况，陆续出台了当地的特约监察员工作办法。2021 年《监察法实施条例》正式明确特约监察员制度的法律地位。

总体而言，根据 2018 年《国家监察委员会特约监察员工作办法》和 2021 年《监察法实施条例》的规定，特约监察员制度主要包括“聘请、换届、解聘”“职责、权利、义务”“履职保障”等内容。

1. 特约监察员的含义及其任职条件和任期

特约监察员是监察机关根据工作需要，按照一定程序优选聘请，以兼职形式履行监督、咨询等相关职责的公信人士。各级监察机关可以根据工作需要，按程序选聘特约监察员履行监督、咨询等职责。监察机关应当向社会公布特约监察员名单，并为特约监察员依法开展工作提供必要条件和便利。

（1）任职条件

①积极条件

特约监察员应当具备下列条件：第一，坚持中国共产党领导和拥护党的路线、方针、政策，走中国特色社会主义道路，遵守中华人民共和国宪法和法律、法规，具有中华人民共和国国籍；第二，有较高的业务素质，具备与履行职责相应的专业知识和工作能力，在各自领域有一定代表性和影响力；第三，热心全面从严治党、党风廉政建设和反腐败工作，有较强的责任心，认真履行职责，热爱特约监察员工作；第四，坚持原则、实事求是，密切联系群众，公正廉洁、作风正派，遵守职业道德和社会公德；第五，身体健康。

同时，2018 年《国家监察委员会特约监察员工作办法》第 2 条还规定了“优选聘请”的范围：特约监察员主要从全国人大代表中优选聘请，也可以从全国政协委员，中央和国家机关有关部门工作人员，各民主党派成员、无党派人士，企业、事业单位和社会团体代表，专家学者，媒体和文艺工作者，以及一线代表和基层群众中优选聘请。

②消极条件

受到党纪处分、政务处分、刑事处罚的人员，以及其他不适宜担任特约监察员的人员，不得聘请为特约监察员。

（2）任职期限

特约监察员在国家监察委员会领导班子产生后换届，每届任期与本届领导班子任期相同，连续任职一般不得超过两届。

特约监察员具有下列情形之一的，国家监察委员会商推荐单位予以解聘，由推荐单位书面通知本人及所在单位：①受到党纪处分、政务处分、刑事处罚的；②因工作调整、健康状况等原因不宜继续担任特约监察员的；③本人申请辞任特约监察员的；④无正当理由连续1年不履行特约监察员职责和义务的；⑤有其他不宜继续担任特约监察员的情形的。

除此之外，特约监察员受聘期满后自然解聘。

2. 特约监察员的职责、权利和义务

（1）职责

特约监察员履行下列职责：①对纪检监察机关及其工作人员履行职责情况进行监督，提出加强和改进纪检监察工作的意见、建议；②对制定纪检监察法律法规、出台重大政策、起草重要文件、提出监察建议等提供咨询意见；③参加国家监察委员会组织的调查研究、监督检查、专项工作；④宣传纪检监察工作的方针、政策和成效；⑤办理国家监察委员会委托的其他事项。

（2）权利

特约监察员在履行职责过程中享有下列权利：①了解国家监察委员会和各省、自治区、直辖市监察委员会开展监察工作、履行监察职责情况，提出意见、建议和批评；②根据履职需要并按程序报批后，查阅、获得有关文件和资料；③参加或者列席国家监察委员会组织的有关会议；④参加国家监察委员会组织的有关业务培训；⑤了解、反映有关行业、领域廉洁从政从业情况及所提意见建议办理情况；⑥受国家监察委员会委托开展工作时，享有与受托工作相关的法定权限。

（3）义务

特约监察员在履行职责过程中应当履行下列义务：①模范遵守宪法和法律，保守国家秘密、工作秘密以及因履行职责掌握的商业秘密和个人隐私，廉洁自律、接受监督；②学习、掌握有关纪检监察法律法规和业务；③参加国家监察委员会组织的活动，遵守国家监察委员会有关工作制度，按照规定的权限和程序认真履行职责；④履行特约监察员职责过程中，遇有利益冲突情形时主动申请回避；⑤未经国家监察委员会同意，不得以特约监察员身份发表言论、出版著作，参加有关社会活动；⑥不得以特约监察员身份谋取任何私利和特权。

### （三）公开监察工作信息制度

在2018年《监察法》的基础上，2021年《监察法实施条例》第255条建立健全了监察工作信息发布机制，明确了监察机关应当向社会公开监察工作信息的具体范围。各级监察机关应当通过互联网政务媒体、报刊、广播、电视等途径，向社会及时准确公开下列监察工作信息：（1）监察法规；（2）依法应当向社会公开的案件调查信息；（3）检举控告地址、电话、网站等信息；（4）其他依法应当公开的信息。

## 五、舆论监督

舆论监督一般是指社会各界通过广播、影视、报纸、杂志、网络等传播媒介，发表意见、看法并形成舆论，对监察机关和监察人员的履职工作情况进行的监督。

监察机关应当自觉接受社会舆论监督，这是保障公众知情权、参与权、表达权和监督权的体现。对于社会关注的案件和监察工作信息，监察机关应当通过新闻发布会等形式及时发布相关信息。

对于新闻媒体报道中反映的监察机关各项工作中存在的问题，以及反映监察人员违法违纪行为的，监察机关应当及时调查、核实。查证属实的，监察机关应当依法及时处理，并及时反馈处理结果。

## 六、监察机关的内部监督制约机制

考虑到纪检监察机关的职能部门设置及其具体工作运行机制，监察机关专设的内部监督制约机制主要包括以下类型：内部工作部门协调制约机制；案件质量评查机制；打听案情、过问案件、说情干预登记备案制度；履职回避制度；保密制度；涉案财物查扣和保管制度；从业限制制度；定期检查制度，等等。这些内部监督制约机制在监督对象、监督事项、监督流程等方面建立健全严密细致的权力监督控制机制：在监督对象方面，相关机制可以覆盖各级监察机关、各内设部门和各监察人员；在监督事项方面，相关机制可以调整监察人员执行职务、监察人员与特定人员交往以及监察人员的配偶子女经商办企业等各方面的关系；在监督流程方面，相关机制可以涵盖监察机关履行监察职责的各个环节。

### （一）内部工作部门协调制约机制

监察机关应当建立监督检查、调查、案件监督管理、案件审理等部门相互协调制约的工作机制。为此，监察机关专门设置内部监督机构，即纪检监察干部监督部门。纪检监察干部监督部门的设立是纪检监察机关针对自身权力运行机制和管理监督体系的薄弱环节，进一步健全内控机制的重要体现，有利于督促纪检监察干部强化纪法意识、纪法思维、纪法素养，自觉做遵纪遵法、学纪学法、守纪守法、用纪用法的模范。

通常情况下，纪检监察干部监督部门履行以下职能：第一，负责监督检查纪检监察系统干部遵守和执行党的章程和其他党内法规，遵守和执行党的路线方针政策和决议、国家法律法规等方面的情况；第二，受理对有关纪检监察领导干部涉嫌违反党纪、职务违法和职务犯罪等问题的举报，提出处置意见并负责问题线索初步核实及立案审查调查工作等。当然，由于各地纪检监察干部监督工作的实际情况有所差异，各地监察机关的纪检监察干部监督部门的职责范围亦有不同。

除了监察机关内设的专门监督部门，2019 年《监督执纪工作规则》还提出设立临时党支部，加强对审查调查组的教育管理和监督。2019 年《监督执纪工作规则》第 62 条规定："纪检监察机关应当加强党的政治建设、思想建设、组织建设，突出政治功能，强化政治引领。审查调查组有正式党员 3 人以上的，应当设立临时党支部，加强对审查调查组成员的教育、管理、监督，开展政策理论学习，做好思想政治工作，及时发现问题、进行批评纠正，发挥战斗堡垒作用。"

### （二）案件质量评查机制

案件质量是纪检监察工作的生命线。而且，案件质量评查也是纪检监察机关发现问题、推动整改、规范案件办理的重要措施。中央纪委国家监委领导同志多次强调纪检监察工作实现高质量发展首先要体现在案件的高质量上。为此，纪检监察机关应当充分认识案件质量评查的价值和意义，抓住影响案件质量的核心要素和关键环节，全流程严把案件质量关。2021 年《监察法实施条例》第 259 条明确要求，监察机关应当建立常态化、全覆盖的案件质量评查机制。建立健全此类机制，应当从检查事实证据、定性处理、程序手续、文书规范、处分执行等方面着手把握重点环节，强调案件质量评查的目标导向与问题导向，提高评查工作及其方式的实效性，推动案件质量评查的效果体现在对评查发现和反馈的影响案件质量问题整改到位。

### （三）打听案情、过问案件、说情干预登记备案制度

2018 年《监察法》第 57 条规定："对于监察人员打听案情、过问案件、说情干预的，办理监察事项的监察人员应当及时报告。有关情况应当登记备案。发现办理监察事项的监察人员未经批准接触被调查人、涉案人员及其特定关系人，或者存在交往情形的，知情人应当及时报告。有关情况应当登记备案。"对于上述情况，2019 年《监督执纪工作规则》第 64 条、2021 年《监察法实施条例》第 262 条进一

步细化相关规定：一方面，对监察人员打听案情、过问案件、说情干预的，办理监察事项的监察人员应当及时向上级负责人报告，并将应当有关情况登记备案；另一方面，发现办理监察事项的监察人员未经批准接触被调查人、涉案人员及其特定关系人，或者存在交往情形的，知情的监察人员应当及时向上级负责人报告，并应当将有关情况登记备案。总体而言，对监察人员打听案情、过问案件、说情干预以及未经批准接触特定人员的情况进行报告登记，目的是要求纪检监察机关知责于心、担责于身、履责于行，加大严管严治、自我净化力度。

根据《〈中国共产党纪律检查机关监督执纪工作规则〉释义》的规定，对监察人员打听案情、过问案件、说情干预的，依据2018 年《纪律处分条例》第127 条第1 款的规定处理；受请托人泄露纪律审查中尚未公开事项或者其他应当保密内容的，依据2018 年《纪律处分条例》第 128 条第 1 款的规定处理；受请托人虽未接受请托，但未按2019 年《监督执纪工作规则》第 64 条规定向组织报告的，应视情况给予批评教育、责令检查、诫勉或者组织处理，情节严重的，根据2018 年《纪律处分条例》第 54 条的规定给予处分。

### （四）涉案财物查扣和保管制度

涉案财物，是指纪检监察机关在遵照党内法规、国家法律履行各项职责过程中，采取查封、扣押、冻结、调取等措施而收集、固定、获取或者接收的，与职务违法犯罪案件有关的物品、文件、金钱等。对此，2019 年《监督执纪工作规则》第 47 条规定：“查封、扣押（暂扣、封存）、冻结、移交涉案财物，应当严格履行审批手续。执行查封、扣押（暂扣、封存）措施，监督执纪人员应当会同原财物持有人或者保管人、见证人，当面逐一拍照、登记、编号，现场填写登记表，由在场人员签名。对价值不明物品应当及时鉴定，专门封存保管。纪检监察机关应当设立专用账户、专门场所，指定专门人员保管涉案财物，严格履行交接、调取手续，定期对账核实。严禁私自占有、处置涉案财物及其孳息。”可见，监察机关监督执纪，不仅要管住人，而且要管住财物。查封、扣押、冻结涉案财物等调查措施是监察机关固定证据的重要方式。一方面，要求监察人员严格履行审批手续，既是要求遵循正当程序的体现，也是对监察人员的保护。另一方面，严禁私自占有、处置涉案财物及其孳息，既是为了防止证据灭失，也是推动纪检监察工作规范化、法治化，实现纪检监察工作高质量发展的必然要求。

根据2018 年《监察法》第 60 条、第 65 条至第 67 条等条文的规定，第一，监察机关及其工作人员有下列行为之一的，被调查人及其近亲属有权向该机关申诉：（1）留置法定期限届满，不予以解除的；（2）查封、扣押、冻结与案件无关的财物的；（3）应当解除查封、扣押、冻结措施而不解除的；（4）贪污、挪用、私分、调换以及违反规定使用查封、扣押、冻结的财物的；（5）其他违反法律法规、侵害被调查人合法权益的行为。第二，监察机关及其工作人员有违反规定处置查封、扣押、冻结的财物等行为的，对负有责任的领导人员和直接责任人员依法给予处理。第三，监察机关及其工作人员违反2018年《监察法》规定，构成犯罪的，依法追究刑事责任。第四，监察机关及其工作人员行使职权，侵犯公民、法人和其他组织的合法权益造成损害的，依法给予国家赔偿。

### （五）保密制度

自觉遵守保密纪律是党纪国法的基本要求。《党章》第1章即明确，“严格保守党和国家的秘密”是党员应当履行的义务。监察人员在办理监察事项的过程中，通常会接触国家秘密、商业秘密和当事人隐私等信息。对此，监察人员牢固树立保守党和国家秘密的观念，必须严守纪律、保守秘密，贯彻执行有关保密工作的各项规则机制。2018年《监察法》、2019年《监督执纪工作规则》、2021年《监察法实施条例》专门对保密制度作出规定。

1. 监察机关应当严格执行保密制度，控制监察事项知悉范围和时间。监察人员不准私自留存、隐匿、查阅、摘抄、复制、携带问题线索和涉案资料，严禁泄露监察工作秘密。

2. 监察机关应当建立健全检举控告保密制度，对检举控告人的姓名（单位名称）、工作单位、住址、电话和邮箱等有关情况以及检举控告内容必须严格保密。

3. 监察机关涉密人员离岗离职后，应当遵守脱密期管理规定，严格履行保密义务，不得泄露相关秘密。

4. 审查调查组成员工作期间，应当使用专用手机、电脑、电子设备和存储介质，实行编号管理，审查调查工作结束后收回检查。汇报案情、传递审查调查材料应当使用加密设施，携带案卷材料应当专人专车、卷不离身。

### （六）回避制度

监察人员既要监督行使公权力的公职人员依纪依法公正履行职权，也要确保自身依纪依法公正履行职责。对此，2018年《监察法》、2021年《监察法实施条例》

规定了监察人员的回避制度，并对回避的人员、回避的类型及其情形作出具体规定。

1. 回避的人员或者场所

根据2018年《监察法》第58条的规定，办理监察事项的监察人员是适用回避制度的主体。“办理监察事项的监察人员”应当包括问题线索处置、初步核实、立案审查调查和案件审理等各个监察工作环节中可能影响监察事项办理的监察人员。

需要注意的是，根据2019年《监督执纪工作规则》第65条、2021年《监察法实施条例》第263条的规定，选用借调人员、看护人员、审查场所，应当严格执行回避制度。究其原因，第一，借调人员实际上直接参与相关监察活动，那么，为保证监察事项办理的公正性、合法性，借调人员应当严格执行回避制度；第二，看护人员与被调查人接触密切，存在泄露秘密等风险，因此也应当回避；第三，选用审查场所，必须充分、全面考虑被审查调查人的工作经历、社会关系等各种因素，防止出现因选用审查场所不当而存在泄露工作秘密、影响依法公正办案等风险，因此，办理监察事项的监察人员必须严格执行回避制度。

2. 回避的类型

2018年《监察法》第58条规定了回避的三种类型，即自行回避、申请回避和决定回避。

自行回避，是指监察人员在知晓其自身存在法律规定的可能影响监察事项公正处理的情形之后，主动提出回避。

申请回避，是指监察人员存在2018年《监察法》规定应当回避的情形而未自行提出回避的，监察对象、检举人及其他有关人员要求回避。

决定回避，是指监察人员存在应当回避的情形而未自行提出回避的，监察机关应当依法决定其回避。

在此方面，需要注意的是，监察人员自行提出回避，或者监察对象、检举人及其他有关人员要求监察人员回避的，应当书面或者口头提出，并说明理由。上述人员口头提出的，监察机关应当形成记录。

3. 监察人员回避的情形

根据2018年《监察法》第58条、2019年《监督执纪工作规则》第65条的规定，回避的情形主要包括以下四种：（1）是监察对象或者检举人的近亲属的。此处近亲属的范围包括监察对象或者检举人的夫、妻、父、母、子、女、同胞兄弟姊妹。（2）担任过本案的证人的。（3）本人或者其近亲属与办理的监察事项有利害关系的。（4）有可能影响监察事项公正处理的其他情形的。

4. 有权决定的主体

监察机关主要负责人的回避，由上级监察机关主要负责人决定。

其他监察人员的回避，由本级监察机关主要负责人决定。

### （七）从业限制制度

监察人员辞职、退休后的从业限制，是指监察人员离任三年以内，不得从事与监察和司法工作相关联且可能发生利益冲突的职业。对监察人员辞职、退休后的行为作出一定程度的限制，避免其在职期间利用手中权力为他人谋取利益后换取辞职、退休后的非法回报，或在辞职、退休后利用影响力谋取非法利益。对此，2018 年《监察法》第 59 条第 2 款规定："监察人员辞职、退休三年内，不得从事与监察和司法工作相关联且可能发生利益冲突的职业。"随后，2019 年《监督执纪工作规则》第 68 条同样规定："监督执纪人员辞职、退休 3 年内，不得从事与纪检监察和司法工作相关联、可能发生利益冲突的职业。"2021 年《监察法实施条例》对从业限制制度的例外情形作了规定，即监察人员离任后，原则上不得担任原任职监察机关办理案件的诉讼代理人或者辩护人，但是作为当事人的监护人或者近亲属代理诉讼或者进行辩护的除外。

### （八）定期检查、专项检查、业务考评、开展复查等制度

一方面，监察机关及其监督检查、调查部门负责人应当定期检查调查期间的录音录像、谈话笔录、涉案财物登记资料，加强对调查全过程的监督，发现问题及时纠正并报告。

另一方面，上级监察机关应当通过专项检查、业务考评、开展复查等方式，强化对下级监察机关及监察人员执行职务和遵纪守法情况的监督。

除以上提及的监察机关内部监督制约机制的若干类型以外，2021 年《监察法实施条例》还从以下方面加强对监察机关和监察人员的监督：其一，监察机关实行严格的人员准入制度，严把政治关、品行关、能力关、作风关、廉洁关。监察人员必须忠诚坚定、担当尽责、遵纪守法、清正廉洁。其二，监察机关应当对监察人员有计划地进行政治、理论和业务培训。培训应当坚持理论联系实际、按需施教、讲求实效，突出政治机关特色，建设高素质专业化监察队伍。其三，监察机关应当加强对监察人员执行职务和遵纪守法情况的监督，按照管理权限依法对监察人员涉嫌违法犯罪问题进行调查处置。其四，监察人员应当严格遵守有关规范领导干部配偶、

子女及其配偶经商办企业行为的规定。

## 第三节 纪检监察机关澄清正名工作制度

### 一、澄清正名工作制度的基本内涵

保障党员、公职人员的权利，是纪检监察机关的重要职责，也是新时代纪检监察工作的重要任务。其中，纪检监察机关澄清正名工作制度（以下简称澄清正名工作制度），是指纪检监察机关在处理检举控告工作过程中，为受到诬告陷害、错告等不实举报的中共党员和监察对象澄清正名，维护党员、公职人员的合法权益，激发党员、公职人的积极性、主动性、创造性，彰显执纪“力度”和关爱“温度”的有机统一的重要工作机制。

澄清正名工作制度是由党内法规、监察法律规范确立的纪检监察工作制度。2016年《党内监督条例》第44条明确规定，党组织应当保障监督对象的申辩权、申诉权等相关权利。经调查，监督对象没有不当行为的，应当予以澄清和正名。2016年《关于新形势下党内政治生活的若干准则》进一步强调：“对受到诽谤、诬告、严重失实举报的党员，党组织要及时为其澄清和正名。”随后，2020年《中国共产党党员权利保障条例》第34条要求：“对于诬告陷害行为，党组织应当依规依纪严肃处理，对于经核查认定党员受到失实检举控告、确有必要澄清的，应当按照规定对检举控告失实的具体问题进行澄清。”为进一步推进纪检监察机关处理检举控告工作，贯彻党的群众路线、保障党员民主权利，2020年《处理检举控告工作规则》，将“三个区分开来”〔1〕作为纪检监察机关处理检举控告工作应当遵循的原则之一，并以专章的形式对纪检监察机关查处诬告陷害行为作出规定。在此基础上，《关于做好失实检举控告澄清工作的意见》总体上确立了开展澄清工作的主要原则、适用情形、主要方式和工作要求等方面的具体方案和规则。另外，2020年12月，对于针对纪检监察干部的失实检举控告，中央纪委国家监委印发《中央纪委国家监委关于为受到失实检举控告纪检监察干部予以澄清正名的实施意见》，突出激励纪

---

〔1〕 2016年1月，习近平总书记在省部级主要领导干部学习贯彻党的十八届五中全会精神专题研讨班上提出，要把干部在推进改革中因缺乏经验、先行先试出现的失误和错误，同明知故犯的违纪违法行为区分开来；把上级尚无明确限制的探索性试验中的失误和错误，同上级明令禁止后依然我行我素的违纪违法行为区分开来；把为推动发展的无意过失，同为谋取私利的违纪违法行为区分开来。

检监察干部新时代新担当新作为的鲜明导向，进一步激发纪检监察干部敢于履职尽责内生动力，调动和保护干事创业、担当作为的积极性。

2021 年《监察法实施条例》第 276 条第 2 款规定，监察人员因依法履行职责遭受不实举报、诬告陷害、侮辱诽谤，致使名誉受到损害的，监察机关应当会同有关部门及时澄清事实，消除不良影响，并依法追究相关单位或者个人的责任。因此，澄清正名工作制度能够为受到不实举报的干部（澄清对象）澄清事实、消除影响、维护名誉，实事求是、客观公正地为担当者担当、为负责者负责，营造风清气正的政治生态。需要注意的是，该制度仅针对不实举报中的具体问题，而不对澄清对象作出全面评价。

## 二、澄清正名工作制度的相关内容

结合中央纪委国家监委出台的相关文件，地方纪检监察机关颁布积极探索澄清正名工作机制并取得显著成效，例如，2019 年浙江省纪委监委印发《浙江省纪检监察机关澄清保护党员干部实施办法（试行)》，2019 年山东省纪委监委出台《关于查处诬告陷害行为为干部澄清正名的工作办法（试行)》，2020 年北京市委办公厅发布《北京市纪检监察机关严肃查处诬告陷害为干部澄清正名工作办法（试行)》，等等。以浙江省为例，2021 年浙江省纪检监察机关共为 1148 名干部及时澄清正名，同步查处诬告陷害行为 57 起，涉 79 人。在此，结合多地纪检监察机关出台的有关工作文件，简要介绍澄清正名工作制度的若干内容。

### （一）澄清正名工作制度的适用前提是存在不实举报

纪检监察机关开展澄清正名工作的前提是党员、监察对象受到不实举报。不实举报，是指纪检监察机关经调查核实后认定，举报材料反映的问题严重失实、不属实，或者纯属捏造事实、诬告陷害的检举控告。如若举报反映的问题虽未被查实但不能完全排除或者暂不能排除的检举控告，不应被视为不实举报。

考虑到澄清正名工作制度的实践重要性，纪检监察机关应当依纪依法切实保护公民正当行使监督权，严格区分正常检举控告、错告以及诬告陷害等行为的界限。同时，纪检监察机关应当评估开展澄清正名工作的必要性和可行性。其中，如若纪检监察机关经核查后认为，信访举报反映的问题确属不实举报但未造成不良影响或者后果的，或者受到客观条件的限制而暂时难以查实又不能明确排除的，或者举报问题不实，但组织已掌握被反映人其他方面违纪违法问题，开展澄清正名可能造成不良影响的，那么，纪检监察机关不宜开展澄清正名工作。

### （二）开展澄清正名工作的纪检监察机关及其承办部门

遵照党管干部的原则，按照干部管理权限的规定，一方面，纪检监察机关需要为本级党委管理的党员干部澄清正名的，由承办的纪检监察机关负责实施；另一方面，纪检监察机关为其他人员澄清正名的，可以委托被诬告陷害、错告人所在地的纪检监察机关（组织）或者被诬告陷害、错告人所在单位党组织代为实施。

考虑到澄清正名工作需要开展调查核实活动，纪检监察机关负责调查核实的监督检查、审查调查、干部监督等部门（澄清正名工作承办部门）具体实施澄清正名工作，信访、案件监督管理、案件审理等部门予以配合。

澄清正名工作承办部门经评估后认为有开展澄清正名工作必要性的，应当及时提出书面建议和方案，经本机关主要负责人批准后实施。对于某些特定情形，应当呈报同级党委主要负责人审批。

### （三）澄清正名工作的启动方式

澄清正名工作的启动方式分为两种：其一，纪检监察机关依职权启动；其二，纪检监察机关依被诬告陷害、错告人的申请启动。无论适用哪一种启动方式，纪检监察机关均应当按照程序报批。

### （四）澄清正名工作的主要方式

纪检监察机关应当准确判断不实举报带来的消极影响，严格把握对被诬告陷害、错告人造成影响的程度，注意澄清正名的范围，确定澄清正名工作的具体方式。此类方式包括但不限于书面澄清、当面澄清、会议澄清、通报澄清、媒体澄清等，上述方式既可以单独使用也可以合并使用。（1）向被诬告陷害、错告人所在单位党组织主要负责人及本人发函说明或者当面说明；（2）向被诬告陷害、错告人所在单位党组织通报情况，必要时向其所在单位上级党组织通报；（3）在一定范围内通过召开会议、个别说明等方式通报核查结果；（4）涉及选拔任用、换届提名等组织人事工作的，向有关组织人事部门通报情况，已经造成影响的，应当建议其及时纠正；（5）对于影响范围广、社会反响大的，会同宣传部门，通过新闻媒体发布澄清公告，或者对于损害党和国家机关形象、涉及群体性利益或者群众关注度较高的案件，应当在一定范围内公开澄清；（6）采取其他适当方式予以澄清。

纪检监察机关开展澄清正名工作，既不得泄露党和国家秘密、商业秘密、工作秘密，也不得违规公开或者泄露举报人信息。

### （五）澄清正名工作中的互相配合机制

纪检监察机关应当加强与组织部门、审判机关、检察机关、政府执法部门等单位的信息沟通和协作配合，建立诬告陷害问题线索移送、办理结果反馈和澄清正名通报机制，及时发现并有效查处诬告陷害。

# 第十二章　监察法律责任

## 第一节　监察法律责任概述

### 一、监察法律责任的内涵及其类型

作为法学的基本范畴，法律责任是指由特定法律事实引起的对损害予以补偿、强制履行或接受惩罚的特殊义务。[1] 通常而言，法律责任具有以下特点：(1) 承担法律责任是由于主体违反了法定或约定义务，换言之，法律责任以存在法律义务为前提；(2) 法律责任表现为一种不利后果；(3) 法律责任一般是由国家强制力实施和保障的。根据法律责任类型的不同，法律责任可以分为违宪法律责任、民事法律责任、行政法律责任、刑事法律责任和监察法律责任。

作为法律责任的一种特定类型，监察法律责任是指监察法律关系的主体（既包括自然人，也包括国家机关或者单位、组织、法人）违反监察法规定的义务而应当承担的否定性法律后果。

根据2018年《监察法》的相关规定，按照不同的标准，监察法律责任可以分为不同类型。

(1) 根据承担法律责任方式的不同，监察法律责任可以分为违纪责任、行政责任、刑事责任、国家赔偿责任。

(2) 根据承担法律责任主体的不同，监察法律责任可以分为监察机关及其工作人员的法律责任，有关单位和有关人员的法律责任，监察对象的法律责任以及控告人、检举人、证人的法律责任。

---

〔1〕 参见张文显主编：《法理学（第五版）》，高等教育出版社2018年版，第166页。界定法律责任主要有以下三种代表性方案：①将法律责任界定为法律的否定性评价；②将法律责任界定为法律上的不利后果；③将法律责任界定为一种特殊意义上的义务。

## 二、监察法律责任的归责原则

### （一）责任法定原则

责任法定原则的基本含义包括：第一，监察责任的承担主体、承担情形与责任效果均由法律明确规定；第二，归责时应做到客观、公正，严格遵照宪法和法律，以事实为根据，以法律为准绳，归责不能主观臆断，对事实把握不能失之偏颇。

2018 年《监察法》在第 8 章“法律责任”集中规定了监察法律责任。依照监察法及其他相关法律法规追究有关主体的监察法律责任，是责任法定原则最基本的要求。

### （二）责任相称原则

责任相称原则的基本含义包括：第一，有关主体承担的监察法律责任的性质，应当与其行为的性质相适应；第二，有关主体承担的监察法律责任的轻重和种类，应当与其行为造成的损害结果相适应；第三，有关主体承担的监察法律责任的轻重和种类，应当与其实施行为时的主观心理状态相适应；第四，有关主体承担的监察法律责任的轻重和种类，还应当与其具有的特定情节相适应。

### （三）责任自负原则

责任自负原则的基本含义包括：第一，行为人违反监察法设定的义务，应当承担相应的监察法律责任；第二，未实施违反监察法设定的义务的行为的人，不因他人的违法行为承担监察法律责任，即禁止株连或变相株连；第三，既要保证责任人受到法律追究，也要保证无责任人受到法律保护，即不枉不纵，公平合理。

### （四）宽严相济原则

宽严相济原则的基本含义包括：第一，监察工作应始终坚持“惩前毖后、治病救人”的一贯方针，确定监察法律责任时也应践行宽严相济原则；第二，追究相关主体的监察法律责任，应当妥善运用监督执纪“四种形态”，坚持惩戒与教育相结合，做到责任明确、应对得当。

## 第二节　监察机关及其工作人员的法律责任

2018年《监察法》第65条具体列举了监察机关及其工作人员违法行使职权的行为，并对相应的法律责任作出明确规定。在此前提下，2021年《监察法实施条例》第278条对相关规则予以完善。

### 一、监察机关及其工作人员违法行使职权的行为

结合2018年《监察法》第65条、2021年《监察法实施条例》第278条、2022年《监察官法》第52条等条文的规定，监察人员在履行职责中有下列行为之一的，依法严肃处理；构成犯罪的，依法追究刑事责任。

#### （一）贪污贿赂、徇私舞弊

该情形是2021年《监察法实施条例》增加规定的行为。监察人员实施贪污贿赂、徇私舞弊的行为，既包括监察人员在监督执法调查各环节违法行使职权的行为，又包括监察人员利用职权实施的其他违法犯罪行为。由此，促使监察人员牢固坚持严格依法履职的立场。

#### （二）不履行或者不正确履行监督职责，应当发现的问题没有发现，或者发现问题不报告、不处置，造成严重影响

该情形也是2021年《监察法实施条例》增加规定的行为。此类情形在实质上属于监察人员失职渎职行为。例如，监察机关忽视办案安全隐患，导致发生重大责任事故的等。

#### （三）未经批准、授权处置问题线索，发现重大案情隐瞒不报，或者私自留存、处理涉案材料

问题线索处置是监察机关调查工作的开端。监察机关应当结合问题线索所涉及地区、部门、单位总体情况，综合分析，按照谈话函询、初步核实、暂存待查、予以了结四类方式进行处置。

在审查调查工作中，审查调查人员应当严格执行审查调查方案，不得擅自更改，

遇有重要事项应当及时请示汇报。监察机关应当按照自身权限对请示汇报事项作出处理，发现不属于本机关管辖范围的重大案情，应当及时上报，不得隐瞒。

涉案材料包括在案件调查过程中形成的，与案件有关的所有书面资料、图片、声像资料，以及留存在电脑、移动硬盘等存储介质中的电子资料。监察机关及其工作人员应当依法严格管理涉案材料。

对于监察机关及其工作人员违反上述要求，未经批准、授权处置问题线索，发现重大案情隐瞒不报，或者私自留存、处理涉案材料的，应当追究负有责任的领导人员和其他直接责任人员的责任。

### （四）利用职权或者职务上的影响干预调查工作

利用职权或者职务上的影响，包括案件审查调查人员利用接触办案信息的工作便利，也包括领导人员利用自身职务地位，在日常监督、线索处置、审查调查、案件审理等环节中打听案情、过问案件等行为。

影响干预调查工作，是指对监察机关正常开展的调查工作造成不当影响，包括致使案件办理进度拖慢，导致无法追究被调查人的法律责任等。

对于此类情形，需要注意的是，2018 年《监察法》第 65 条要求监察人员利用职权或者职务上的影响干预调查工作的行为还需满足“以案谋私”的条件，而 2021 年《监察法实施条例》第 278 条不再强调监察人员是否以权谋私，换言之，只要监察人员利用职权或者职务上的影响实施了干预调查工作的行为，就应当承担相应的责任。

### （五）违法窃取、泄露调查工作信息，或者泄露举报事项、举报受理情况以及举报人信息

调查工作信息，是指监察机关及其工作人员在行使职权过程中获得的与监察调查工作相关的信息，包括审查调查方案、涉案财物处置情况，也包括因调查工作而知悉的国家秘密、商业秘密、个人隐私等。

违法窃取，是指监察机关及其工作人员以非法方式获取其不应掌握的调查工作信息，例如，非审查调查组成员以盗窃的方式获得审查调查方案。

泄露，是指监察机关及其工作人员向被调查人、被调查人家属或者有关人员透漏调查工作信息的行为。

一旦发生调查工作信息泄露的情况，通常会妨害调查工作，轻则引发被调查人

和有关人员的警觉，增大调查难度，重则可能导致被调查人逃跑或毁灭、伪造证据，致使调查工作无法有效开展。因此，监察机关及其工作人员应当严格保守知悉的调查工作信息。

举报事项、举报受理情况以及举报人信息一旦泄露，可能导致举报人遭受打击报复。因此，泄露举报事项、举报受理情况以及举报人信息的，应当依法追究其法律责任。

我国法律一直以来注重举报人保护工作。例如，2021 年修正的《刑法》第 254 条规定："国家机关工作人员滥用职权、假公济私，对控告人、申诉人、批评人、举报人实行报复陷害的，处二年以下有期徒刑或者拘役；情节严重的，处二年以上七年以下有期徒刑。"又如，2018 年《刑事诉讼法》第 111 条第 3 款规定："公安机关、人民检察院或者人民法院应当保障报案人、控告人、举报人及其近亲属的安全。报案人、控告人、举报人如果不愿公开自己的姓名和报案、控告、举报的行为，应当为他保守秘密。"再如，2016 年最高人民检察院、公安部、财政部联合印发《最高人民检察院　公安部　财政部关于保护、奖励职务犯罪举报人的若干规定》，专门保障职务犯罪案件举报人的合法权益。

### （六）对被调查人或者涉案人员逼供、诱供，或者侮辱、打骂、虐待、体罚或者变相体罚

2018 年《监察法》第 33 条第 3 款规定："以非法方法收集的证据应当依法予以排除，不得作为案件处置的依据。"第 40 条第 2 款规定："严禁以威胁、引诱、欺骗及其他非法方式收集证据，严禁侮辱、打骂、虐待、体罚或者变相体罚被调查人和涉案人员。"第 44 条第 2 款规定："监察机关应当保障被留置人员的饮食、休息和安全，提供医疗服务。"上述条文均表明，2018 年《监察法》设置了严格的调查取证规范，强调保障被调查人和其他涉案人员的合法权益。以非法方式获得口供，容易造成错案，严重违背法治精神。因此，应当严格禁止以非法方式取证，或者侮辱、打骂、虐待、体罚或变相体罚的行为。

### （七）违反规定处置查封、扣押、冻结的财物

监察机关采取查封、扣押、冻结措施，应当经过严格的审批手续，并按照法定期限进行。对于查封、扣押、冻结的财物，监察机关应当设立专用账户、专门场所，指定专门人员保管涉案财物，严格履行交接、调取手续，定期对账核实。

违规处置查封、扣押、冻结的财物的行为，应当被追究法律责任。违规处置包括多种行为，如隐藏、转移、变卖、故意毁损、擅自使用等。

### （八）违反规定导致发生办案安全事故，或者发生安全事故后隐瞒不报、报告失实、处置不当

办案安全事故，是指在监察机关调查活动尤其是采取留置措施中发生的安全事故，包括因监管不当或非法取证行为造成的被调查人自杀、自残、伤人、逃跑或者患重大疾病等。

监察机关办案期间，被审查调查人发生安全事故的，应当妥善处置，并在24小时内逐级上报至中央纪委国家监委。严禁监察机关在发生安全事故后隐瞒不报或报告失实。

### （九）违反规定采取留置措施

留置的适用条件非常严格。2018年《监察法》对留置的审批程序、适用对象、适用期限、安全保障等作出了明确规定。监察机关采取留置措施应当严格依法进行。未经批准采取留置措施，或者超期适用留置措施等违反规定的行为，应当受到责任追究。

### （十）违反规定限制他人出境，或者不按规定解除出境限制

2018年《监察法》第30条规定："监察机关为防止被调查人及相关人员逃匿境外，经省级以上监察机关批准，可以对被调查人及相关人员采取限制出境措施，由公安机关依法执行。对于不需要继续采取限制出境措施的，应当及时解除。"该条规定了监察机关采取限制出境措施的基本条件。监察机关采取限制出境措施的目的是防止被调查人逃往境外，以保证调查工作顺利进行。对于不需要继续采取限制出境措施的，以及限制出境适用期限届满的，监察机关应当及时解除，否则，就侵犯了公民的人身自由。对违反规定限制他人出境，或者不按规定解除出境限制的，应当依法追究相关人员的法律责任。

除上述十种行为外，监察人员实施其他职务违法和职务犯罪行为的，也应当被追究相应的法律责任。

## 二、监察机关承担法律责任的形式

2018年《监察法》第67条规定："监察机关及其工作人员行使职权，侵犯公

民、法人和其他组织的合法权益造成损害的，依法给予国家赔偿。”该条对监察机关承担法律责任的形式作出了规定。监察机关的工作人员在履行职责过程中侵害他人合法权益的，应当由监察机关承担国家赔偿责任。

### （一）国家赔偿的概念

国家赔偿，是指国家机关及其工作人员违法行使职权对公民、法人和其他组织的合法权益造成损害，国家依法赔偿受害人，对其受到侵害的权利予以救济。

根据2013年《中华人民共和国国家赔偿法》（以下简称2013年《国家赔偿法》）的规定，国家赔偿分为行政赔偿和刑事赔偿。其中，国家赔偿的义务主体为行使国家侦查、检察、审判、监狱管理职权的机关，具体包括行政机关、侦查机关、检察机关、审判机关、监狱、看守所。在国家监察体制改革深化适用的背景下，2018年《宪法修正案》在国家机构一章新增“监察委员会”一节，我国正式形成“一府一委两院”的国家机关架构。鉴于监察机关不同于行政机关和司法机关，那么，2018年《监察法》中规定的监察机关承担国家赔偿责任同样应当是一种独立于行政赔偿与刑事赔偿的新型赔偿类型，即监察赔偿。正因如此，在2018年《监察法》出台之后，最高立法机关应当及时修改国家赔偿法律规范，将监察机关纳入赔偿义务主体的范围，并明确监察机关应当承担国家赔偿责任的具体内容。

值得注意的是，在2013年《国家赔偿法》修改之前，2021年《监察法实施条例》首次明确了监察机关履行国家赔偿责任的情形、程序和方式，有助于保障受害人依法获得赔偿。

### （二）受害人可以申请国家赔偿的情形

2021年《监察法实施条例》第280条规定，监察机关及其工作人员在行使职权时，有下列情形之一的，受害人可以申请国家赔偿：（1）采取留置措施后，决定撤销案件的；（2）违法没收、追缴或者违法查封、扣押、冻结财物造成损害的；（3）违法行使职权，造成被调查人、涉案人员或者证人身体伤害或者死亡的；（4）非法剥夺他人人身自由的；（5）其他侵犯公民、法人和其他组织合法权益造成损害的。

受害人死亡的，其继承人和其他有扶养关系的亲属有权要求赔偿；受害的法人或者其他组织终止的，其权利承受人有权要求赔偿。

### （三）监察机关承担国家赔偿责任的构成要件

1. 公民、法人、其他组织合法权益受到的侵害是由监察机关及其工作人员行使职权的行为造成的。行使职权是指监察机关及其工作人员按照监察法规定的权限开展的监督、调查、处置工作。监察机关及其工作人员的非职权行为对公民、法人、其他组织的合法权益造成侵害的，监察机关不承担国家赔偿责任。例如，监察机关工作人员因交通事故侵犯公民健康权的，应当由监察人员个人承担责任。

2. 监察机关及其工作人员行使职权的行为必须具有违法性。违法行使职权的行为是多样的，例如，采取留置措施超过法定期限等。不过，需要区分的是，如果监察机关及其工作人员依法行使职权，对公民、法人、其他组织的合法权益造成侵害的，监察机关可以予以适当补偿，但无须承担国家赔偿责任。

3. 合法权益损害与违法行使职权的行为之间存在因果关系。公民、法人、其他组织合法权益的损害必须是直接由监察机关及其工作人员违法行使职权的行为导致的。因其他原因造成被侵害人合法权益损害的，监察机关不承担国家赔偿责任。

4. 合法权益损害必须是客观存在、已经发生的。对于推断可能发生损害事实的或者发生的损害事实为虚构的，监察机关不承担国家赔偿责任。

5. 监察机关承担国家赔偿责任，应当符合法律规定，依照法律规定的程序办理。参照2013年《国家赔偿法》对行政赔偿和刑事赔偿程序的规定，被侵害人应当向负有赔偿义务的机关提交申请书，赔偿义务机关在收到申请书后审查，作出予以赔偿或不予赔偿的决定。赔偿义务机关不予赔偿的，被侵害人可以在法定期限内向人民法院提起诉讼。

### （四）赔偿义务机关及其赔偿方式

监察机关及其工作人员违法行使职权侵犯公民、法人和其他组织的合法权益造成损害的，该机关为赔偿义务机关。申请赔偿应当向赔偿义务机关提出，由该机关负责复审复核工作的部门受理。

赔偿以支付赔偿金为主要方式。能够返还财产或者恢复原状的，予以返还财产或者恢复原状。

### （五）国家追偿

监察机关向被侵害人支付赔偿费用之后，可以依法责令具有故意或重大过失的工作人员承担部分或全部赔偿费用。

故意，是指工作人员在实施侵权行为时，明知自己的行为属于违法行使职权，并可能对公民、法人、其他组织的合法权益造成侵害，仍希望或者放任侵害结果发生的主观心理状态。

重大过失，是指工作人员未尽到一般职务要求的注意义务，未能预见或轻信能够避免侵害结果发生的主观心理状态。

### 三、监察机关工作人员承担法律责任的形式

对监察人员在履行职责中存在违法行为的，可以根据情节轻重，依法进行谈话提醒、批评教育、责令检查、诫勉，或者给予政务处分，构成犯罪的，依法追究刑事责任。而且，具有党员身份的监察机关工作人员，还应当承担违纪责任。而且，除直接责任人员外，负有责任的领导人员也应当受到相应处理。

#### （一）违纪责任

依据2018年《纪律处分条例》第8条的规定，对党员的纪律处分种类包括五种，即警告、严重警告、撤销党内职务、留党察看和开除党籍。

1. 警告和严重警告。警告是最轻的党纪处分。警告和严重警告的目的在于责令受处分的党员认识错误，提醒其不得再犯。党员受到警告处分一年内、受到严重警告处分一年半内，不得在党内提升职务。

2. 撤销党内职务。撤销党内职务处分是指撤销受处分党员由党内选举或者组织任命的党内职务。对于在党内担任两个以上职务的，党组织在作处分决定时，应当明确是撤销其一切职务还是一个或者几个职务。对于应当受到撤销党内职务处分，但是本人没有担任党内职务的，应当给予其严重警告处分。

3. 留党察看。留党察看适用于严重违反党的纪律规定，但尚未完全丧失共产党员条件的违纪党员。根据处分期的不同，留党察看处分可以分为留党察看一年、留党察看二年。对于受到留党察看处分一年的党员，期满后仍不符合恢复党员权利条件的，应当延长一年留党察看期限。留党察看期限最长不得超过二年。

4. 开除党籍。开除党籍适用于严重违反党的纪律规定，并且已经完全丧失共产党员条件的违纪党员。它是最严重的党纪处分。党员受到开除党籍处分，五年内不得重新入党。一名党员实施两种以上（含两种）应当受到党纪处分的违纪行为，其中一种违纪行为应当受到开除党籍处分的，应当给予其开除党籍处分。

根据2018年《纪律处分条例》第17条至第26条的规定，党组织给予违反党纪的党员处分时，应当结合个案情况，依规从轻、减轻、从重、加重处分。例如，党员违纪后主动交代违纪违法事实、配合核实审查工作、主动挽回损失、消除不良影响或者有效阻止危害结果发生、主动上交违纪所得的，可以获得从轻或者减轻处分。与之相反，党员强迫、唆使他人违纪，拒不上交或者拒不退赔违纪所得的，则应当受到从重或者加重处分。

党组织在纪律审查中发现党员严重违纪涉嫌违法犯罪的，原则上先作出党纪处分决定，并按照规定给予政务处分后，再移送有关国家机关依法处理。

预备党员违犯党纪，情节较轻的，党组织可以保留其预备党员资格，并对其进行批评教育或者延长预备期；情节较重的，党组织应当取消其预备党员资格。

### （二）政务处分责任

政务处分是保障公职人员依法履职、维护公权力有序运行的重要手段。监察机关工作人员违法行使职权，构成职务违法的，应当依法追究其政务责任。根据2020年《政务处分法》第7条的规定，政务处分的种类包括警告、记过、记大过、降级、撤职和开除六种。

1. 警告。警告的处分期间为6个月。在警告处分期间，监察机关工作人员不得晋升职务、职级、衔级和级别，但是可以晋升工资档次。

2. 记过、记大过。记过的处分期间为12个月。记大过的处分期间为18个月。记过、记大过不影响监察机关工作人员的职务、职级、衔级和级别，也不影响其工资档次。但在记过、记大过期间，监察机关工作人员不得晋升职务、职级、衔级和级别，也不得晋升工资档次。

3. 降级。降级的处分期间为24个月。监察机关工作人员受降级处分的，从受处分的次月起，降低一个级别，级别工资就近就低套入降低后级别相应的工资档次，相应降低按级别确定标准的补贴津贴。

4. 撤职。撤职的处分期间为24个月。对于被撤职的监察机关工作人员，所在单位应当按照规定降低其职务、职级、衔级和级别，同时降低其工资和待遇。

5. 开除。开除是最为严重的政务处分。受到开除处分的监察机关工作人员，自处分生效之日起，解除其与所在单位的人事关系。

根据2020年《政务处分法》第11条、第13条的规定，监察机关工作人员具有法定情节之一的，监察机关可以依法从轻、减轻、从重给予其政务处分。其中，可以从轻或减轻的情形包括：（1）主动交代本人应当受到政务处分的违法行为的；（2）配合调查，如实说明本人违法事实的；（3）检举他人违纪违法行为，经查证属实的；（4）主动采取措施，有效避免、挽回损失或者消除不良影响的；（5）在共同违法行为中起次要或者辅助作用的；（6）主动上交或者退赔违法所得的；（7）法律、法规规定的其他从轻或者减轻情节。应当从重的情形包括：（1）在政务处分期内再次故意违法，应当受到政务处分的；（2）阻止他人检举、提供证据的；（3）串供或者伪造、隐匿、毁灭证据的；（4）包庇同案人员的；（5）胁迫、唆使他人实施违法行为的；（6）拒不上交或者退赔违法所得的；（7）法律、法规规定的其他从重情节。

### （三）刑事责任

监察机关工作人员违法行使职权，构成犯罪的，应当依法追究刑事责任。追究监察机关工作人员的刑事责任应当严格按照《刑法》的规定。监察机关工作人员违法行使职权，可能涉嫌的犯罪主要包括滥用职权罪，玩忽职守罪，故意泄露国家秘密罪，过失泄露国家秘密罪，帮助毁灭、伪造证据罪，妨害作证罪，等等。根据2018年《监察法》、2018年《刑事诉讼法》、2021年《监察法实施条例》等的规定，监察机关工作人员涉嫌犯罪的案件，由监察机关依法负责调查。

1. 滥用职权罪、玩忽职守罪

2021年《刑法》第397条规定："国家机关工作人员滥用职权或者玩忽职守，致使公共财产、国家和人民利益遭受重大损失的，处三年以下有期徒刑或者拘役；情节特别严重的，处三年以上七年以下有期徒刑。本法另有规定的，依照规定。国家机关工作人员徇私舞弊，犯前款罪的，处五年以下有期徒刑或者拘役；情节特别严重的，处五年以上十年以下有期徒刑。本法另有规定的，依照规定。"滥用职权，是指监察机关工作人员超越职权，或者违反规定行使职权的行为。玩忽职守，是指监察机关工作人员严重不负责任，不履行或不认真履行职责的行为。例如，监察机关工作人员在留置讯问过程中不履行安全保护职责，致使留置对象死亡的，构成玩忽职守罪。

2. 故意泄露国家秘密、过失泄露国家秘密罪

2021年《刑法》第398条第1款规定："国家机关工作人员违反保守国家秘密法的规定，故意或者过失泄露国家秘密，情节严重的，处三年以下有期徒刑或者拘役；情节特别严重的，处三年以上七年以下有期徒刑。"例如，监察机关工作人员

在调查工作中故意向被调查人家属泄露属于国家秘密的调查信息，造成严重后果的，构成故意泄露国家秘密罪。

3. 帮助毁灭、伪造证据罪和妨害作证罪

2021 年《刑法》第 307 条第 1 款规定："以暴力、威胁、贿买等方法阻止证人作证或者指使他人作伪证的，处三年以下有期徒刑或者拘役；情节严重的，处三年以上七年以下有期徒刑。"例如，监察机关工作人员指使有关人员提供虚假证言的，构成妨害作证罪。

2021 年《刑法》第 307 条第 2 款规定："帮助当事人毁灭、伪造证据，情节严重的，处三年以下有期徒刑或者拘役。"例如，监察机关工作人员受被调查人指使，帮助涉嫌贪污罪的被调查人销毁单据的，构成帮助毁灭证据罪。

4. 可能涉嫌的其他罪名

监察机关工作人员违法行使职权，收受他人贿赂或者非法占有公共财物的，可能构成贪污罪、受贿罪等职务犯罪。监察机关工作人员在调查取证中对被调查人逼供、诱供，或者侮辱、打骂、虐待的，还可能构成故意伤害罪。

### 四、监察机关应当建立健全办案安全责任制

监察机关应当建立健全办案安全责任制。承办部门主要负责人和调查组组长是调查安全第一责任人。调查组应当指定专人担任安全员。

地方各级监察机关履行管理、监督职责不力发生严重办案安全事故的，或者办案中存在严重违规违纪违法行为的，省级监察机关主要负责人应当向国家监察委员会作出检讨，并予以通报、严肃追责问责。

案件监督管理部门应当对办案安全责任制落实情况组织经常性检查和不定期抽查，发现问题及时报告并督促整改。

## 第三节　有关单位和有关人员的法律责任

### 一、有关单位的法律责任

2018 年《监察法》第 62 条规定："有关单位拒不执行监察机关作出的处理决定，或者无正当理由拒不采纳监察建议的，由其主管部门、上级机关责令改正，对单位给予通报批评；对负有责任的领导人员和直接责任人员依法给予处理。"该条

对有关单位的监察法律责任作出了规定。

### （一）有关单位承担监察法律责任的情形

1. 拒不执行监察机关作出的处理决定

监察机关作出的处理决定，一般是指监察机关作出的处置，具体包括对违法的公职人员依照法定程序作出的警告、记过、记大过、降级、撤职、开除等政务处分决定；对不履行或者不正确履行职责负有责任的领导人员作出的问责决定；或者向有权作出问责决定的机关提出的问责建议等。监察机关作出的处理决定，还应当包括监察机关采取调查措施等方面的决定。例如，根据2018年《监察法》第23条的规定，监察机关采取查询、冻结措施的，有关单位具有配合义务。有关单位拒不配合的，同样应当承担法律责任。

关于拒不执行监察机关作出的处理决定的方式，有关单位既可以采取作为的方式拒不执行，如殴打、拘禁监察机关工作人员，以暴力伤害、毁损财物相威胁等；也可以采取不作为的方式拒不执行，如对监察机关提出的问责建议置之不理等。

2. 无正当理由拒不采纳监察建议

监察建议，是指监察机关根据监督、调查结果，向监察对象所在单位就廉政建设和履行职责等方面的问题提出的具有一定法律效力的建议。有关单位在收到监察机关的监察建议后，除非存在不采纳的正当理由，否则都应当采纳，并将采纳监察建议的情况通报给监察机关。有关单位存在异议的，应当及时申诉，并将异议理由反馈给监察机关。有关单位既未提出异议，又拒绝采纳监察建议的，监察机关可以追究其责任。

### （二）有关单位承担监察法律责任的方式

对有关单位拒不执行监察机关作出的处理决定、无正当理由拒不采纳监察建议的行为，既要追究有关单位的责任，也要追究相关领导人员和直接责任人员的责任。其中，有关单位承担的法律责任，是指由其主管部门、上级机关责令改正，并对单位通报批评。

## 二、有关人员的法律责任

2018年《监察法》第63条规定：“有关人员违反本法规定，有下列行为之一的，由其所在单位、主管部门、上级机关或者监察机关责令改正，依法给予处理：

（一）不按要求提供有关材料，拒绝、阻碍调查措施实施等拒不配合监察机关调查的；（二）提供虚假情况，掩盖事实真相的；（三）串供或者伪造、隐匿、毁灭证据的；（四）阻止他人揭发检举、提供证据的；（五）其他违反本法规定的行为，情节严重的。”该条列举了有关人员阻碍、干扰监察机关行使职权的五类行为，对有关人员的监察法律责任作出了基本规定。

### （一）阻碍、干扰监察机关行使职权的具体情形

1. 不按要求提供有关材料，拒绝、阻碍调查措施实施等拒不配合监察机关调查。这主要是指监察对象及相关人员有义务提供与监察事项有关的文件、资料、财务账目及其他有关材料和其他必要情况；不得故意拖延履行或者拒绝履行，也不得拒绝、阻碍搜查、留置等调查措施实施。[1] 为便于监察机关高效开展反腐败工作，2018 年《监察法》第 18 条第 1 款规定：“监察机关行使监督、调查职权，有权依法向有关单位和个人了解情况，收集、调取证据。”该款还明确了有关单位和个人的配合义务，即“有关单位和个人应当如实提供”。不按要求提供有关资料的个人应当承担相应的法律责任。

拒不配合监察机关调查行为在主观上为故意。有关人员既可以通过作为的方式拒不配合，如明示监察机关不提供有关材料；也可以通过不作为的方式拒不配合，如对监察机关的调查行为不予理睬，在提供有关材料时故意拖延。

2. 提供虚假情况，掩盖事实真相。对于监察机关收集、调取证据的要求，有关单位和个人不仅应当提供，而且应当如实提供。有关人员提供虚假情况，掩盖事实真相的行为，会严重干扰监察机关的监督、调查活动。有关人员应当对此种行为承担相应的法律责任。

3. 串供或者伪造、隐匿、毁灭证据。串供，是指监察对象与他人互相串通，捏造虚假口供，以逃避处罚的行为，包括监察对象之间相互串通，也包括监察对象与有关人员相互串通。伪造证据，包括伪造、变造、篡改证据。隐匿证据，是指故意藏匿案件证据材料，以妨害监察机关的调查取证的行为。毁灭证据，既包括完全从物理形态上破坏证据的行为，如烧毁账单；也包括使证据丧失或部分丧失证明能力的其他行为，如涂抹、磨损使账单无法反映其原有记载内容。

---

〔1〕 参见中共中央纪律检查委员会法规室、中华人民共和国国家监察委员会法规室编写：《〈中华人民共和国监察法〉释义》，中国方正出版社 2018 年版，第 269～270 页。

4. 阻止他人揭发检举、提供证据。检举控告权是我国公民的基本权利。对于公民的申诉、控告或者检举，有关国家机关必须查清事实，负责处理。任何人不得压制和打击报复。公民的检举、控告是监察机关查办职务违法犯罪案件重要的线索来源，对调查程序的启动意义重大。公民积极提供证据的行为，有利于监察机关查清案件事实，及时、正确地查处职务违法犯罪。因此，对于组织他人揭发检举、提供证据的行为，必须依法予以处理。

5. 其他违反本法规定的行为，情节严重的。由于监察工作涉及事项繁多，对于有关人员阻碍、干扰监察机关行使职权的行为，立法无法以列举的方式穷尽各种情形。对此，对于有关人员实施的违反2018年《监察法》的其他行为，情节严重的，同样应当依法受到处理，如为同案人员通风报信，为同案人员转移、窝藏赃款、赃物等。

#### （二）有关人员承担监察法律责任的形式

有关人员阻碍、干扰监察工作的，由其所在单位、主管部门、上级机关或者监察机关责令改正，依法给予处理。根据负有责任的领导人员和直接责任人员在此次行为中的地位、作用和情节，分别给予：（1）政务处分决定；（2）问责决定；（3）谈话提醒、批评教育、责令检查，或者予以诫勉的决定；（4）采取调查措施的决定；（5）复审、复核决定；（6）监察机关依法作出的其他处理决定。

## 第四节 监察对象和控告人、检举人、证人的法律责任

2018年《监察法》第64条规定："监察对象对控告人、检举人、证人或者监察人员进行报复陷害的；控告人、检举人、证人捏造事实诬告陷害监察对象的，依法给予处理。"该条规定了监察对象和控告人、检举人、证人因报复陷害或诬告陷害行为而应当承担的监察法律责任。规定本条的目的在于：一是保障公民的控告权和检举权，二是保障监察人员行使职权不受非法侵害。

### 一、监察对象的法律责任

监察对象的法律责任有广义和狭义之分。广义上的监察对象的法律责任，泛指监察对象应当承担的一切法律责任，包括因职务违法、职务犯罪行为而应当承担的

法律责任。狭义上的监察对象的法律责任，仅指监察对象因对控告人、检举人、证人或者监察人员进行报复陷害等行为而应当承担的法律责任，即 2018 年《监察法》第 64 条、2021 年《监察法实施条例》第 275 条规定的监察对象的法律责任。本部分所讨论的监察对象的法律责任，是指狭义上的监察对象的法律责任。

检举控告权是《宪法》赋予公民的基本权利。《宪法》第 41 条规定："中华人民共和国公民对于任何国家机关和国家工作人员，有提出批评和建议的权利；对于任何国家机关和国家工作人员的违法失职行为，有向有关国家机关提出申诉、控告或者检举的权利，但是不得捏造或者歪曲事实进行诬告陷害。"检举、控告是我国公民对公权力进行监督的重要方式，应当受到严格保护。

报复陷害主要表现为监察对象滥用职权，假公济私，伪造或者故意夸大事实，对控告人、检举人、证人或者监察人员实施报复，具体包括污蔑陷害，围攻阻挠，谩骂殴打，无理调动工作，压制提级晋升和评定职称等。[1]

监察对象对控告人、申诉人、批评人、检举人、证人、监察人员进行打击、压制等报复陷害的，纪检监察机关应当依法给予政务处分；对于其中具有党员身份的监察对象，依照 2018 年《纪律处分条例》的规定，应当给予党纪处分；构成犯罪的，应当依法追究刑事责任。

## 二、控告人、检举人、证人的法律责任

控告人、检举人、证人的法律责任，是指控告人、检举人、证人因采取捏造事实、伪造材料等方式诬告陷害监察对象的行为而应当承担的法律责任。

2020 年《处理检举控告工作规则》设专章对诬告陷害行为的查处作出规定，意在净化政治生态、匡正社会风气。《处理检举控告工作规则》将坚持和加强党的统一领导作为根本政治要求，提倡鼓励实名检举控告，要求监察机关依规依纪依法处理检举控告，严肃查处诬告陷害行为，营造党员和群众监督的良好环境。结合 2018 年《监察法》、2020 年《处理检举控告工作规则》和 2021 年《监察法实施条例》等规定，控告人、检举人、证人捏造事实诬告陷害监察对象的，应当承担相应的法律责任。

捏造，是指无中生有，凭空虚构职务违法犯罪事实，意图使无辜的监察对象受

---

〔1〕 参见中共中央纪律检查委员会法规室、中华人民共和国国家监察委员会法规室编写：《〈中华人民共和国监察法〉释义》，中国方正出版社 2018 年版，第 272 页。

到监察机关的调查、处置的行为。控告人、检举人、证人捏造事实，告发陷害监察对象，既包括以使监察对象受到刑事追究为目的，也包括以破坏监察对象名誉、阻止监察对象得到某种奖励或者提升为目的而诬告其有违法违纪行为。[1] 所捏造的事实，并不要求捏造详细情节和证据，只需要达到能够使监察机关启动线索处置工作的程度即可。

控告人、检举人、证人诬告陷害监察对象的，应当视情节严重程度，分别受到行政处罚或刑事处罚；其中，具有党员身份的，还应当受到党纪处分。

控告人、检举人、证人采取捏造事实、伪造材料等方式诬告陷害的，监察机关应当依法给予政务处分，或者移送有关机关处理。构成犯罪的，依法追究刑事责任。

---

〔1〕 参见中共中央纪律检查委员会法规室、中华人民共和国国家监察委员会法规室编写：《〈中华人民共和国监察法〉释义》，中国方正出版社2018年版，第272页。

# 第十三章　监察法与刑事诉讼法的衔接

随着国家监察体制改革深化推进，基于办理职务犯罪案件的现实需要，监察法与刑事诉讼法之间存在衔接适用的制度方案与规则框架（以下简称法法衔接机制）。这些内容集中体现在监察管辖与刑事管辖、职务犯罪案件审查起诉与审判以及刑事执行等方面。根据《宪法》第 127 条第 2 款、2018 年《监察法》第 4 条第 2 款的规定，监察机关与审判机关、检察机关、执法部门在衔接工作方面应当贯彻互相配合、互相制约原则。受到监察活动与刑事诉讼活动之间内在差异性的影响，监察法与刑事诉讼法的衔接体系也呈现相应的特定内涵。

## 第一节　监察管辖与刑事管辖的衔接制度

### 一、监察机关有权调查的监察管辖规定

监察机关有权调查的管辖罪名及其数量经历了一个变化的过程。在 2018 年《监察法》实施后，2018 年《管辖规定（试行）》将监察管辖的罪名数量确定为 88 个。随后，根据 2021 年《监察法实施条例》以及修正后的《刑法》的规定，监察机关有权立案调查的罪名共计 6 大类 101 个罪名。根据《刑法》相关章节顺序整理上述罪名的具体情况如表 1 所示。

**表 1　《刑法》规定的罪名及其管辖机关**

| 序号 | 罪名 | 管辖机关 |
| --- | --- | --- |
| 一、贪污贿赂犯罪（19 个罪名） | | |
| 1 | 非国家工作人员受贿罪（《刑法》第 163 条） | 监察机关、公安机关 |
| 2 | 对非国家工作人员行贿罪（《刑法》第 164 条第 1 款） | 监察机关、公安机关 |

续表

| 序号 | 罪名 | 管辖机关 |
|---|---|---|
| 3 | 对外国公职人员、国际公共组织官员行贿罪（《刑法》第 164 条第 2 款） | 监察机关、公安机关 |
| 4 | 职务侵占罪（《刑法》第 271 条第 1 款） | 监察机关、公安机关 |
| 5 | 挪用资金罪（《刑法》第 272 条第 1 款） | 监察机关、公安机关 |
| 6 | 贪污罪（《刑法》第 382 条） | 监察机关 |
| 7 | 挪用公款罪（《刑法》第 384 条） | 监察机关 |
| 8 | 受贿罪（《刑法》第 385 条） | 监察机关 |
| 9 | 单位受贿罪（《刑法》第 387 条） | 监察机关 |
| 10 | 利用影响力受贿罪（《刑法》第 388 条之一） | 监察机关 |
| 11 | 行贿罪（《刑法》第 389 条） | 监察机关 |
| 12 | 对有影响力的人行贿罪（《刑法》第 390 条之一） | 监察机关 |
| 13 | 对单位行贿罪（《刑法》第 391 条） | 监察机关 |
| 14 | 介绍贿赂罪（《刑法》第 392 条） | 监察机关 |
| 15 | 单位行贿罪（《刑法》第 393 条） | 监察机关 |
| 16 | 巨额财产来源不明罪（《刑法》第 395 条第 1 款） | 监察机关 |
| 17 | 隐瞒境外存款罪（《刑法》第 395 条第 2 款） | 监察机关 |
| 18 | 私分国有资产罪（《刑法》第 396 条第 1 款） | 监察机关 |
| 19 | 私分罚没财物罪（《刑法》第 396 条第 2 款） | 监察机关 |
| 二、滥用职权犯罪（18 个罪名） | | |
| 20 | 国有公司、企业、事业单位人员滥用职权罪（《刑法》第 168 条） | 监察机关 |
| 21 | 非法拘禁罪（《刑法》第 238 条） | 监察机关、检察机关、公安机关 |
| 22 | 非法搜查罪（《刑法》第 245 条） | 监察机关、检察机关、公安机关 |
| 23 | 虐待被监管人罪（《刑法》第 248 条） | 监察机关、检察机关 |
| 24 | 非法剥夺公民宗教信仰自由罪（《刑法》第 251 条） | 监察机关 |
| 25 | 侵犯少数民族风俗习惯罪（《刑法》第 251 条） | 监察机关 |
| 26 | 报复陷害罪（《刑法》第 254 条） | 监察机关 |
| 27 | 打击报复会计、统计人员罪（《刑法》第 255 条） | 监察机关、公安机关 |
| 28 | 挪用特定款物罪（《刑法》第 273 条） | 监察机关、公安机关 |
| 29 | 滥用职权罪（《刑法》第 397 条） | 监察机关、检察机关 |
| 30 | 故意泄露国家秘密罪（《刑法》第 398 条） | 监察机关、公安机关 |

续表

| 序号 | 罪名 | 管辖机关 |
|---|---|---|
| 31 | 滥用管理公司、证券职权罪（《刑法》第 403 条） | 监察机关 |
| 32 | 违法发放林木采伐许可证罪（《刑法》第 407 条） | 监察机关 |
| 33 | 食品、药品监管渎职罪（《刑法》第 408 条之一） | 监察机关 |
| 34 | 办理偷越国（边）境人员出入境证件罪（《刑法》第 415 条） | 监察机关 |
| 35 | 放行偷越国（边）境人员罪（《刑法》第 415 条） | 监察机关 |
| 36 | 阻碍解救被拐卖、绑架妇女、儿童罪（《刑法》第 416 条第 2 款） | 监察机关 |
| 37 | 帮助犯罪分子逃避处罚罪（《刑法》第 417 条） | 监察机关 |
| 三、玩忽职守犯罪（11 个罪名） | | |
| 38 | 签订、履行合同失职被骗罪（《刑法》第 167 条） | 监察机关 |
| 39 | 国有公司、企业、事业单位人员失职罪（《刑法》第 168 条） | 监察机关 |
| 40 | 玩忽职守罪（《刑法》第 397 条） | 监察机关、检察机关 |
| 41 | 过失泄露国家秘密罪（《刑法》第 398 条） | 监察机关、公安机关 |
| 42 | 国家机关工作人员签订、履行合同失职被骗罪（《刑法》第 406 条） | 监察机关 |
| 43 | 环境监管失职罪（《刑法》第 408 条） | 监察机关 |
| 44 | 传染病防治失职罪（《刑法》第 409 条） | 监察机关 |
| 45 | 商检失职罪（《刑法》第 412 条第 2 款） | 监察机关 |
| 46 | 动植物检疫失职罪（《刑法》第 413 条第 2 款） | 监察机关 |
| 47 | 不解救被拐卖、绑架妇女、儿童罪（《刑法》第 416 条第 1 款） | 监察机关 |
| 48 | 失职造成珍贵文物损毁、流失罪（《刑法》第 419 条） | 监察机关 |
| 四、徇私舞弊犯罪（15 个罪名） | | |
| 49 | 非法经营同类营业罪（《刑法》第 165 条） | 监察机关 |
| 50 | 为亲友非法牟利罪（《刑法》第 166 条） | 监察机关 |
| 51 | 徇私舞弊低价折股、出售国有资产罪（《刑法》第 169 条） | 监察机关 |
| 52 | 枉法仲裁罪（《刑法》第 399 条之一） | 监察机关 |
| 53 | 徇私舞弊不移交刑事案件罪（《刑法》第 402 条） | 监察机关 |
| 54 | 徇私舞弊不征、少征税款罪（《刑法》第 404 条） | 监察机关 |

续表

| 序号 | 罪名 | 管辖机关 |
| --- | --- | --- |
| 55 | 徇私舞弊发售发票、抵扣税款、出口退税罪（《刑法》第405条第1款） | 监察机关 |
| 56 | 违法提供出口退税凭证罪（《刑法》第405条第2款） | 监察机关 |
| 57 | 非法批准征收、征用、占用土地罪（《刑法》第410条） | 监察机关 |
| 58 | 非法低价出让国有土地使用权罪（《刑法》第410条） | 监察机关 |
| 59 | 放纵走私罪（《刑法》第411条） | 监察机关 |
| 60 | 商检徇私舞弊罪（《刑法》第412条第1款） | 监察机关 |
| 61 | 动植物检疫徇私舞弊罪（《刑法》第413条第1款） | 监察机关 |
| 62 | 放纵制售伪劣商品犯罪行为罪（《刑法》第414条） | 监察机关 |
| 63 | 招收公务员、学生徇私舞弊罪（《刑法》第418条） | 监察机关 |
| 五、责任事故犯罪（12个罪名） | | |
| 64 | 重大飞行事故罪（《刑法》第131条） | 监察机关、公安机关 |
| 65 | 铁路运营安全事故罪（《刑法》第132条） | 监察机关、公安机关 |
| 66 | 重大责任事故罪（《刑法》第134条第1款） | 监察机关、公安机关 |
| 67 | 强令、阻止他人违章冒险作业罪（《刑法》第134条第2款） | 监察机关、公安机关 |
| 68 | 危险作业罪（《刑法》第134条之一） | 监察机关、公安机关 |
| 69 | 重大劳动安全事故罪（《刑法》第135条） | 监察机关、公安机关 |
| 70 | 大型群众性活动重大安全事故罪（《刑法》第135条之一） | 监察机关、公安机关 |
| 71 | 危险物品肇事罪（《刑法》第136条） | 监察机关、公安机关 |
| 72 | 工程重大安全事故罪（《刑法》第137条） | 监察机关、公安机关 |
| 73 | 教育设施重大安全事故罪（《刑法》第138条） | 监察机关、公安机关 |
| 74 | 消防责任事故罪（《刑法》第139条） | 监察机关、公安机关 |
| 75 | 不报、谎报安全事故罪（《刑法》第139条之一） | 监察机关、公安机关 |
| 六、其他犯罪（26个罪名） | | |
| 76 | 背信损害上市公司利益罪（《刑法》第169条之一） | 监察机关、公安机关 |
| 77 | 金融工作人员购买假币、以假币换取货币罪（《刑法》第171条第2款） | 监察机关、公安机关 |
| 78 | 利用未公开信息交易罪（《刑法》第180条第4款） | 监察机关、公安机关 |

续表

| 序号 | 罪名 | 管辖机关 |
| --- | --- | --- |
| 79 | 诱骗投资者买卖证券、期货合约罪（《刑法》第 181 条第 2 款） | 监察机关、公安机关 |
| 80 | 背信运用受托财产罪（《刑法》第 185 条之一第 1 款） | 监察机关、公安机关 |
| 81 | 违法运用资金罪（《刑法》第 185 条之一第 2 款） | 监察机关、公安机关 |
| 82 | 违法发放贷款罪（《刑法》第 186 条第 1 款） | 监察机关、公安机关 |
| 83 | 吸收客户资金不入账罪（《刑法》第 187 条） | 监察机关、公安机关 |
| 84 | 违规出具金融票证罪（《刑法》第 188 条） | 监察机关、公安机关 |
| 85 | 对违法票据承兑、付款、保证罪（《刑法》第 189 条） | 监察机关、公安机关 |
| 86 | 非法转让、倒卖土地使用权罪（《刑法》第 228 条） | 监察机关、公安机关 |
| 87 | 刑讯逼供罪（《刑法》第 247 条） | 监察机关、检察机关 |
| 88 | 暴力取证罪（《刑法》第 247 条） | 监察机关、检察机关 |
| 89 | 私自开拆、隐匿、毁弃邮件、电报罪（《刑法》第 253 条第 1 款） | 监察机关、公安机关 |
| 90 | 破坏选举罪（《刑法》第 256 条） | 监察机关、公安机关 |
| 91 | 故意延误投递邮件罪（《刑法》第 304 条） | 监察机关、公安机关 |
| 92 | 泄露不应公开的案件信息罪（《刑法》第 308 条之一第 1 款） | 监察机关、公安机关 |
| 93 | 披露、报道不应公开的案件信息罪（《刑法》第 308 条之一第 3 款） | 监察机关、公安机关 |
| 94 | 接送不合格兵员罪（《刑法》第 374 条） | 监察机关、公安机关 |
| 95 | 徇私枉法罪（《刑法》第 399 条第 1 款） | 监察机关、检察机关 |
| 96 | 民事、行政枉法裁判罪（《刑法》第 399 条第 2 款） | 监察机关、检察机关 |
| 97 | 执行判决、裁定失职罪（《刑法》第 399 条第 3 款） | 监察机关、检察机关 |
| 98 | 执行判决、裁定滥用职权罪（《刑法》第 399 条第 3 款） | 监察机关、检察机关 |
| 99 | 私放在押人员罪（《刑法》第 400 条第 1 款） | 监察机关、检察机关 |
| 100 | 失职致使在押人员脱逃罪（《刑法》第 400 条第 2 款） | 监察机关、检察机关 |
| 101 | 徇私舞弊减刑、假释、暂予监外执行罪（《刑法》第 401 条） | 监察机关、检察机关 |

## 二、检察机关有权侦查的刑事管辖规定

2018 年《刑事诉讼法》删去了检察机关对贪污贿赂等职务犯罪案件行使侦查权

的条文，同时，保留了检察机关在履行法律监督职责过程中发现司法工作人员利用职权实施的侵犯公民权利、损害司法公正的犯罪的侦查权。这集中体现在2018年《刑事诉讼法》第19条第2款的规定："人民检察院在对诉讼活动实行法律监督中发现的司法工作人员利用职权实施的非法拘禁、刑讯逼供、非法搜查等侵犯公民权利、损害司法公正的犯罪，可以由人民检察院立案侦查。对于公安机关管辖的国家机关工作人员利用职权实施的重大犯罪案件，需要由人民检察院直接受理的时候，经省级以上人民检察院决定，可以由人民检察院立案侦查。"目前，检察机关有权直接立案侦查的14个具体罪名，监察机关和检察机关均有权管辖。在14个罪名中，司法工作人员以外的公职人员利用职权实施的非法拘禁罪、虐待被监管人罪、非法搜查罪等由监察机关管辖。涉嫌上述犯罪的司法工作人员，如不涉嫌贪污贿赂等监察机关管辖的其他职务犯罪，一般由检察机关立案侦查，必要时监察机关也可以立案调查。监察机关立案调查或检察机关立案侦查后，应当及时通报对方。

### 三、犯罪案件管辖互涉的办理

互涉案件，是指同一被调查人既涉嫌职务犯罪，又涉嫌其他犯罪的案件。2018年《监察法》第34条第2款规定："被调查人既涉嫌严重职务违法或者职务犯罪，又涉嫌其他违法犯罪的，一般应当由监察机关为主调查，其他机关予以协助。"该条款规定了互涉案件办理的原则。具体而言，互涉案件的办理分为两种模式。

1. 分案办理，即监察机关和其他机关分别对依法属于其管辖的职务犯罪、其他犯罪案件进行调查、侦查。这种模式一般以监察机关为主调查，其他机关予以协助。所谓"为主调查"，是指由监察机关和其他机关分别依职权立案，为主调查的监察机关承担组织协调职责，负责协调调查和侦查工作进度、协商重要调查和侦查措施使用等重要事项。监察机关与其他机关沟通后，对不宜由监察机关为主调查的互涉案件，由监察机关和其他机关分别依照法定职责开展工作并加强沟通协作。

2. 并案办理，即监察机关对依法属于其管辖的职务犯罪和其他机关管辖的犯罪案件一并进行调查的办理模式。这种模式通常适用于监察机关与检察机关互涉案件。并案办理的依据在于，监察机关对检察机关管辖的司法工作人员利用职权实施的职务犯罪案件同样享有管辖权。

在上述两种互涉案件的办理过程中，由于存在某些特定的情况，监察机关与检察机关、公安机关之间需要互相配合。特别是对于被调查人已经被采取留置措施的案件，检察机关、公安机关对管辖的犯罪需要向其了解情况或者辨认等的，监察机关应当予以配合。另外，对于犯罪嫌疑人、被告人已经被采取刑事强制措施的案件，如果监察机关需要向其了解情况或者辨认等的，公安机关、检察机关、审判机关同样应当予以协助。

在调查阶段或者侦查阶段，监察机关、检察机关、公安机关发现调查、侦查的案件属于其他机关管辖的，应当及时办理案件移送手续，解除已经采取的留置或者刑事强制措施，完成留置与刑事强制措施的转换、衔接工作，并将案卷材料、涉案财物移送有管辖权的同级机关。

在案件办理中，不同机关对案件管辖存在争议的，应当及时与同级相关机关沟通协商，必要时报上级相关机关予以协调解决。

## 四、监察管辖与刑事管辖的衔接机制

关于监察管辖，2018 年《监察法》、2021 年《监察法实施条例》确定了管理权限与属地管辖相结合的原则，且实行分级负责制。与之不同的是，关于刑事案件的审判管辖，2018 年《刑事诉讼法》第 25 条确立了犯罪地为主、居住地为辅的原则，即原则上，刑事案件由犯罪地的法院管辖，如果由被告人居住地的法院审判更为适宜的，可以由被告人居住地的法院管辖。如此一来，如若监察机关将职务犯罪案件移送检察机关审查起诉，则需要建立健全与之相适应的监察管辖与刑事管辖的衔接机制。

### （一）审查起诉、审判管辖的确定

监察机关拟将其办理的职务犯罪案件移送审查起诉，需要指定审查起诉、审判管辖的，监察机关一般应当在移送起诉 20 日前将商请指定管辖函件送交同级检察机关，由其商请同级法院办理指定管辖事宜。具体由监察机关案件审理部门与同级检察机关职务犯罪检察部门对接。需要由同级检察机关的上级检察机关指定管辖的，监察机关应当商请同级检察机关办理指定管辖事宜。

监察机关派驻机构、派出机构拟将其调查的职务犯罪案件移送审查起诉，需要指定起诉、审判管辖的，监察机关派驻机构、派出机构应当报请派出它的监察机关办理指定管辖手续。

上级监察机关指定或者交由下级监察机关办理的案件，需要指定起诉、审判管辖的，在移送起诉前由该上级监察机关与同级检察机关、法院协商指定管辖有关程序事宜。在此，理解这种指定管辖，应当将其与公安机关的上级指定下级管辖区分开来。根据2020年《公安机关办理刑事案件程序规定》（以下简称2020年《公安部规定》）第23条的规定，上级公安机关指定下级公安机关管辖的案件，需要移送审查起诉的，在上级公安机关将指定管辖决定书抄送其同级检察机关、人民法院后，由负责立案侦查的公安机关直接移送其同级检察机关。可以看出，上述两种指定管辖案件的办理规则并不一致：在监察机关办理的职务犯罪案件中，上级监察机关负责协商指定工作；在公安机关办理的犯罪案件中，负责立案侦查的公安机关可直接移送，无须另外报请上级公安机关。考虑到职务犯罪案件与普通案件相比具有特殊性，特别是监察管辖与干部监督管理权限相联系，因此，仍需要由上级监察机关商请同级检察机关、人民法院办理，提升监察机关指定管辖案件的办理质量。

检察机关收到监察机关商请指定管辖函件后，应当及时与同级法院协商办理。协商管辖办理完成后，检察机关应当及时通知监察机关。其中，考虑到监察留置措施的适用规定，对于已采取留置措施的职务犯罪案件，监察机关、检察机关和法院应当在留置期限届满前办理完成指定管辖手续。

对于已被提起公诉的职务犯罪案件，接收案卷的法院应当立即向上级人民法院报告，而上级法院应当在3日内作出指定管辖决定。

### （二）追诉漏罪漏犯中的衔接

《关于加强和完善监察执法与刑事司法衔接机制的意见（试行）》第5条规定了对于指定起诉、审判管辖的职务犯罪案件“追诉漏罪的直接移送原受理移送起诉的人民检察院，追诉漏犯的再次商请指定起诉、审判管辖”的原则。具体而言，在审查起诉、审判过程中，监察机关需要补充移送审查起诉犯罪事实的，应当形成《补充起诉意见书》，连同案卷材料、证据等直接移送原受理移送审查起诉的检察机关，由其负责补充起诉。对于需要追加犯罪嫌疑人、被告人的案件，监察机关应当再次商请检察机关办理指定管辖手续，形成《起诉意见书》，连同案卷材料、证据等移送被指定管辖的同级检察机关，由负责审查起诉的检察机关追加起诉或另行起诉，若是共同犯罪，通常追加起诉即可。

### （三）关联案件的管辖衔接

对于共同职务犯罪、行贿犯罪等关联犯罪案件的涉案人员，监察机关在开展移送审查起诉工作时，从便利诉讼角度，一般应当遵循随主案确定管辖的衔接原则，由受理主案的检察机关、法院或者其下级检察机关、法院管辖。不过，对于主案与关联案件由不同监察机关立案调查的，调查关联案件的监察机关在移送审查起诉前，应当报告或者通报调查主案的监察机关，由调查主案的监察机关统一协调案件管辖事宜。以上方案也存在例外情形，即存在某些关联案件不宜随主案确定管辖的情形的，调查主案的监察机关应当向相关单位及时进行通报并负责统筹协调。对于上述情况，办理主案和关联案件的检察机关、法院共同的上级检察机关、法院应当加强对下级的指导。

被调查人既涉嫌职务犯罪又涉嫌其他犯罪，监察机关与公安机关、检察机关等机关分别管辖的案件，调查、侦查终结前，监察机关应当与其他办案机关协商，并与同级检察机关沟通，确定并案审查起诉的检察机关及相关事宜。

#### （四）检察机关先后受理同一犯罪嫌疑人涉嫌职务犯罪和其他犯罪的案件审查起诉期限如何起算

受到监察管辖与刑事管辖制度之间衔接适用机制的影响，如若监察机关、公安机关分别向检察机关在不同时间点移送同一人涉嫌的职务犯罪案件和其他犯罪案件，此时如何计算相应的审查起诉期限？对此，最高人民检察院公布的《最高人民检察院关于先后受理同一犯罪嫌疑人涉嫌职务犯罪和其他犯罪的案件审查起诉期限如何起算问题的批复》明确规定："对于同一犯罪嫌疑人涉嫌职务犯罪和其他犯罪的案件，监察机关、侦查机关移送人民检察院审查起诉时间不一致，需要并案处理的，审查起诉期限自受理后案之日起重新计算。"上述批复已经于 2022 年 11 月 18 日起施行。

## 第二节　检察机关提前介入职务犯罪案件监察活动制度

### 一、检察机关提前介入职务犯罪案件监察活动制度的含义

结合 2018 年《国监委与最高检衔接办法》、2019 年《最高检规则》的规定，检察机关提前介入职务犯罪案件监察活动制度，是指检察机关在监察机关提出书面商请的前提下，依法派员介入正在进行的监察活动，并在法定时间内审核案件材料，对证据标准、事实认定、案件定性及法律适用提出书面意见，对是否需要采取强制措施进行审查的一系列规则方案与体系制度。

理解检察机关提前介入职务犯罪案件监察活动制度的内涵，应当将其与相近概

念进行比较。

1. 检察机关提前介入职务犯罪案件监察活动与检察机关提前介入刑事侦查活动

检察机关提前介入刑事侦查活动，是指经公安机关的商请或检察机关认为确有必要的，在重大、疑难、复杂案件的侦查活动中，检察机关适时派员介入，对案件性质、收集证据、适用法律等提出意见，并监督侦查活动是否合法的活动。

检察机关提前介入职务犯罪案件监察活动与检察机关提前介入刑事侦查活动之间的区别在于：（1）介入的案件类型不同。前者适用于监察机关调查的职务犯罪案件，后者适用于侦查机关侦查的非职务犯罪的普通刑事案件。（2）检察机关在提前介入过程中承担的职责不完全相同。对于前者，检察机关不履行法律监督职责；对于后者，检察机关不仅需要引导侦查取证，还应当对侦查机关行使职权的活动进行法律监督。换言之，对于监察机关办理的职务犯罪案件，检察机关不再履行法律监督职责。

2. 检察机关提前介入职务犯罪案件监察活动与监察机关案件审理部门提前介入调查活动

监察机关案件审理部门提前介入调查活动，是指对于重大、复杂、疑难案件，监察机关监督检查、审查调查部门已查清主要违纪或者职务违法、职务犯罪事实并提出倾向性意见的案件，或者对涉嫌违纪或者职务违法、职务犯罪行为性质认定分歧较大的案件，经批准，监察机关案件审理部门依规依法提前介入并开展审理工作的活动。

检察机关提前介入职务犯罪案件监察活动与监察机关案件审理部门提前介入调查活动之间的区别在于：（1）介入的主体不同。前者的介入主体是检察机关；后者的介入主体是监察机关案件审理部门。（2）提前介入的时间节点不同。前者的时间一般在案件移送审理之后、移送审查起诉之前，在特殊情况下，可以前移至审查调查阶段，与监察机关案件审理部门提前介入调查活动的时间节点保持一致。后者的时间通常在案件调查取证工作基本结束、正式移送审理之前。（3）启动条件不同。前者的启动适用应由监察机关案件审理部门按程序书面商请检察机关派员介入。后者的启动适用一般由监察机关审查调查部门与案件审理部门沟通后，按程序分别报分管领导批准后开展。（4）工作内容不完全相同。对于前者，检察机关在提前介入过程中有权进行审核的问题仅限于职务犯罪，不包括违纪和职务违法。对于后者，监察机关案件审理部门不仅需要审核被调查人涉嫌职务违法、职务犯罪的问题，而且需要对被调查人涉嫌违纪的问题提出审理意见。

## 二、检察机关提前介入职务犯罪案件监察活动制度的具体规则

### （一）提前介入的案件范围

检察机关只有在必要情况下才可以提前介入职务犯罪案件监察活动。同时，为防止监察活动与刑事诉讼活动相混淆，检察机关提前介入制度适用的案件范围应当得到合理限制。

1. 提前介入的案件类型应严格限于职务犯罪案件。根据 2018 年《监察法》第 45 条的规定，对涉嫌职务犯罪的，监察机关经调查认为犯罪事实清楚，证据确实、充分的，制作起诉意见书，连同案卷材料、证据一并移送检察机关依法审查、提起公诉。而对于涉嫌违纪和职务违法的案件，由监察机关按照相关程序进行处置。由此，从法定职能划分来看，检察机关提前介入的活动范围只能拓展到监察机关办理职务犯罪案件场域。

2. 提前介入的职务犯罪案件应当属于重大、疑难、复杂。根据 2019 年最高人民检察院出台的《人民检察院提前介入监察委员会办理职务犯罪案件工作规定》，检察机关提前介入职务犯罪调查制度适用的案件范围应当限定于以下三种情况：（1）监察机关办理的在当地有重大影响的案件。判断是否构成在当地有重大影响，主要看是否引起当地公众的广泛关注。对于这种类型的案件，检察机关提前介入不仅可以在证据收集、案件适用、法律适用等方面提出建议，而且能够及时回应社会关切，实现案件办理法律效果与社会效果的有机统一。（2）在事实认定、证据采信、案件定性以及法律适用等方面存在分歧的疑难、复杂案件。对于这种类型的案件，检察机关提前介入的目的是消弭监察机关内部分歧，并引导监察机关就产生分歧的关键点进行补正，完善证据体系。（3）其他需要提前介入的案件。职务犯罪案件复杂多样，除上述两种情况外，监察机关认为存在其他需要提前介入情形的案件，可以在内部协商的基础上，商请检察机关提前介入。

### （二）有权提前介入的检察机关

监察机关办理的重大、疑难、复杂的职务犯罪案件，可以商请有管辖权的同级检察机关提前介入。由于监察机关的调查管辖与检察机关的审查起诉管辖原则不同，对拟指定起诉、审判管辖的案件，监察机关在办理商请指定管辖手续后，同级检察机关应当派员或者指导被指定管辖的下级检察机关派员介入，或者共同派员介入。

检察机关在收到提前介入书面通知后，应当及时指派员额检察官带队介入并成

立工作小组。提前介入工作小组负责开展具体的提前介入工作。

### （三）提前介入的启动方式

考虑到纪委监委合署办公的制度安排，以及监察机关作为政治机关的法律地位，是否需要检察机关提前介入，应当由监察机关决定。这表明，检察机关开展提前介入工作需要以监察机关“书面商请”为前提，而检察机关无权主动提前介入。

在具体的启动流程方面，监察机关案件审理部门的审理组根据办案情况，认为属于重大、疑难、复杂，需要检察机关提前介入的，应当向本部门负责人提出申请。批准后，案件审理部门应当出具书面商请材料，加盖本部门公章，与有管辖权的同级检察机关职务犯罪检察部门联系对接。

### （四）提前介入的阶段

一般情况下，检察机关提前介入监察机关办理职务犯罪案件，应当在案件进入审理阶段、调查终结移送审查起诉15日前，经监察机关书面商请后进行。

特殊情况下，经监察机关主要负责人批准，检察机关提前介入的阶段可以前移至案件审查调查阶段，与监察机关案件审理部门提前介入的时间相一致。例如，对于留置期限即将届满的案件，监察机关在案件进入审理阶段后才商请检察机关提前介入，难以为检察机关提供充分的审核时间，检察机关提前介入工作的完成质量也无法保证，在这种情况下，案件审理部门可以在开展提前介入审理活动的同时商请检察机关提前介入。

### （五）提前介入的工作方式

检察机关提前介入监察机关办理的职务犯罪案件，可以采取以下工作方式：（1）听取监察委员会关于案件事实和证据情况的介绍；（2）查阅案件监察文书和证据材料；（3）需要对证据合法性进行审查的，可以提请调看讯问被调查人、询问证人同步录音录像；（4）其他必要的工作方式。

### （六）提前介入的意见反馈

1. 反馈期限。检察机关提前介入后，应当在一定期限内完成审核工作，尽快将提前介入意见反馈给监察机关，并为监察机关预留一定的补证时间。提前介入的检察官办案组或检察官一般应当在提前介入后15日内审核案件材料，对证据标准、事实认定、案件定性及法律适用提出书面意见等。此外，提前介入的检察官办案组或检察官，不得以监察机关名义或借调等方式参与监察机关案件调查工作。

2. 书面意见。检察机关提出的提前介入书面意见应当包括提前介入工作的基本情况、审查认定的事实、定性意见、补证意见及需要研究和说明的问题等内容。

3. 反馈机关。提前介入工作意见应当以本级检察院案件承办部门名义，向商请提前介入的监察机关案件审理部门反馈。一般案件可以由检察官办案组或检察官反馈工作意见，但是特别重大、疑难、复杂案件的意见反馈，应当经检察长批准同意。

4. 监察机关收到意见反馈后的补正。监察机关案件审理部门收到检察机关的书面意见后应当及时进行审核，认为需要补证的，按程序报批后及时交由调查部门补证。监察机关案件审理部门对调查部门补充的证据材料和补证情况说明进行审核并按程序报批后，及时向检察机关反馈补证情况，同时直接或者通知调查部门将补充的证据材料和补证情况说明提供给检察机关；经与检察机关沟通后，也可以在移送审查起诉时一并提供上述材料。

对于出现的意见不一致且无法统一的情况，监察机关和检察机关应当按照刑事审判的证据标准进行沟通研究，力争达成一致意见；必要时可按程序向法律专家咨询委员会咨询或组织论证。

### （七）监察机关的配合义务

为便于检察机关更好地完成提前介入工作，监察机关应当承担相应的配合义务。例如，对于检察机关提前介入的职务犯罪案件，监察机关调查部门负责向检察机关移送相关案卷材料。又如，在提前介入期间，监察机关案件审理部门可以会同调查部门向检察机关介绍案件事实和证据等情况。

### （八）提前介入与审查起诉工作的衔接

监察机关将职务犯罪案件移送起诉后，检察机关一般应将案件交给提前介入的检察官办理。确因工作需要的，可以另行安排办案人员。

在审查起诉时，检察官应当依法审查监察机关移送的证据材料，不能以提前介入意见代替审查起诉意见。若是审查起诉意见与提前介入意见不一致的，检察机关应当及时与监察机关沟通。检察机关认为移送起诉的职务犯罪案件需要补充核实的，原则上应当退回监察机关补充调查，必要时可以自行补充侦查。

## 第三节　职务犯罪案件的审查起诉程序

2018年《监察法》规定，对涉嫌职务犯罪的，监察机关经调查认为犯罪事实清楚，证据确实、充分的，制作起诉意见书，连同案卷材料、证据一并移送人民检察院依法审查、提起公诉。监察机关将职务犯罪案件移送审查起诉程序是法法衔接机制的重要组成部分。

### 一、监察机关移送审查起诉的基本要求

#### （一）出具法律文书和移送材料

监察机关决定对涉嫌职务犯罪的被调查人移送起诉的，应当出具《起诉意见书》，连同案卷材料、证据等，一并移送同级检察机关。

国家监察委员会派驻或者派出的监察机构、监察专员调查的职务犯罪案件，应当依法移送省级检察机关审查起诉。

#### （二）职务犯罪案件的证据标准

在2018年《监察法》第45条的基础上，2021年《监察法实施条例》第62条、第63条构建了职务违法案件和职务犯罪案件的差异化证据标准体系。其中，监察机关调查终结的职务犯罪案件达到“证据确实、充分”的证据标准的条件包括：（1）定罪量刑的事实都有证据证明；（2）据以定案的证据均经法定程序查证属实；（3）综合全案证据，对所认定事实已排除合理怀疑。

对于未达到法定证据标准的案件，监察机关不得移送检察机关审查起诉。

#### （三）监察机关负责移送审查起诉工作的职能部门

不同于2019年《监督执纪工作规则》第57条的规定，2021年《监察法实施条例》改变了监察机关负责移送审查起诉工作的部门职能分工情况，即监察机关案件审理部门负责与检察机关审查起诉的衔接工作，调查、案件监督管理等部门应当予以协助。之所以作此调整，是因为2021年《监察法实施条例》等法律规范和相关党内法规规定，商请检察机关提前介入和指定管辖、补充提供证据材料和退回补充调查等工作由案件审理部门负责对接，在此前提下，案件审理部门承担移送审查起

诉职能是必要的、可行的。

在检察机关内设机构改革后，负责对监察机关移送的职务犯罪案件的审查逮捕、审查起诉、出庭支持公诉、抗诉，开展相关审判监督以及相关案件的补充侦查等职责的检察机关内设机构一般是第二检察部或者第三检察部。实践中，基层检察院的第二检察部不仅负责法律规定由基层检察院办理的监察机关移送职务犯罪案件，而且负责破坏社会主义市场经济秩序犯罪等其他案件。

### （四）预告移送审查起诉事宜的方式

监察机关一般应当在正式移送起诉 10 日前，向拟移送的检察机关院采取书面通知等方式预告移送事宜。根据 2021 年《监察法实施条例》的规定，取消了原有的移送审查起诉的函，增加了以监察机关案件审理部门的名义向检察机关职务犯罪案件承办部门出具的拟移送审查起诉的通知，实现预告有关移送事宜的目的。

对于已采取留置措施的案件，发现被调查人因身体等原因存在不适宜羁押等可能影响刑事强制措施执行情形的，应当通报检察机关。

对于未采取留置措施的案件，可以根据案件具体情况，向检察机关提出对被调查人采取刑事强制措施的建议。

### （五）关联案件移送审查起诉的规则

对于涉嫌行贿犯罪、介绍贿赂犯罪或者共同职务犯罪等关联案件的涉案人员，移送起诉时一般应当随主案确定管辖。

主案与关联案件由不同监察机关立案调查的，调查关联案件的监察机关在移送起诉前，应当报告或者通报调查主案的监察机关，由其统一协调案件管辖事宜。

因特殊原因（如关联案件案情重大复杂敏感、涉及国家重大利益、需要配合其他重大案件调查等），关联案件不宜随主案确定管辖的，调查主案的监察机关应当及时通报和协调有关事项。

## 二、职务犯罪案件移送起诉需要指定起诉、审判管辖的程序事宜协商制度

监察机关办理的职务犯罪案件移送起诉，需要指定起诉、审判管辖的，应当与同级检察院协商有关程序事宜。需要由同级检察院的上级检察院指定管辖的，应当商请同级检察院办理指定管辖事宜。

监察机关一般应当在移送起诉20日前，将商请指定管辖函送交同级检察院。商请指定管辖函应当附案件基本情况，对于被调查人已被其他机关立案侦查的犯罪认为需要并案审查起诉的，一并进行说明。

派驻或者派出的监察机构、监察专员调查的职务犯罪案件需要指定起诉、审判管辖的，应当报派出机关办理指定管辖手续。

上级监察机关指定下级监察机关进行调查，移送起诉时需要检察院依法指定管辖的，应当在移送起诉前由上级监察机关与同级检察院协商有关程序事宜。

## 三、留置措施与刑事强制措施的衔接制度

### （一）移送审查起诉后监察留置措施与刑事强制措施的衔接

2018年《刑事诉讼法》第170条第2款规定："对于监察机关移送起诉的已采取留置措施的案件，人民检察院应当对犯罪嫌疑人先行拘留，留置措施自动解除。人民检察院应当在拘留后的十日以内作出是否逮捕、取保候审或者监视居住的决定。在特殊情况下，决定的时间可以延长一日至四日。人民检察院决定采取强制措施的期间不计入审查起诉期限。"该款对案件移送审查起诉后留置与强制措施的衔接问题作出了规定。据此，检察机关在收到监察机关移送的适用留置措施的案件后，应当对犯罪嫌疑人先行拘留，然后在法定期限内作出适用其他刑事强制措施的决定。

为保障留置与刑事强制措施顺畅衔接，监察机关一般应当在正式移送审查起诉10日前，采取书面通知等方式向拟移送的检察机关预告移送事宜。对于已经采取留置措施的案件，监察机关发现被调查人因身体等原因存在不适宜羁押等可能影响刑事强制措施执行的情形的，应当通报检察机关。其中，根据犯罪嫌疑人的身体状况，检察机关认为需要将犯罪嫌疑人移送有医疗条件的监管场所羁押的，应当会同监察机关提前与公安机关协商办理相关审批手续。同时，检察机关发现犯罪嫌疑人因病不符合监管场所羁押条件，又不具备送往有医疗条件的监管场所羁押条件的，在执行先行拘留以后，应当及时变更刑事强制措施并通报监察机关。

在办理监察留置措施与刑事强制措施的衔接工作方面，监察机关、检察机关、公安机关应当按照以下要求履行相应的职责。

1. 对于监察机关移送审查起诉的已采取留置措施的案件，检察机关应当在受理后及时对犯罪嫌疑人作出先行拘留决定，将有关法律文书和案由、犯罪嫌疑人基本情况等材料一并送交同级公安机关执行，公安机关在执行后，应当及时通知检察机关。

2. 检察机关对被拘留的犯罪嫌疑人，应当在执行拘留后的24小时内进行讯问，并通知被拘留人的家属。检察机关应当在执行拘留时告知犯罪嫌疑人有权委托辩护人。

3. 公安机关应当在收到拘留决定书等材料后立即执行拘留，最迟不得超过3日。公安机关具体负责执行拘留的相关工作，必要时监察机关、检察机关予以协助，检察机关应当将公安机关的执行回执复印件及时提供给监察机关。

4. 公安机关执行拘留后，留置措施自动解除。

5. 在异地押解等必要情况下，相关监察机关、检察机关、公安机关应当予以协助配合。

6. 监管场所在办理收押过程中不得要求提供犯罪嫌疑人的处分决定书。

7. 上级检察机关受理监察机关移送审查起诉的案件后，指定或者交由下级检察机关办理的，下级检察机关可以沿用上级检察机关已采取的刑事强制措施。上级检察机关未采取刑事强制措施的，下级检察机关可以直接决定采取刑事强制措施。

根据2018年《刑事诉讼法》的规定，先行拘留是一种临时性的羁押性强制措施，其在监察留置措施与其他刑事强制措施之间发挥衔接、过渡的作用。在先行拘留期间，检察机关应当根据案件的实际情况，决定对犯罪嫌疑人采取逮捕、取保候审或监视居住等强制措施。

需要注意的是，监察留置与逮捕的适用条件不同。在调查期间被采取留置措施的被调查人，在案件被移送审查起诉后，该犯罪嫌疑人（监察阶段的被调查人、涉案人员）并不必然会被采取逮捕措施。见表2关于监察留置与逮捕的适用条件对比。

**表2　2018年《监察法》与2018年《刑事诉讼法》相关条文比较**

| 2018年《监察法》第22条第1款、第2款 | 2018年《刑事诉讼法》第81条第1款 |
|---|---|
| 被调查人涉嫌贪污贿赂、失职渎职等严重职务违法或者职务犯罪，监察机关已经掌握其部分违法犯罪事实及证据，仍有重要问题需要进一步调查，并有下列情形之一的，经监察机关依法审批，可以将其留置在特定场所：<br>（一）涉及案情重大、复杂的；<br>（二）可能逃跑、自杀的；<br>（三）可能串供或者伪造、隐匿、毁灭证据的；<br>（四）可能有其他妨碍调查行为的。<br>对涉嫌行贿犯罪或者共同职务犯罪的涉案人员，监察机关可以依照前款规定采取留置措施。 | 对有证据证明有犯罪事实，可能判处徒刑以上刑罚的犯罪嫌疑人、被告人，采取取保候审尚不足以防止发生下列社会危险性的，应当予以逮捕：<br>（一）可能实施新的犯罪的；<br>（二）有危害国家安全、公共安全或者社会秩序的现实危险的；<br>（三）可能毁灭、伪造证据，干扰证人作证或者串供的；<br>（四）可能对被害人、举报人、控告人实施打击报复的；<br>（五）企图自杀或者逃跑的。 |

### （二）互涉案件办理中监察留置措施与刑事强制措施的衔接

1. 互涉案件办理中适用监察留置措施与刑事强制措施的一般原则

监察机关与其他机关办理互涉案件，应当严格依照法律规定适用留置措施或者刑事强制措施。为此，应当遵循以下处理思路：

（1）以监察机关为主调查的一般优先适用留置措施。

（2）监察机关经与其他机关协商一致认为适用刑事强制措施更为适宜且符合法定条件的，可以适用刑事强制措施。

（3）对同一被调查对象或者侦查对象，不得同时采取留置措施和拘留、逮捕措施。

2. 互涉案件办理中监察留置措施与刑事强制措施的衔接规则

在互涉案件办理过程中，犯罪嫌疑人被拘留、逮捕的，因调查职务犯罪需要，监察机关经与检察机关、公安机关沟通一致，并在检察机关、公安机关依法解除拘留、逮捕措施后，可以依法采取留置措施。

监察机关依法解除留置措施后，应重新将犯罪嫌疑人移交检察机关、公安机关继续侦查，对于符合强制措施适用的法定条件的，检察机关、公安机关可以继续拘留、逮捕犯罪嫌疑人，并依法办理有关手续，此前已采取的刑事强制措施时间计入本次同类刑事强制措施羁押时间；如果发现犯罪嫌疑人另有重要罪行，则需要重新计算侦查羁押期限。

上述犯罪嫌疑人被取保候审、监视居住的，监察机关可以依法采取留置措施，并及时通报有关机关，有关机关对原采取的刑事强制措施不再办理解除法律手续。

检察机关、公安机关对犯罪嫌疑人采取刑事强制措施前发现其已经被监察机关采取留置措施，或者监察机关采取留置措施后发现被调查人还涉嫌检察机关、公安机关管辖的犯罪，经沟通一致，在监察机关依法解除留置措施后，检察机关、公安机关可以依法采取刑事强制措施。

### （三）漏罪、新罪调查中监察留置措施与刑事强制措施的衔接

在职务犯罪案件的审查起诉、审判、刑罚执行期间，发现犯罪嫌疑人、被告人、服刑人员有遗漏罪行或者再犯新罪，属于监察机关管辖的，监察机关可以立案调查，并区分以下情况处理。

1. 犯罪嫌疑人、被告人、服刑人员已被羁押或者在监管场所服刑的，监察机关

一般不再采取留置措施。对于需要讯问被羁押的犯罪嫌疑人、被告人的，监察机关与有关案件主管机关沟通后，由监察机关工作人员持工作证件和案件主管机关的提讯、提解证进行提讯、提解。其中，讯问在监管场所服刑的服刑人员，由监察机关工作人员持介绍信、工作证件进行讯问。有关机关应当予以协助。

2. 对于案情重大复杂的案件，监察机关经与相关机关沟通，并在相关机关依法办理解除拘留、逮捕措施等相关手续的前提下，可以依法采取留置措施。

3. 犯罪嫌疑人、被告人被采取取保候审、监视居住措施或者未被采取刑事强制措施的，监察机关可以依法采取留置措施，并及时通报有关案件主管机关。对此，有关案件主管机关对原采取的强制措施不再办理解除法律手续。

4. 服刑人员接受社区矫正的，监察机关可以依法采取留置措施，并及时通知负责执行的社区矫正机构。

## 四、职务犯罪案件认罪认罚从宽制度

2018 年《监察法》第 31 条、第 32 条确立了职务犯罪案件认罪认罚从宽处罚建议制度。同时，2018 年修正后的《刑事诉讼法》增设认罪认罚从宽原则并建立健全了认罪认罚从宽制度的整体框架。由此，在法法衔接领域，2018 年《监察法》和 2018 年《刑事诉讼法》搭建起具有中国反腐败特色的职务犯罪案件认罪认罚从宽制度。[1]

### （一）监察机关有权提出从宽处罚建议的两种类型

由于2018 年《监察法》区别设计针对被调查人、涉案人员提出从宽处罚建议的方案，职务犯罪案件认罪认罚从宽处罚建议制度可以分为两种类型。

1. 被调查人认罪认罚从宽处罚建议制度

该制度规定于2018 年《监察法》第 31 条。涉嫌职务犯罪的被调查人主动认罪认罚，有下列情形之一的，监察机关经领导人员集体研究，并报上一级监察机关批准，可以在移送人民检察院时提出从宽处罚的建议：（1）自动投案，真诚悔罪悔过的；（2）积极配合调查工作，如实供述监察机关还未掌握的违法犯罪行为的；（3）积极退赃，减少损失的；（4）具有重大立功表现或者案件涉及国家重大利益等情形的。

---

〔1〕 参见赵恒：《职务犯罪案件认罪认罚从宽制度研究》，载《比较法研究》2022 年第 2 期。

2. 涉案人员认罪认罚从宽处罚建议制度

该制度规定于2018年《监察法》第32条。职务违法犯罪的涉案人员揭发有关被调查人职务违法犯罪行为，查证属实的，或者提供重要线索，有助于调查其他案件的，监察机关经领导人员集体研究，并报上一级监察机关批准，可以在移送人民检察院时提出从宽处罚的建议。其中，对于何谓“揭发有关被调查人职务违法犯罪行为，查证属实或者提供重要线索，有助于调查其他案件”的情形，2021年《监察法实施条例》第218条作出细化规定，即“（一）揭发所涉案件以外的被调查人职务犯罪行为，经查证属实的；（二）提供的重要线索指向具体的职务犯罪事实，对调查其他案件起到实质性推动作用的；（三）提供的重要线索有助于加快其他案件办理进度，或者对其他案件固定关键证据、挽回损失、追逃追赃等起到积极作用的”。

### （二）被调查人认罪认罚从宽处罚建议制度适用的法定情形

在2018年《监察法》第31条规定的四种情形的基础上，2021年《监察法实施条例》第214条至第217条对各类情形的认定标准予以完善。

1. “自动投案，真诚悔罪悔过的”认定

涉嫌职务犯罪的被调查人有下列情形之一，如实交代自己主要犯罪事实的，可以认定为“自动投案，真诚悔罪悔过”：（1）职务犯罪问题未被监察机关掌握，向监察机关投案的；（2）在监察机关谈话、函询过程中，如实交代监察机关未掌握的涉嫌职务犯罪问题的；（3）在初步核实阶段，尚未受到监察机关谈话时投案的；（4）职务犯罪问题虽被监察机关立案，但尚未受到讯问或者采取留置措施，向监察机关投案的；（5）因伤病等客观原因无法前往投案，先委托他人代为表达投案意愿，或者以书信、网络、电话、传真等方式表达投案意愿，后到监察机关接受处理的；（6）涉嫌职务犯罪潜逃后又投案，包括在被通缉、抓捕过程中投案的；（7）经查实确已准备去投案，或者正在投案途中被有关机关抓获的；（8）经他人规劝或者在他人陪同下投案的；（9）虽未向监察机关投案，但向其所在党组织、单位或者有关负责人员投案，向有关巡视巡察机构投案，以及向公安机关、人民检察院、人民法院投案的；（10）具有其他应当视为自动投案的情形的。

被调查人自动投案后不能如实交代自己的主要犯罪事实，或者自动投案并如实供述自己的罪行后又翻供的，不能适用上述规定。

2. “积极配合调查工作，如实供述监察机关还未掌握的违法犯罪行为的”认定涉嫌职务犯罪的被调查人有下列情形之一的，可以认定为“积极配合调查工作，如实供述监察机关还未掌握的违法犯罪行为”：（1）监察机关所掌握线索针对的犯罪事实不成立，在此范围外被调查人主动交代其他罪行的；（2）主动交代监察机关尚未掌握的犯罪事实，与监察机关已掌握的犯罪事实属不同种罪行的；（3）主动交代监察机关尚未掌握的犯罪事实，与监察机关已掌握的犯罪事实属同种罪行的；（4）监察机关掌握的证据不充分，被调查人如实交代有助于收集定案证据的。

上述所称同种罪行和不同种罪行，一般以罪名区分。被调查人如实供述其他罪行的罪名与监察机关已掌握犯罪的罪名不同，但属选择性罪名或者在法律、事实上密切关联的，应当认定为同种罪行。

3. “积极退赃，减少损失的”认定

涉嫌职务犯罪的被调查人有下列情形之一的，可以认定为“积极退赃，减少损失”：（1）全额退赃的；（2）退赃能力不足，但被调查人及其亲友在监察机关追缴赃款赃物过程中积极配合，且大部分已追缴到位的；（3）犯罪后主动采取措施避免损失发生，或者积极采取有效措施减少、挽回大部分损失的。

4. “具有重大立功表现或者案件涉及国家重大利益等情形的”认定

一方面，涉嫌职务犯罪的被调查人有下列情形之一的，可以认定为“具有重大立功表现”：（1）检举揭发他人重大犯罪行为且经查证属实的；（2）提供其他重大案件的重要线索且经查证属实的；（3）阻止他人重大犯罪活动的；（4）协助抓捕其他重大职务犯罪案件被调查人、重大犯罪嫌疑人（包括同案犯）的；（5）为国家挽回重大损失等对国家和社会有其他重大贡献的。其中，此处所称重大犯罪一般是指依法可能被判处无期徒刑以上刑罚的犯罪行为；重大案件一般是指在本省、自治区、直辖市或者全国范围内有较大影响的案件；查证属实一般是指有关案件已被监察机关或者司法机关立案调查、侦查，被调查人、犯罪嫌疑人被监察机关采取留置措施或者被司法机关采取强制措施，或者被告人被人民法院作出有罪判决，并结合案件事实、证据进行判断。

另一方面，“案件涉及国家重大利益”情形是指案件涉及国家主权和领土完整、国家安全、外交、社会稳定、经济发展等情形。

### （三）监察机关领导人员集体研究并报上一级监察机关批准的程序

对于涉嫌职务犯罪的被调查人和涉案人员符合2018年《监察法》第31条、第32条规定情形的，结合其案发前的一贯表现、违法犯罪行为的情节、后果和影响等因素，监察机关经综合研判和集体审议，报上一级监察机关批准，可以在移送检察院时依法提出从轻、减轻或者免除处罚等从宽处罚建议。

报请批准时，应当一并提供主要证据材料、忏悔反思材料。

上级监察机关相关监督检查部门负责审查工作，重点审核拟认定的从宽处罚情形、提出的从宽处罚建议，经审批在 15 个工作日以内作出批复。

### （四）提出从宽处罚建议的时间和文书类型

2021 年《监察法实施条例》第 219 条规定：“从宽处罚建议一般应当在移送起诉时作为《起诉意见书》内容一并提出，特殊情况下也可以在案件移送后、人民检察院提起公诉前，单独形成从宽处罚建议书移送人民检察院。对于从宽处罚建议所依据的证据材料，应当一并移送人民检察院。”

由此可见，一方面，关于提出从宽处罚建议的时间，监察机关一般应当在移送起诉时提出从宽处罚建议，特殊情况下也可以在案件移送后、检察机关提起公诉前，单独形成文书移送检察机关。对于从宽处罚建议所依据的证据材料，应当一并移送人民检察院。另一方面，关于从宽处罚建议的文书类型，2018 年《监察法》第 31 条、第 32 条仅规定监察机关可以提出从宽处罚的建议，但未明确此类建议的文书形式，2021 年《监察法实施条例》将此类建议的文书类型明确为两种：第一种是一般情形的文书类型，即从宽处罚建议作为《起诉意见书》内容之一，换言之，《起诉意见书》记载从宽处罚建议即可；第二种是特殊情况下的文书类型，即监察机关单独制作从宽处罚建议书。

### （五）监察机关提出从宽处罚建议的类型

2018 年《监察法》第 31 条、第 32 条授予监察机关行使提出从宽处罚建议权，却没有规定此类从宽处罚建议的具体类型。2021 年《监察法实施条例》第 213 条将从宽处罚建议的类型明确为三种，即监察机关可以依法提出从轻、减轻或者免除处罚等从宽处罚建议。对此，监察机关应当结合个案案情及具体情节，经综合研判后确定提出何种类型的从宽处罚建议。其中，如若监察机关认为不宜明确从宽处罚建议的具体类型的案件，监察机关可在相关文书中概括表述为“建议从宽处罚”。

尽管法律允许监察机关或者公安机关、检察机关以认罪认罚为前提作出从宽处罚的建议，不过，监察领域被调查人、涉案人员认罪认罚的“从宽”内涵明显有别于刑事诉讼领域犯罪嫌疑人、被告人认罪认罚的“从宽”内涵，这是因为 2019 年

《关于适用认罪认罚从宽制度的指导意见》（以下简称2019年《认罪认罚从宽制度意见》）规定，对于不具备减轻、免除处罚的法定情节的，认罪认罚的从宽处罚仅能在法定幅度以内从轻处罚。

### （六）监察机关没有提出从宽处罚建议但应在《起诉意见书》中写明其自愿认罪认罚的规则

在2018年《监察法》第31条的基础上，2021年《监察法实施条例》第219条实质上创设了两种被调查人认罪认罚规则：第一种是，监察机关有权提出从宽处罚建议的认罪认罚规则，即如若被调查人符合此类规则，监察机关可以在移送检察机关时提出从宽处罚的建议；第二种是，监察机关无权提出从宽处罚建议的认罪认罚规则，即监察机关对于被调查人在调查阶段认罪认罚，但不符合监察法规定的提出从宽处罚建议条件，在移送起诉时没有提出从宽处罚建议的，应当在《起诉意见书》中写明其自愿认罪认罚的情况。这表明，即使被调查人认罪认罚，但也可能因不符合法定条件而不能获得监察机关的从宽处罚建议。不过，对于此类情形，2021年《监察法实施条例》要求监察机关承担写明义务，即应当在《起诉意见书》中写明其自愿认罪认罚的情况，以便于司法机关全面审查和认定案件事实。

### （七）检察机关对犯罪嫌疑人认罪认罚的职务犯罪案件进行审查起诉

刑事司法领域的认罪认罚从宽制度贯穿刑事诉讼全过程，没有适用罪名或者可能判处刑罚的限定。对于监察机关移送检察机关审查起诉的职务犯罪案件，原本在监察活动中被称为“被调查人”或者“涉案人员”的人，在刑事诉讼活动中统一被称为犯罪嫌疑人、被告人。在法法衔接领域，监察机关与检察机关互相配合、互相制约，遵照检察机关依法独立行使职权原则，检察机关依职权审查职务犯罪案件并判断职务犯罪案件的犯罪嫌疑人是否认罪认罚。对此，需要结合2018年《刑事诉讼法》、2019年《认罪认罚从宽制度意见》、2019年《最高检规则》等法律规范和司法解释来理解。

1. 认罪、认罚的成立标准

2018年《监察法》虽然规定了被调查人认罪认罚的情形，但客观而言并未明确监察活动中被调查人认罪认罚的成立标准。2018年《刑事诉讼法》第15条规定：“犯罪嫌疑人、被告人自愿如实供述自己的罪行，承认指控的犯罪事实，愿意接受处罚的，可以依法从宽处理。”这是刑事诉讼领域判断犯罪嫌疑人、被告人认罪认罚的基本标准。根据2019年《认罪认罚从宽制度意见》的规定，在刑事诉讼领域，“认罪”，是指犯罪嫌疑人、被告人自愿如实供述自己的罪行，对指控的犯罪事实没有异议。“认罚”，是指犯罪嫌疑人、被告人真诚悔罪，愿意接受处罚，在不同诉讼阶段，“认罚”的具体要求有别，但是，犯罪嫌疑人、被告人享有程序选择权，不同意适用速裁程序、简易程序的，不影响“认罚”的认定。

2. 从宽的主要含义

结合2018年《刑事诉讼法》和2019年《认罪认罚从宽制度意见》的规定，认罪认罚是一个相对独立评价的量刑情节，从宽处理既包括实体上从宽处罚，也包括程序上从简处理。为此，公安司法机关应当区别认罪认罚的不同诉讼阶段、对查明案件事实的价值和意义、是否确有悔罪表现，以及罪行严重程度等，综合考量确定从宽的限度和幅度。而且，认罪认罚与自首、坦白不作重复评价。对罪行较轻、人身危险性较小的，特别是初犯、偶犯，从宽幅度可以大一些；对罪行较重、人身危险性较大的，以及累犯、再犯，从宽幅度应当从严把握。

3. 控辩双方具结并签署认罪认罚具结书

职务犯罪案件移送审查起诉后，检察机关应当告知犯罪嫌疑人享有的诉讼权利和认罪认罚的法律规定，保障犯罪嫌疑人的程序选择权。犯罪嫌疑人认罪认罚的，检察机关应当就法定事项听取犯罪嫌疑人、辩护人或者值班律师的意见，记录在案并附卷。检察机关应当在充分听取犯罪嫌疑人、辩护人或者值班律师的意见的前提下，就主刑、附加刑、是否适用缓刑等提出量刑建议。如若犯罪嫌疑人同意量刑建议和程序适用的，应当在辩护人或者值班律师在场的情况下签署认罪认罚具结书。

## 五、检察机关退回补充调查或者自行补充侦查制度

2018年《监察法》第47条第3款、2018年《刑事诉讼法》第170条第1款建立了检察机关退回补充调查或者自行补充侦查制度，即检察机关对于监察机关移送审查起诉的案件，依照法律规定进行审查，认为需要补充核实的，应当退回监察机关补充调查，必要时可以自行补充侦查。可见，检察机关应当优先适用退回补充调查制度，在必要时才可适用自行补充侦查制度。

### （一）检察机关退回补充调查制度

退回补充调查，是指对于监察机关移送审查起诉的案件，检察机关经审查后认为犯罪事实不清、证据不足的，依法将案件退回监察机关进一步查明案件事实、补

充收集证据的活动。

1. 检察机关退回补充调查的适用情形

退回补充调查主要适用于以下情形：（1）主要犯罪事实不清楚的；（2）证据体系缺陷比较严重，不能排除合理怀疑的；（3）需要退回补充调查的其他情形。

检察机关在审查起诉中认为主要犯罪事实已经查清，仍有部分证据需要补充完善的，可以书面要求监察机关在审查起诉期限内补正。监察机关在审查起诉期限内未补正完毕的，检察机关可以将案件退回监察机关补充调查。

2. 检察机关退回补充调查的程序要求

（1）退回补充调查的机关及其对接部门。检察机关拟作出退回补充调查决定的，应当与监察机关沟通协商后进行，具体由检察机关职务犯罪检察部门和监察机关案件审理部门对接。

对于监察机关移送审查起诉的案件，如果是上级检察机关受理后指定或者交由下级检察机关办理，而下级检察机关认为需要退回补充调查的，应当报上级检察机关审核，并由上级检察机关与同级监察机关沟通后，将案件退回移送审查起诉的监察机关补充调查。

监察机关对于检察机关依法退回补充调查的案件，应当向主要负责人报告，并积极开展补充调查工作。

（2）形成补充调查提纲。需要退回补充调查的案件，由负责审查起诉的检察机关出具补充调查决定书、补充调查提纲，连同案卷材料，经由移送审查起诉的监察机关的同级检察机关一并移送该监察机关。

（3）强制措施的适用问题。退回补充调查期间，对犯罪嫌疑人沿用检察机关作出的刑事强制措施。犯罪嫌疑人被逮捕的，作出逮捕决定的检察机关应当将退回补充调查情况书面通知监管场所，并将提讯、提解证送交监察机关。监察机关补充调查结束后重新移送审查起诉的，检察机关应当及时书面通知监管场所。补充调查期间，需要提讯、提解被调查人的，监察机关调查人员应当持工作证件和检察机关的提讯、提解证进行提讯、提解。

（4）退回补充调查的期限要求。对于退回监察机关补充调查的案件，监察机关审查调查部门应当在1个月内补充调查完毕并形成补充调查报告，经案件审理部门审核后按程序报批。

（5）退回补充调查的次数限制。退回补充调查以两次为限。经一次退回补充调查，案件仍存在犯罪事实不清、证据不足等问题的，检察机关可以再次退回监察机关补充调查。经两次补充调查，检察机关仍认为证据不足，不符合起诉条件的，应当依法作出不起诉决定。

（6）监察机关的处理。对于检察机关退回补充调查的案件，监察机关经审批分别作出下列处理：①认定犯罪事实的证据不够充分的，应当在补充证据后，制作补充调查报告书，连同相关材料一并移送人民检察院审查，对无法补充完善的证据，应当作出书面情况说明，并加盖监察机关或者承办部门公章；②在补充调查中发现新的同案犯或者增加、变更犯罪事实，需要追究刑事责任的，应当重新提出处理意见，移送人民检察院审查；③犯罪事实的认定出现重大变化，认为不应当追究被调查人刑事责任的，应当重新提出处理意见，将处理结果书面通知人民检察院并说明理由；④认为移送起诉的犯罪事实清楚，证据确实、充分的，应当说明理由，移送人民检察院依法审查。

（7）重新移送审查起诉。补充调查完毕后需要重新移送审查起诉的，监察机关应当将案卷材料、补充调查报告书以及补充调查中形成的其他材料一并移送检察机关。

### （二）检察机关自行补充侦查制度

1. 自行补充侦查制度的适用情形

根据2019年《最高检规则》第344条的规定，检察机关自行补充侦查制度适用于以下情形：（1）证人证言、犯罪嫌疑人供述和辩解、被害人陈述的内容主要情节一致，个别情节不一致的；（2）物证、书证等证据材料需要补充鉴定的；（3）其他由检察机关补充侦查更为便利、高效，更有利于查清案件事实的情形。检察机关以此为理由采取自行补充侦查的，应当事先与监察机关沟通一致。

2. 自行补充侦查的程序要求

根据2018年《国监委与最高检衔接办法》第41条的规定，检察机关自行补充侦查的，应当在审查起诉期限内完成。

同时，根据2019年《最高检规则》第344条的规定，检察机关自行补充侦查完毕后，应当将相关证据材料入卷，同时抄送监察机关。人民检察院自行补充侦查的，可以商请监察机关提供协助。

## 六、职务犯罪案件的不起诉制度

《关于加强和改进案件审理工作的意见》指出，坚决防止设定“零延期”“零退查”“零不诉”“零无罪”“零上诉”等脱离实际的工作目标，推动各级纪检监察机关与检察机关、审判机关共同对案件质量负责。其中，职务犯罪案件不起诉，是指检察机关对监察机关移送审查起诉的案件进行审查后，认为符合《刑事诉讼法》规定的不起诉情形的，依法作出不将犯罪嫌疑人提交人民法院进行审判的一种处理方式。2018 年《监察法》第 47 条第 4 款规定：“人民检察院对于有《中华人民共和国刑事诉讼法》规定的不起诉的情形的，经上一级人民检察院批准，依法作出不起诉的决定。监察机关认为不起诉的决定有错误的，可以向上一级人民检察院提请复议。”该款确立了检察机关对职务犯罪案件的不起诉权以及监察机关的复议权。

### （一）检察机关对职务犯罪案件作出不起诉的类型

2018 年《刑事诉讼法》确立了五种不起诉制度类型，即法定不起诉、酌定不起诉、证据不足不起诉（存疑不起诉）、特殊的裁量不起诉以及附条件不起诉。考虑到职务犯罪案件办理的实际需要，检察机关对职务犯罪案件作出不起诉的类型主要包括以下类型。

1. 法定不起诉

2018 年《刑事诉讼法》第 177 条第 1 款规定：“犯罪嫌疑人没有犯罪事实，或者有本法第 16 条规定的情形之一的，人民检察院应当作出不起诉决定。”据此，法定不起诉适用于以下情形：（1）犯罪嫌疑人没有犯罪事实的；（2）情节显著轻微、危害不大，不认为是犯罪的；（3）犯罪已过追诉时效期限的；（4）经特赦令免除刑罚的；（5）依照刑法告诉才处理的犯罪，没有告诉或者撤回告诉的；（6）犯罪嫌疑人、被告人死亡的；（7）其他法律规定免予追究刑事责任的。

2. 酌定不起诉

酌定不起诉，又称相对不起诉，是指检察机关经审查认为犯罪嫌疑人的行为虽然构成犯罪，但情节轻微，依照刑法规定不需要判处刑罚或者免除刑罚的，可以作出的不起诉决定。2018 年《刑事诉讼法》第 177 条第 2 款规定：“对于犯罪情节轻微，依照刑法规定不需要判处刑罚或者免除刑罚的，人民检察院可以作出不起诉决定。”据此，酌定不起诉的适用条件包括：（1）犯罪嫌疑人的行为构成犯罪，即犯罪嫌疑人的行为符合刑法规定的犯罪构成要件，并且应当负刑事责任。（2）犯罪情节轻微，依照刑法规定不需要判处刑罚或者免除刑罚。犯罪情节轻微是适用酌定不起诉制度的必要条件，检察机关应当综合犯罪嫌疑人实施犯罪行为时的动机、目的、手段、危害结果进行判断。“不需要判处刑罚”，主要是指《刑法》第 37 条规定的

“对于犯罪情节轻微不需要判处刑罚的，可以免予刑事处罚”的情形。“免除刑罚”，主要指《刑法》规定的可以免除处罚的情况，包括犯罪中止、防卫过当、避险过当等。

3. 证据不足不起诉

证据不足不起诉，又称存疑不起诉，是指检察机关对于经过两次补充侦查或者补充调查的案件，仍然认为证据不足，不符合起诉条件的，应当作出不起诉决定。2018 年《刑事诉讼法》第 175 条第 4 款规定：“对于二次补充侦查的案件，人民检察院仍然认为证据不足，不符合起诉条件的，应当作出不起诉的决定。”检察机关作出不起诉决定不以两次退回补充侦查或者补充调查为必要条件。经过一次退回补充侦查或者补充调查，人民检察院认为证据不足，不符合起诉条件，且没有再次退回补充侦查或者补充调查必要的，也可以作出不起诉决定。2019 年《最高检规则》第 368 条进一步明确了证据不足的法定情形：（1）犯罪构成要件事实缺乏必要的证据予以证明的；（2）据以定罪的证据存在疑问，无法查证属实的；（3）据以定罪的证据之间、证据与案件事实之间的矛盾不能合理排除的；（4）根据证据得出的结论具有其他可能性，不能排除合理怀疑的；（5）根据证据认定案件事实不符合逻辑和经验法则，得出的结论明显不符合常理的。

4. 特殊的裁量不起诉

这是 2018 年《刑事诉讼法》新增的不起诉类型。2018 年《刑事诉讼法》第 182 条第 1 款规定：“犯罪嫌疑人自愿如实供述涉嫌犯罪的事实，有重大立功或者案件涉及国家重大利益的，经最高人民检察院核准，公安机关可以撤销案件，人民检察院可以作出不起诉决定，也可以对涉嫌数罪中的一项或者多项不起诉。”可见，特殊的裁量不起诉有严格的适用条件：（1）犯罪嫌疑人应当自愿如实供述涉嫌犯罪的事实；（2）犯罪嫌疑人有重大立功或者案件涉及国家重大利益；（3）应当层报最高人民检察院核准。

### （二）检察机关对职务犯罪案件作出不起诉的主要程序

1. 提前沟通与报请批准

检察机关作出不起诉决定前，应当与监察机关沟通，并报上一级检察机关批准。实践中，存在上级检察机关受理后指定或者交由下级检察机关办理案件的情形，对此，负责审查起诉的检察机关应当先向作出指定或者交办决定的上级检察机关报告，由上级检察机关与移送审查起诉的监察机关沟通。

2. 不起诉决定书的制作

检察机关决定不起诉的，应当制作不起诉决定书。

根据2019年《最高检规则》第372条的规定，不起诉决定书的主要内容包括：（1）被不起诉人的基本情况，包括姓名、性别、出生年月日、出生地和户籍地、公民身份号码、民族、文化程度、职业、工作单位及职务、住址，是否受过刑事处分，采取强制措施的情况以及羁押处所等；如果是单位犯罪，应当写明犯罪单位的名称和组织机构代码、所在地址、联系方式，法定代表人和诉讼代表人的姓名、职务、联系方式。（2）案由和案件来源。（3）案件事实，包括否定或者指控被不起诉人构成犯罪的事实以及作为不起诉决定根据的事实。（4）不起诉的法律根据和理由，写明作出不起诉决定适用的法律条款。（5）查封、扣押、冻结的涉案财物的处理情况。（6）有关告知事项。

3. 不起诉决定书的送达与宣布

不起诉的决定应当公开宣布。不起诉决定书自公开宣布之日起生效。

检察机关应当在作出不起诉决定后3日内，将不起诉决定书送达监察机关。

检察机关应当将不起诉决定书送达被不起诉人和其所在单位。如果被不起诉人在押的，应当立即释放。

对于有被害人的案件，决定不起诉的，检察机关应当将不起诉决定书送达被害人。被害人如果不服，可以自收到决定书后7日以内向上一级检察机关申诉，请求提起公诉。上一级检察机关应当将复查决定告知被害人。对上一级检察机关维持不起诉决定的，被害人可以向法院起诉。被害人也可以不经申诉，直接向法院起诉。法院受理案件后，检察机关应当将有关案件材料移送法院。

### （三）监察机关的复议权

监察机关认为检察机关不起诉决定有错误的，应当在收到不起诉决定书后30日以内，依法向上一级检察机关提请复议。

监察机关应当将上述情况及时向上一级监察机关书面报告。

上一级检察机关应当在收到提请复议意见书后30日内作出复议决定，并送达监察机关。

在此方面，监察机关与侦查机关对检察机关不起诉决定不服的救济方式存在不同之处，见表3。

表3 监察机关与侦查机关不服检察机关不起诉决定的救济方式比较

| 国家机关 | 案件类型 | 复议机关 | 复核机关 |
| --- | --- | --- | --- |
| 监察机关 | 职务犯罪案件 | 作出不起诉决定的检察机关的上一级检察机关 | 无 |
| 侦查机关 | 非职务犯罪案件 | 作出不起诉决定的检察机关 | 作出不起诉决定的检察机关的上一级检察机关 |

## 七、监察机关向检察机关补充移送起诉制度

监察机关补充移送起诉制度的相关规定见于2021年《监察法实施条例》第223条、第227条，即监察机关发现被调查人漏罪的，经主要负责人审批后，可以补充移送审查起诉的相关规则机制。该制度有利于全面追究被调查人的刑事责任。

监察机关对已经移送起诉的职务犯罪案件，发现遗漏被调查人罪行需要补充移送起诉的，应当经审批出具《补充起诉意见书》，连同相关案卷材料、证据等一并移送同级检察机关。

对于经指定管辖的案件需要补充移送起诉的，可以直接移送原受理移送起诉的检察机关；需要追加犯罪嫌疑人、被告人的，应当再次商请检察机关办理指定管辖手续。

对检察机关退回补充调查的案件，认定犯罪事实的证据不够充分的，监察机关应当经审批，在补充证据后制作补充调查报告书，连同相关材料一并移送检察机关审查，对无法补充完善的证据，应当作出书面情况说明，并加盖监察机关或者承办部门公章。

《中管干部违纪违法案件审理流程及文书规范》新增了补充起诉意见书、补充调查报告书。其中，对于监察机关补充移送起诉的案件，遵照“一案一号”原则，补充起诉意见书应与原起诉意见书使用同一案号，在原案号后增加“—补诉×号”与原案号以示区别。

## 八、检察机关在审查起诉过程中发现问题线索并移送监察机关的程序

2021年《监察法实施条例》第228条规定，检察机关在审查起诉过程中发现新的职务违法或者职务犯罪问题线索并移送监察机关的，监察机关应当依法处置。

1. 监察机关经审查调查后，认为被调查人涉嫌新的职务犯罪事实的，应当按照2021年《监察法实施条例》第223条的规定移送检察机关。

2. 对新的问题线索审查调查、处置工作时间较长，而法院已对原已提起公诉的案件作出生效判决的，监察机关应当另行移送审查起诉。

## 九、监察机关配合检察机关在审查起诉中书面提出的要求

在2018年《监察法》第4条的基础上，2021年《监察法实施条例》第225条明确指出，监察机关对于检察机关在审查起诉中书面提出的下列要求应当予以配合：

（一）认为可能存在以非法方法收集证据情形，要求监察机关对证据收集的合法性作出说明或者提供相关证明材料的；

（二）排除非法证据后，要求监察机关另行指派调查人员重新取证的；

（三）对物证、书证、视听资料、电子数据及勘验检查、辨认、调查实验等笔录存在疑问，要求调查人员提供获取、制作的有关情况的；

（四）要求监察机关对案件中某些专门性问题进行鉴定，或者对勘验检查进行复验、复查的；

（五）认为主要犯罪事实已经查清，仍有部分证据需要补充完善，要求监察机关补充提供证据的；

（六）人民检察院依法提出的其他工作要求。

## 十、职务犯罪案件的审查起诉期限制度

根据2018年《刑事诉讼法》第170条、第172条等相关条文的规定，对于监察机关移送的职务犯罪案件，检察机关开展相关审查起诉工作的期限制度主要包括以下三个方面：

1. 对于监察机关移送起诉的已采取留置措施的案件，检察机关应当对犯罪嫌疑人先行拘留，留置措施自动解除。检察机关应当在拘留后的10日以内作出是否逮捕、取保候审或者监视居住的决定。在特殊情况下，决定的时间可以延长1日至4日。检察机关决定采取强制措施的期间不计入审查起诉期限。

2. 检察机关对于监察机关移送起诉的案件，应当在1个月以内作出决定，重大、复杂的案件，可以延长15日；犯罪嫌疑人认罪认罚，符合速裁程序适用条件的，应当在10日以内作出决定，对可能判处的有期徒刑超过1年的，可以延长至15日。

3. 检察机关审查起诉的案件，改变管辖的，从改变后的检察机关收到案件之日起计算审查起诉期限。

4. 对于同一犯罪嫌疑人涉嫌职务犯罪和其他犯罪的案件，监察机关、侦查机关移送检察机关审查起诉时间不一致，需要并案处理的，审查起诉期限自检察机关受理后案之日起重新计算。[1]

## 第四节 职务犯罪案件的审判程序

党的十八届四中全会明确提出要“推进以审判为中心的诉讼制度改革”。在全面深化司法改革的时代背景下，贯彻监察机关与审判机关、检察机关互相配合、互相制约原则，应当明确监察机关依法配合做好刑事审判工作的具体要求，健全职务犯罪案件审判程序及其规则机制。

### 一、职务犯罪案件的一审审判程序类型

2018 年《刑事诉讼法》规定了第一审程序中的三种审判程序类型，即普通程序、简易程序和速裁程序。

1. 普通程序，是指法院审理刑事案件所适用的最完整、最基本的一种审判程序类型，充分体现了刑事诉讼的正当程序理念。

2. 简易程序，是指对于基层法院管辖的符合下列条件的案件，法院可以适用简易程序审判：（1）案件事实清楚、证据充分的；（2）被告人承认自己所犯罪行，对指控的犯罪事实没有异议的；（3）被告人对适用简易程序没有异议的；（4）不存在不宜适用简易程序审理的其他情形。

3. 速裁程序，是指对于基层法院管辖的可能判处三年有期徒刑以下刑罚的案件，案件事实清楚，证据确实、充分，被告人认罪认罚并同意适用速裁程序的，法院可以适用速裁程序，由审判员一人独任审判。

2018 年《监察法》、2018 年《刑事诉讼法》未对职务犯罪案件的一审审判程序类型作出明确的禁止性规定。实践中，一些地方会通过联席会议纪要等方式要求法院不得适用速裁程序审理职务犯罪案件，例如，某地规定，各区基层人民法院管辖的职务犯罪案件不适用速裁程序进行审理，但可以适用简易程序。

---

〔1〕 参见《最高人民检察院关于先后受理同一犯罪嫌疑人涉嫌职务犯罪和其他犯罪的案件审查起诉期限如何起算问题的批复》，载最高人民检察院网 2022 年 12 月 17 日，www. spp. gov. cn/zdgz/202211/t20221117 _ 592951. shtml。

## 二、审判机关建议补充侦查

根据2021年《最高法解释》第277条第2款的规定，在审判期间，被告人提出新的立功线索，法院可以建议检察机关补充侦查。

法院建议检察机关补充侦查的，应当制作补充侦查建议书并附补证提纲。检察机关收到补充侦查建议书后，经审查，可以自行补充侦查，必要时也可以商请监察机关提供协助，还可以书面商请监察机关补充提供证据。检察机关补充侦查完毕后，应当将相关证据材料抄送监察机关。检察机关书面要求监察机关补充提供证据，对证据进行补正、解释，或者协助检察机关补充侦查的，监察机关应当予以配合。监察机关不能提供有关证据材料的，应当书面说明情况。

对于被告人提出的立功线索，相关机关在开庭审理前尚无查证结果的，应当对立功线索的查证情况书面出具客观性说明。法院可以根据查明的案件事实依法作出裁判。需要说明的是，尚未查清的立功线索不能作为法院给予被告人从轻、减轻或免除处罚的依据，但是，相关立功线索在查证属实后，可以作为对其减刑、假释的参考依据。

## 三、审判机关调取证据材料

2021年《最高法解释》第57条、第275条分别规定，一方面，辩护人认为在调查期间监察机关收集的证明被告人无罪或者罪轻的证据材料未随案移送，申请法院调取的，应当以书面形式提出，并提供相关线索或者材料，法院接受申请后，应当向检察机关调取。检察机关移送相关证据材料后，法院应当及时通知辩护人。另一方面，法院向检察机关调取需要调查核实的证据材料，应当通知检察机关在收到调取证据材料决定书后3日以内移交。据此，在审判过程中，法院可以根据被告人、辩护人的申请向检察机关调取未提交的证明被告人无罪或者罪轻的证据材料，也可以依职权向检察机关调取需要调查核实的证据材料。对此，检察机关应当在规定时间内及时移交；对于需要监察机关提供的证据材料，检察机关应当向监察机关出具调取证据材料函，监察机关应当及时移交。不能提供上述证据材料的，监察机关、检察机关应当书面说明情况。

审判阶段，法院认为证据需要进行补正或者解释的，应当向检察机关书面提出。需要由监察机关进行补正或者解释的，检察机关应当向监察机关书面提出。证据经补正或者作出合理解释的，可以采用；不能补正或者作出合理解释的，不得作为定案的根据。

## 四、监察机关调查人员出庭说明情况制度

### （一）监察机关调查人员出庭说明情况制度的含义

2018年《监察法》没有规定监察机关调查人员是否可以出庭说明情况。《监察机关监督执法工作规定》首次明确了职务犯罪案件调查人员出庭说明情况制度。随后，2019年《最高检规则》、2021年《最高法解释》、2021年《监察法实施条例》均强调监察机关应当承担相应的配合义务，即法院在审判过程（包括庭前会议）中就证据收集合法性问题要求有关调查人员出庭说明情况时，监察机关应当依法予以配合。由此，监察机关调查人员出庭说明情况制度在职务犯罪案件审判阶段得以确立起来。

理解监察机关调查人员出庭说明情况制度，应当注意以下要点：第一，该制度有别于2018年《刑事诉讼法》第59条规定的侦查人员出庭说明情况制度，由此凸显职务犯罪案件调查活动本身的政治性和敏感性。第二，法院要求有关调查人员出庭说明情况的目的是查明证据收集合法性，这表明，如若监察机关可以通过补充提供证据、对证据进行补证或作出合理解释等方式，证明证据收集的合法性，那么法院需要慎重判断通知调查人员出庭说明情况的必要性。

### （二）监察机关调查人员出庭说明情况制度的启动方式

监察机关调查人员出庭说明情况制度可以分为两种启动方式，即依申请启动、依职权启动。

1. 依申请启动

控辩双方申请法院通知调查人员出庭说明情况，法院认为有必要的，应当通知有关人员出庭。调查人员出庭的，应当向法庭说明证据收集过程，并就相关情况接受控辩双方和法庭的询问。

开庭审理前，法院可以召开庭前会议，就非法证据排除等问题了解情况，听取意见。在庭前会议中，检察机关可以通过出示有关证据材料等方式，对证据收集的合法性加以说明，必要时，可以通知调查人员参加庭前会议，说明情况。

庭审期间，法院决定对证据收集的合法性进行调查的，由公诉人提请法院通知有关调查人员出庭说明情况，证明证据收集的合法性。

2. 依职权启动

根据案件情况，法院可以依职权通知调查人员出庭说明情况。对于法院认为需要通知调查人员出庭的，应按程序报批后以同级法院名义向监察机关提出书面通知。对此，一般应由监察机关案件审理部门负责对接出庭事宜。

需要注意的是，不同于2020年《公安部规定》第72条规定“必要时，有关侦查人员或者其他人员也可以要求出庭说明情况”的制度安排，现有的监察法规或者司法解释没有允许调查人员主动申请出庭说明情况，这意味着当下只能基于控辩双方提出申请或者法院依职权决定调查人员出庭说明情况。

## 五、职务犯罪案件的违法所得没收程序

违法所得没收程序是我国于2012年修改《刑事诉讼法》时新增的一个特别程序章节，即“犯罪嫌疑人、被告人逃匿、死亡案件违法所得的没收程序”（以下简称违法所得没收程序）。2018年《监察法》确定了监察机关向司法机关提出没收违法所得申请的规定，即监察机关在调查贪污贿赂、失职渎职等职务犯罪案件过程中，被调查人逃匿，在通缉一年后不能到案，或者死亡的，由监察机关提请检察机关依照法定程序，向法院提出没收违法所得的申请。

### （一）监察机关提出没收违法所得的申请

对于贪污贿赂、失职渎职等职务犯罪案件，被调查人逃匿，在通缉一年后不能到案，或者被调查人死亡，依法应当追缴其违法所得及其他涉案财产的，监察机关承办部门在调查终结后应当依法移送审理。

在2018年《监察法》第48条的基础上，《中管干部违纪违法案件审理流程及文书规范》增加了没收违法所得相关文书即没收违法所得意见书。监察机关应当经集体审议，出具《没收违法所得意见书》，连同案卷材料、证据等，一并移送检察机关依法提出没收违法所得的申请。

此外，监察机关将《没收违法所得意见书》移送检察机关后，在逃的被调查人自动投案或者被抓获的，监察机关应当及时通知检察机关。在法院审判过程中，在逃的犯罪嫌疑人、被告人自动投案或者被抓获的，法院应当终止审理。

### （二）检察机关向法院提出没收违法所得的申请

检察机关可以向法院提出没收违法所得的申请。没收违法所得的申请应当提供

与犯罪事实、违法所得相关的证据材料，并列明财产的种类、数量、所在地及查封、扣押、冻结的情况。

### （三）法院适用违法所得没收程序

1. 有权受理申请的法院及其审判组织形式。没收违法所得的申请，由犯罪地或者犯罪嫌疑人、被告人居住地的中级人民法院组成合议庭进行审理。

2. 法院发出公告。法院受理没收违法所得的申请后，应当发出公告。公告期间为6个月。犯罪嫌疑人、被告人的近亲属和其他利害关系人有权申请参加诉讼，也可以委托诉讼代理人参加诉讼。

3. 法院在公告期满后对没收违法所得的申请进行审理。利害关系人参加诉讼的，法院应当开庭审理。法院在必要的时候，可以查封、扣押、冻结申请没收的财产。

4. 法院经审理后作出裁定。法院经审理，对经查证属于违法所得及其他涉案财产，除依法返还被害人的以外，应当裁定予以没收；对不属于应当追缴的财产的，应当裁定驳回申请，解除查封、扣押、冻结措施。

5. 违法所得没收程序中的救济规则。一方面，对于法院依法作出的相关裁定，犯罪嫌疑人、被告人的近亲属和其他利害关系人或者检察机关可以提出上诉、抗诉。另一方面，没收犯罪嫌疑人、被告人财产确有错误的，应当予以返还、赔偿。

## 六、职务犯罪案件的缺席审判程序

缺席审判程序是我国于2018年修改《刑事诉讼法》时新增的一个特别程序章节，即“缺席审判程序”。其中，对于贪污贿赂犯罪案件，犯罪嫌疑人、被告人在境外，监察机关移送起诉，检察机关认为犯罪事实已经查清，证据确实、充分，依法应当追究刑事责任的，可以向法院提起公诉。法院进行审查后，对于起诉书中有明确的指控犯罪事实，符合缺席审判程序适用条件的，应当决定开庭审判。实践中，由河南省郑州市中院办理的程三昌贪污案是我国首起适用缺席审判程序审理的外逃被告人贪污案件，成为党的十九大以来追逃追赃和法治建设的标志性案件。2021年12月9日，郑州市中院依法对程三昌贪污案公开进行了缺席审判。2022年1月17日，郑州市中院对程三昌一案公开宣判，支持检察机关指控的事实和罪名，全面采纳了检察机关的公诉意见，以贪污罪从重判处程三昌有期徒刑12年，并处罚金50万元，追缴程三昌贪污犯罪所得308万余元。

### （一）监察机关提出适用缺席审判程序的申请

监察机关承办部门认为在境外的被调查人犯罪事实已经查清，证据确实、充分，依法应当追究刑事责任的，应当依法移送审理。

监察机关立案调查拟适用缺席审判程序的贪污贿赂犯罪案件，应当逐级报送国家监察委员会同意。国家监察委员决定是否同意立案调查时，可以听取最高人民法院、最高检察机关、外交部、公安部、司法部等有关单位的意见。

监察机关应当经集体审议，出具《起诉意见书》，连同案卷材料、证据等，一并移送人民检察院审查起诉。

对于适用缺席审判程序的贪污贿赂犯罪案件，监察机关在移送审查起诉前应当查明被调查人的境外实际居住地、联系方式等情况，并就法律文书送达方式与同级法院、检察机关会商研究。

### （二）检察机关向法院提出适用缺席审判程序的申请

对于监察机关移送起诉的贪污贿赂犯罪案件，犯罪嫌疑人、被告人在境外，检察机关认为犯罪事实已经查清，证据确实、充分，依法应当追究刑事责任的，可以向法院提起公诉。对于此类案件，由有管辖权的中级人民法院的同级检察机关提起公诉。

检察机关提起公诉的，应当向法院提交被告人已出境的证据。

下级检察机关报请核准缺席审判的案件，由检察机关负责案件管理的部门统一受理。

### （三）法院适用缺席审判程序

1. 有权审理的法院及其审判组织形式。对于此类案件，由犯罪地、被告人离境前居住地或者最高人民法院指定的中级人民法院组成合议庭进行审理。

2. 法院将传票和起诉书副本送达被告人。法院应当通过有关国际条约规定的或者外交途径提出的司法协助方式，或者被告人所在地法律允许的其他方式，将传票和检察机关的起诉书副本送达被告人。

3. 被告人及其近亲属委托辩护人。法院缺席审判案件，被告人有权委托辩护人，被告人的近亲属可以代为委托辩护人。被告人及其近亲属没有委托辩护人的，法院应当通知法律援助机构指派律师为其提供辩护。

4. 法院作出裁判。传票和起诉书副本送达后，被告人未按要求到案的，法院应当开庭审理，依法作出判决，并对违法所得及其他涉案财产作出处理。法院应当将判决书送达被告人及其近亲属、辩护人。

5. 被告人的近亲属享有独立的上诉权。2018 年《刑事诉讼法》第 294 条第 1 款规定，“……被告人或者其近亲属不服判决的，有权向上一级人民法院上诉……”之所以作此规定，一方面，考虑到被告人在境外，近亲属可能无法与其取得联系，赋予被告人的近亲属独立的上诉权，能够更好地保障被告人的审级利益；另一方面，缺席审判往往涉及对被告人违法所得财产的处置，与被告人的近亲属存在直接的利益关系，通过允许被告人的近亲属依法享有独立的上诉权的方式，也可以保障被告人的近亲属的合法利益不受不当侵害。

6. 依照生效判决、裁定对罪犯的财产进行的处理确有错误的，应当予以返还、赔偿。

## 七、职务犯罪案件管辖权变化的处理

在审判阶段，可能出现因案件定性变化导致原调查机关或者侦查机关无权管辖案件。例如，监察机关以涉嫌贪污罪对某公职人员立案调查，在审判过程中，法院认为该公职人员实施犯罪行为时并未利用职务便利，案件性质由职务犯罪转变为普通刑事犯罪，而对于公职人员实施的普通刑事犯罪，应当由公安机关管辖。

在此类案件的审理过程中，对于事实清楚，证据确实、充分的，法院应当依法作出判决；对于事实不清，证据不足的，检察机关可以依照法律规定自行补充侦查，必要时可以要求调查机关或者侦查机关提供协助，也可以要求调查机关或者侦查机关补充提供证据，经补证后仍不符合起诉条件的，法院应当与检察机关协商，检察机关可以依法撤回起诉，并在撤回起诉后作出不起诉决定，将案卷材料退回移送起诉机关。其中，需要重新调查或者侦查的，检察机关应当建议移送起诉机关将案件移送有管辖权的机关办理，并书面说明理由。